Norbert Blüm

Verändert die Welt, aber zerstört sie nicht

Norbert Blüm

Verändert die Welt, aber zerstört sie nicht

Einsichten eines linken Konservativen

FREIBURG · BASEL · WIEN

© Verlag Herder GmbH, Freiburg im Breisgau 2017
Alle Rechte vorbehalten
www.herder.de

Satz: Carsten Klein, München
Herstellung: CPI books GmbH, Leck

Printed in Germany

ISBN: 978-3-451-37920-8

Inhalt

Zur Einstimmung 7

1. Kapitel
Finstere Zeiten 18
1. Meine längste Wanderung 18
2. Im Lager von Idomeni 22
3. Die Sklaven von Katar 31
4. Menschenrechte – »urbi et orbi« 38

2. Kapitel
Die neue Religion: Gott Mammon 47

3. Kapitel
Rückblicke, Einblicke, Ausblicke 66
1. Politischer Anfang: Wie die Jungfrau zum Kind 66
2. Das Ende: Der Mohr kann gehen … 77
3. Zwischen den Stühlen 82
4. Bin ich ein linker Konservativer? 100

4. Kapitel
Europa – mehr als ein Konzern 118
1. Was ist Europa? 118
2. Quo vadis, Europa? 143
3. Nationalstaat – passé und ade 158

5. Kapitel
Was blüht den Kindern? 188
1. Das Glück der Kindheit 188
2. Das Unglück der Kinder 192
3. Die Enteignung der Kindheit 200

6. Kapitel

Kampf um den Sozialstaat............................... 214

1. Von der Sozialversicherung zur Fürsorge?...................... 214

2. Die Pflegeversicherung... 231

3. Bewährungsprobe Wiedervereinigung 240

4. Ein Brief an die Junge Union 258

7. Kapitel

Leitfiguren statt Leitkulturen............................. 267

1. Nell – mein heiliger Provokateur 267

2. Onkel Adolf – Bitte für uns! 275

Nachklang 283

Brief an meine Enkel 283

Zur Einstimmung

Dieses Buch erzählt in Rückblicken und Ausblicken von einer Lebensreise. Es ist keine Autobiografie, und es liefert auch keine systematische Abhandlung. Ich berichte von Erfahrungen und Einsichten und beschreibe so Teile eines Lebensverständnisses. Dabei hoffe ich, dass das, was in den einzelnen, ganz unterschiedlich gearteten Kapiteln zum Ausdruck kommt, doch so etwas wie ein Ganzes aufscheinen lässt.

Es kommt mir dabei nicht auf Originalität an. Wichtig war mir beim Schreiben vielmehr die Frage, ob auch tatsächlich richtig ist, was ich für richtig halte, und ob sich und wie sich das Richtige verwirklichen lässt. Ich habe gelernt, dass zur Durchsetzung von Ideen bisweilen eine große Portion Hartnäckigkeit nötig ist. Deshalb hindert mich auch meine Eitelkeit nicht daran, etwas, was ich früher an anderer Stelle vorgetragen oder geschrieben habe, zu wiederholen. Aber auch neue Einsichten sind mir beim Schreiben gekommen. Ob diese Gedanken richtig sind, stellt sich erst später heraus: Nur die Probe aufs Exempel beweist die Tauglichkeit von Gedanken für die Realität.

Ich folge dabei einer Grundthese von Karl Marx »Die Philosophen haben die Welt nur verschieden interpretiert. Es kömmt drauf an, sie zu verändern.« Also gilt für mich die Praxis als Beweis der Theorie, getreu der biblischen Verheißung: »An ihren Früchten sollt ihr sie erkennen.« Wobei ich einschränkend gleich hinzufüge: Ohne rechte Theorie auch keine richtige Praxis. Also beißt sich – wie in jeder guten Dialektik – die Katze in den Schwanz. Eine gute Dialektik gleicht allerdings mehr der Spirale, auf der man sich hochschraubt, als dem Kreis, in dem sich alles dreht und deshalb wiederholt.

Die Geschichten zwischendurch

Tagebücher habe ich nie geschrieben. Wenn der Tag ereignis-
reich war, war ich am Abend müde und zu abgespannt, um
noch einmal den Griffel in die Hand zu nehmen. Und wenn
er fade verlaufen und ich faul gewesen war, überkam mich am
Ende des Tages nicht die Lust, nachträglich aus ihm mehr zu
machen, als er gewesen war.

Ich vertraue also darauf, dass mein Gedächtnis Wichtiges
von Unwichtigem unterscheidet und nur das Erste als aufbe-
wahrungswürdig behandelt. Mein Gedächtnis ist das Sieb, das
Wichtiges zurückhält. In dem Schließfach meiner Erinnerung
befinden sich also Schätze meines Lebenslaufes, aber auch Ur-
nen, in denen ich die Asche des Bösen aufbewahrt habe. Eine
»Urnenasche« trägt den Namen »Pinochet«.

Mit den biografischen Reminiszenzen, die ich in dieses Buch
einstreue, versuche ich die Lebensnähe meiner Vorstellungen
zu sichern. Außerdem erfasst mich im Alter plötzlich das Bedürfnis, meinen Enkeln mehr zu erzählen, als mein Vater mir
erzählt hat. Nachträglich reut es mich, dass ich ihn nicht mehr
ausgequetscht habe. Jetzt ist es zu spät, vieles noch zu erfahren,
was ich eigentlich wissen will. Warum z. B. ist mein Vater nie ein
Nazi geworden, obwohl er als erfolgreicher Motorrad-Rennfah-
rer von ihnen umworben wurde? Als Nazi hätte er sicher viele
Karrierevorteile gehabt. So blieb er Kraftfahrzeugschlosser und
war am Ende Omnibusfahrer. War er gar ein Held, der seiner
Überzeugung wegen auf Aufstieg und Ansehen verzichtet hatte? Ich werde es nicht mehr herausbekommen. Mein Vater hat
zu wenig von sich erzählt, und ich habe ihn zu wenig gefragt.

Meine Vorstellungen entnehme ich meinen Erfahrungen.
Und die Erfahrungen entnehme ich meinen Erlebnissen, von
denen ich altersbedingt mehr besitze als meine Enkel. Dagegen ist deren Vorrat an Zukunftserwartungen größer als mei-

ner. Mit anderen Worten: Sie besitzen mehr Zukunft, ich mehr Vergangenheit. Ich versuche, mich von ihrer Neugierde auf das, was kommt, anstecken zu lassen, und »bezahle« mit alten Geschichten.

Aus Erfahrung klüger werden, das gehört zu den schwer zu haltenden guten Vorsätzen der Menschheit.

Meine wichtigste Empfehlung besteht aus dem »Oldie«: Nie wieder Krieg! Der Rat ist nicht originell, aber dennoch lebenswichtig. Andere haben schon vor mir diese Parole gerufen – mit niederschmetterndem Erfolg. Man soll aber die Hoffnung nie aufgeben. Immerhin erleben wir soeben in Europa die längste Friedensepoche seit Menschengedenken. Menschen hierzulande, die nicht älter als 72 Jahre alt sind, haben in ihrem ganzen Leben noch nie Krieg erlebt. Ich kenne keine Epoche in unserer Geschichte mit einer so langen Periode des Friedens. Irgendwo krachte es immer.

Ist das nichts?

Die vorhergehende Generation musste in der Zeitspanne von 70 Jahren dreimal Krieg über sich ergehen lassen oder sogar mitmachen: 1870/71, 1914/18, 1939/45.

Wir können von unserem siebzigjährigen Friedenserlebnis nicht genug bekommen. Es soll nie zu Ende gehen. Und vor allem soll dieser Frieden nicht nur uns Deutschen vorbehalten bleiben, sondern überall auf der Welt »ausbrechen« und dauern. Es kann uns nicht egal sein, wenn in Syrien oder anderswo Menschen um ihr bisschen Leben zittern.

Bevor der Krieg zu Ende war

Dieses Buch beginnt mit einem Kriegserlebnis, das mir bis heute in den Knochen steckt: »Meine längste Wanderung«. Das ist lange her. Doch ein Krieg geht nicht so leicht zu Ende, wie man das Licht ausknipst. Er wirkt nach und taucht in tausend Verkleidungen und Vorwänden immer wieder neu auf. An die Stelle des alten Krieges draußen an der Front ist der Terror drinnen in der Heimat und neben uns, in unserer Nachbarschaft, getreten. Es kämpfen keine Heere mehr gegeneinander, sondern Einzelne und Gruppen gegen alle und glaubenswütende Fanatiker gegen den »Rest der Welt«, der in Ruhe gelassen werden will. Die Frontlinie geht quer durch Staaten und Gesellschaften. Es gibt im Terrorismus keine Kriegserklärungen und Friedensverträge, sondern Aggression ohne Ankündigung und ohne Ende.

»Der Krieg ist der Vater aller Dinge«, behauptete vor ungefähr zweieinhalb Jahrtausenden Heraklit, und Ernst Jünger schwärmte noch im letzten Jahrhundert in heroischem Ton von der erfrischenden Kraft von »Stahlgewittern«, welche die Männlichkeit auf die Probe stellten. Darin sah er die Ertüchtigung zur Männlichkeit, die für viele seiner Generation identisch mit Menschlichkeit war: Männlichkeit ist Kampf, und Kampf ist menschlich. Das aber ist ein Teufelskreis der Barbarei.

Ich habe als Kind den Krieg in Gestalt einer höllischen Furie der Mordlust erlebt. Satanische Energien verwandelten eines Nachts schlagartig meine schöne, kindliche Welt in eine böse, grausame Hölle, und noch heute muss ich mich schütteln bei der Erinnerung daran.

Es war Fliegeralarm in Rüsselsheim, meiner Heimatstadt. Im wilden Geballere der Flak wurde ein feindliches Flugzeug vom nächtlichen Himmel abgeschossen. Erst zappelte das Flugzeug im Fadenkreuz der Scheinwerfer, dann der Kanonen. Kurz danach sah ich ein brennendes Wrack vom Himmel stürzen. Vier Piloten sprangen mit dem Fallschirm ab. Kaum waren sie auf der rettenden Erde angekommen, empfingen wütende Rüsselsheimer Bürger mit Knüppeln in besinnungsloser Rage die gerade glücklich dem Tod entkommenen Soldaten. Eine rasende Meute jagte die Piloten durch den Wald und knüppelte sie nieder, wie man früher Ratten erschlagen hat. Einer konnte entkommen.

Nach dem Krieg wurde den Totschlägern der Prozess gemacht. Wer war es? Keiner wollte zugeschlagen haben. Darüber entstand in meiner Heimatstadt großer Streit. Jeder schob die Schuld auf andere. Schließlich wurden fünf Rüsselsheimer Bürger zum Tode verurteilt und in Landsberg hingerichtet. Einer davon war der Wirt des angesehenen Gasthauses »Zum Löwen«, in dessen Wirtshaussaal damals unser schulischer Notunterricht abgehalten wurde: zwei Stunden, alle zwei Tage. Mehr Platz für alle Schulklassen gab es nicht. Die ordentliche Schule war damals von den amerikanischen Besatzungssoldaten in Beschlag genommen, also für uns nicht zugänglich.

Der Sohn des hingerichteten Wirtes war mein Klassenkamerad. Philipp war sein Name. Er hatte am Tag der Hinrichtung seines Vaters »schulfrei«. Unser Unterricht verlief auch an diesem Tag »ordnungsgemäß« wie immer, sozusagen ungerührt von all diesen Ereignissen. Kein Wort von einer Katastrophe. Philipp saß am nächsten Tag wieder auf seiner Schulbank, als wäre nichts geschehen. Keiner fragte ihn nach seinem Vater. Philipp wurde später ein bekannter Hockey-Spieler und noch später ein berühmter Physiker in den Vereinigten Staaten.

Wie die Alten sungen, so zwitschern auch die Jungen. Hitler und alles, was dazugehörte, waren tabu. Verdrängung war das Gebot der Stunde. Über »vorher« und »nachher« wurde nicht gesprochen. Die Hitlerzeit war kein Lehrstoff. So wenig Veränderung im Unterricht war nie. Schließlich unterrichtete uns derselbe Lehrer, von dem wir Schüler noch ein paar Monate zuvor jeden Morgen zu Schulbeginn mit »Heil Hitler« und stramm in die Höhe gestreckter rechter Hand begrüßt worden waren.

Die Klasse antwortete dann, ebenso stramm stehend und wie abgerichtet, mit »Heil Hitler« und erhob dabei die Hände zum

Zur Einstimmung

Hitlergruß. Nach Kriegsende trat an die Stelle dieses lauten
morgendlichen Appells ein leises Schulgebet. Keiner erklärte
uns Schülern den Grund für diesen Wechsel. Der Lehrer hatte
fürs Gebet ein Gedicht von Mörike ausgewählt:

>»Herr! schicke, was du willt,
>ein Liebes oder Leides.
>Ich bin vergnügt, dass Beides
>aus Deinen Händen quillt.
>
>Wollest mit Freuden,
>und wollest mit Leiden
>mich nicht überschütten!
>Doch in der Mitten
>liegt holdes Bescheiden.«

Die biedermeierliche »holde Bescheidenheit« war die Antwort
auf das Grauen der Hitlerzeit. Der Lehrer flüchtete in die biedermeierliche Lyrik als Gebetsersatz. Zu einem richtigen Gebet
konnte sich der gewendete Lehrer offenbar nicht ermannen.

Das Leben geht eben immer weiter.

Die Sinnlosigkeit des Heldentodes, von dem mir in der Schule vorgeschwärmt worden war, hat mich allerdings erst an jenem Tag voll getroffen, als der Krieg für mich zu Ende ging.
Es war in Schafhausen bei Alzey, Wochen vor dem amtlichen
»Kapitulation«.

Aus einem »heiteren« Wäldchen ballerte eine kleine Kanone
ihre Granaten auf die anrückenden mächtigen amerikanischen
Panzer. Es waren mächtige Kolosse in einer Kolonne, einer nach
dem anderen in einer schier endlosen Reihe. Die drei vorderen
Panzer stoppten, richteten ihr Gefechtsrohr auf das Wäldchen
und schossen zehn Granaten in das Waldstück. Dreißig Sekun-

den und zehn Schüsse haben sie dazu gebraucht und von der Kanone im Wäldchen war nichts mehr zu hören. Es war, als hätte ein Elefant mal kurz auf eine Maus getreten. Die »Mäuse« waren drei junge deutsche Soldaten in Uniform. Abends lugten ihre blutverschmierten Hände unter einer Plane hervor, die über den Karren gezogen war, auf dem ihre Leichen lagen. Das war die leibhaftige Konsequenz des faschistischen Rates: »Führer, befiehl, wir folgen dir!« Die drei Buben befolgten die Parole bis zu ihrem bitteren Ende. Vielleicht haben sie sogar noch in der Stunde ihres Todes an den Endsieg mit Hitlers Geheimwaffe geglaubt, so wie Frau Frangel, die Bäuerin, bei der wir untergekommen waren. Auf dem Schafhauser Friedhof wurden sie als unbekannte Soldaten unter die Erde gebracht.

Das war's.

Meine Mutter und Tante Änni

Kurz bevor die Panzer die armen Soldaten erschossen, war Schafhausen erobert worden. Das ganze Dorf saß drei Tage und Nächte vor dem Einmarsch der Amis in einem Weinkeller; der ist heute zwar verschüttet, aber mit einiger Mühe kann man noch in ihn eindringen. Das »ganze Dorf«, das waren damals vielleicht hundert Leute, die meisten davon Frauen und Kinder. Die Männer kämpften draußen an der Front. Ab und zu schlichen sich die Mütter in ihre Häuser und holten Nachschub zum Essen für ihre Kinder. Wenn meine Mutter weg war, stand ich Todesängste aus. Ich fürchtete, dass sie von Fliegerangriffen oder sonstigen Überfällen getroffen würde. Meist entwich mir Mama mit Tante Änni, ihrer Schwester, nachts, wenn ich mit anderen Kindern in warmen Decken auf dem Boden schlief.

Eines Morgens hat Mama zusammen mit Tante Änni die Steine einer Panzersperre weggeräumt, die quer über die Straße vor dem Haus, in dem wir untergekommen waren, errichtet worden war. Sie hängten außerdem ein weißes Betttuch aus dem Fenster, das als Zeichen der Kapitulation gelten sollte. Frau Frangel, die Hausbesitzerin und Ortsbauernführerin, kündete ihr wegen dieses Vaterlandverrats die harte Bestrafung des Führers an, wenn dieser mithilfe der Wunderwaffe, von der sie wisse, dass der Führer sie besitze, Deutschland zurückerobert habe.

Hitler hat Gott sei Dank Frau Frangels Vorhersage nicht erfüllt. Meine Mutter und Tante Änni jedoch haben das Dorf vor der Zerstörung bewahrt, dessen bin ich mir nachträglich sicher. Denn bevor die Panzer anrückten, flog ihnen ein einmotoriges Flugzeug voraus, und seine Besatzung sah nach, ob der Weg frei sei. Wenn das nicht der Fall war, räumte die vorrückende Artillerie die Panzersperren mit ein paar Granaten aus dem Weg. Schafhausen blieb jedenfalls verschont. Aber Framersheim, zwei Kilometer weiter, brannte lichterloh. Framersheim hatte keine Gretel und keine Änni. Nach den beiden Frauen müsste eigentlich eine Straße in Schafhausen benannt werden.

In der Nacht vor dem Eintreffen der Amerikaner war es im Weinkeller totenstill. Nur ein paar Kerzen brannten. Alle hatten Angst, keiner verließ mehr den Keller. Ich lag in dieser Nacht mit meinem kleinen Bruder Hans-Peter dicht bei der Mama. Die Front kam näher. Die Kanonenschläge wurden lauter. Irgendwann muss es doch geschafft sein, bibberte ich vor mich hin. Ich machte kein Auge zu. Hans-Peter, mein kleines Brüderchen, schlief fest und schnarchte. Die Granaten kamen von Norden, nicht, wie wir erwartet hatten, von Westen. Die Panzerkette hatte Alzey umfahren und die Stadt eingekesselt.

Plötzlich kam ein Ruf von oben: »Die Amis sind da!« Alle stiegen die lange Treppe hoch (die auch heute noch so lang ist), und draußen in der Morgendämmerung standen amerikanische Soldaten im Halbkreis vor der Kellertür, aus der wir kamen. Alle trugen Munitionsketten um die Schultern, und alle richteten ihre Waffen auf uns. Einer der Soldaten hatte eine schwarze Hautfarbe. So jemanden hatte ich noch nie gesehen.

Jetzt ging einer an die Kellertür, öffnete sie und richtete seine Waffe hinab in den dunklen Keller … und ein Schrei gellte durch die Luft. Meine Mutter stürzte an dem Soldaten vorbei und rannte die Kellertreppe hinab, ungeachtet des drohenden Gewehres. Sie hatte den kleinen Hans-Peter nicht geweckt, sondern im Keller schlafen lassen … Jetzt schießt er, dachte ich. Die Sekunden dauerten für mich Stunden. Da erschien meine Mutter mit dem kleinen Hans-Peter auf dem Arm in der Kellertür. Mir erschien sie wie eine Mutter-Gottes-Erscheinung.

Der Krieg war zu Ende.

Was bedeutet das Gestern für heute?

Alles, was ich in diesem Buch geschrieben habe, hat irgendwie mit meinen Kindheitserlebnissen zu tun. Alle Texte darin sind wie Sandsäcke, die zu Schutzwällen aufgeschichtet sind gegen die Schrecken der Grausamkeit, zu der Menschen fähig sind. Die Flüchtlinge in Idomeni, die Ausgebeuteten in Katar, die Gefolterten in Chile, sie sind Leidensgenossen, die mir begegnet sind.

Ich weiß keine andere Waffe gegen Hass als Mitleid und kein Mittel gegen Barbarei als Menschlichkeit. Und ich begreife Menschlichkeit als die einfache Fähigkeit, sich »in andere Menschen hineinzuversetzen« und so mitzufühlen, was diese erleiden. Diese Fähigkeit besitzen dank unserer Ausstattung mit Spiegelneuronen nur die Menschen. Es ist unsere spezifische Differenz zu anderen Lebewesen und unser humanes Privileg.

Die Konsequenz aus meinen »glücklichen« Kindheitstagen ist, dass ich stets versucht habe, an einer Welt mitzuarbeiten, in der meine Enkel nicht die Schandtaten aushalten müssen, die ich gesehen und ertragen habe. Vergangenheitsbewältigung als

Zur Einstimmung

ein Erzählen sich wiederholender Geschichten ist steril, bestenfalls Zeitvertreib. Produktiv wird sie erst durch eine Zukunftsbewältigung, welche die Wiederholung der Vergangenheit verhindert.

Friede ist kein Stillstand, sondern ein ständig durch neue Aggression gefährdeter Zivilisationsprozess. Solange die Welt so ist, wie sie ist, ist kein Frieden.

Was also tun? Wir leben in einer Krisenzeit. Das hat zwar jede Zeit von sich behauptet. Aber im Rückblick waren es dann einige tatsächlich, andere nicht. Die Krise der Globalisierung hat zwei Gesichter: ein bedrohliches und ein hoffnungsvolles, Bedrohung und Chance. Welches wird sie uns zeigen?

Sicher ist: Die Ferne ist uns näher gerückt. Wir kennen die Bilder des Elends und der Ausbeutung. Teilen oder Untergehen ist die Alternative, nicht Retten des eigenen Bestands und Siegen um jeden Preis ist die Lösung. Der Globus verfügt nicht über einen Notausgang. Der Nationalismus ist keine Rettung, sondern der Untergang.

Dieses Buch steht auf dem Fundament der abendländischen Ideen. Wenn ich mich darauf beziehe, wende ich Gedanken hin und her und bin mir dabei nicht immer so sicher, wie es scheinen mag. Mit Patentrezepten kann ich nicht dienen.

Es geht auch um die große Frage der politischen Verantwortung, um die europäische Einigung und die Demokratie. Sie sind die Antwort auf das »Tausendjährige Reich«, das dann schließlich nach zwölf Jahren zu Ende war. Aber davon war jedes Jahr eines zu viel.

Ich glaube an die weltveränderte Kraft der Idee von der Würde jedes Menschen. Diese Idee gehört zu den Quellen unserer Kultur. Aus diesen Kleidern unserer humanistischen Tradition kommt niemand so leicht heraus, und wenn, dann auf die Gefahr der Barbarei hin. Wie wertvoll diese Erbschaft ist, wird

Zur Einstimmung

vielen erst durch den Ansturm eines terroristischen Fanatismus bewusst.

Neben den großen Fragen der politischen Verantwortung gehören freilich auch die »kleinen Fragen« der inneren Ordnung der Gesellschaft in diesen Zusammenhang. Daher geht es in diesem Buch auch um die Familie und um den Sozialstaat. Die Kämpfe um sie haben fast mein ganzes Berufsleben in Anspruch genommen.

Wie gesagt: Mehr als Teillösungen und vorläufige Antworten habe ich nicht zu bieten. Dennoch habe ich eine unausrottbare Ahnung, dass ein besseres Leben für alle möglich ist. Aber das fällt nicht vom Himmel, sondern wird auf Erden geschaffen werden müssen. Von uns.

Krieg, Folter, Ausbeutung, Diskriminierung sind keine Naturereignisse wie ein Tsunami oder ein Blitz. Sie sind kein unabwendbares Schicksal wie ein Erdbeben. Sie sind auch nicht gottgegeben, sondern von Menschen geschaffen.

Also können sie auch von Menschen abgeschafft werden.

Wir müssen die Welt verändern, wenn wir sie bewahren wollen. Und wir müssen bewahren, was bewahrenswert ist, damit wir sie nicht zerstören.

Diese Spannung müssen wir aushalten.

Und darum geht es in diesem Buch.

1. Kapitel

Finstere Zeiten

1. Meine längste Wanderung

Die längste Wanderung meines Lebens bestand aus dreißig Schritten. Bei jedem Schritt ging es um Leben und Tod.

Damals, 1943, war ich acht Jahre alt. Im Luftschutzkeller hatten wir die Nacht verbracht, meine Mutter, mein kleiner Bruder, acht Wochen alt, und ich. Der kleine Hans-Peter auf dem Arm meiner Mutter. Ich kuschelte neben ihr, den Kopf auf ihrem Schoß. Der Keller war halbdunkel. Vor uns flackerte eine dicke Kerze.

Vater war im Krieg.

So vergingen die Stunden seit Mitternacht. Als die Alarmsirenen aufheulten, sprang ich, wie oft geübt, aus dem Bett und in meine vor dem Bett ausgebreiteten Kleider, ergriff das Luftschutzköfferchen, in dem sich eine Kerze, ein Buch und ein Apfel befanden, meine Mutter schnappte sich den Bruder. Minuten später waren wir im Luftschutzkeller, dessen Decke mit Holzstämmen abgestützt war. Über uns im Parterre die Geschäftsräume der Deutschen Bank und darüber zwei Stockwerke für die »Fritz Opel Nachlassverwaltung GmbH«. Unter dem Dach unsere, des Hausmeisters Wohnung.

Das große, breite Treppenhaus durchhuschten wir wie immer bei Fliegeralarm im Dunkeln. Wir kannten die Treppenstufen, wie Blinde ihre Umgebung kennen. Ohne Alarm, in normalen Zeiten, benutzte ich das Geländer verbotenerweise oft als Rutschbahn, da ging's dann noch schneller nach unten.

Jetzt saßen wir drei, wie so oft, mutterseelenallein im Luftschutzkeller. Die Stunden seit Mitternacht rieselten ereignislos vorbei wie der Sand in einer Sanduhr. Neben uns brummten die großen Kessel der Heizungsanlage, von denen wir nur durch eine dicke, gusseiserne Schutztür getrennt waren. Wenn die schweren Hebel heruntergezogen und die Tür geschlossen war, kam ich mir immer wie eingesargt vor. Zu meinen Alpträumen als Achtjähriger gehörte die Vorstellung: Das Haus brennt, die Tür klemmt, und wir bringen die eisernen Schließhebel nicht hoch.

So gegen drei Uhr wurde es hell. »Leuchtschirme« brannten am Himmel, in der Luft aufgehängt von feindlichen Fliegern, die das Gelände taghell erleuchteten, um ihre tödliche Luftfracht zielgenauer abladen zu können. Ihr Licht drang durch das vergitterte Fenster, durch das wir den taghellen Nachthimmel beobachten konnten. Jetzt ballerte auch die Flak los. Sie war gegenüber auf den Dächern der Opelwerke postiert. Ohrenbetäubender Lärm. Scheinwerfer suchten den Himmel ab, und die Flugzeuge zogen abenteuerliche Bahnen am Himmel, um dem Fadenkreuz der Flak zu entkommen. Meine Mutter betete für die feindlichen Piloten.

Dann das erste Heulen abgeworfener Bomben, gefolgt vom Krachen der Explosionen. Jedes Krachen war ein Lebenszeichen. Denn dann wussten wir, dass wir nicht getroffen worden waren. Die Erleichterung dauerte nur Sekundenbruchteile. Dann folgte schon das nächste Heulen, von dem wir nicht wussten, ob wir das dazugehörige Krachen noch hören konnten. Schon eine der ersten von diesen tödlichen Dingern war in der Nähe eingeschlagen. Wir wussten nicht genau, wo es eingeschlagen hatte – in unser Haus oder in das des Nachbarn, in dem mein Freund Karl Zimmermann wohnte?

Qualm erfüllte unseren Raum. Mutter legte Hans-Peter eine Mullbinde vor den Mund und sagte leise und langsam zu mir: »Wir müssen gehen.« Sie sagte es so, als ginge ein Besuch zu Ende. Meine kleine, zierliche Mama hatte starke Nerven.

Gott sei Dank: Die Türhebel gaben nach. Ich drückte sie nach oben, und die schwere Eisentür öffnete sich widerstandslos.

Die obere Kellertür aus Eichenholz aber, die ins Treppenhaus führte und die ich nie als Problemtür erwartet hatte, war gesplittert und ein unüberwindliches Hindernis. Wir waren eingesperrt.

Ich hörte Flammen knistern, der Qualm wurde stärker. Alles war erleuchtet, die Wände nahmen einen rötlichen Schimmer an. Mutter rief um Hilfe, noch immer ohne Katastrophentremolo in der Stimme, aber in regelmäßigen Abständen.

Ich hielt das Luftschutzköfferchen in den Händen, Mutter Hans-Peter in den Armen.

Ein Wachmann vom gegenüberliegenden Hauptportal der Opelwerke hörte Mutter rufen, rannte mit einem Beil durch den Bombenhagel und schlug unsere schöne, teure Kellertür aus Eichenholz mit wenigen Hieben entzwei. Wir waren befreit und standen im Hausflur. Die Haustür war weggeflogen. Draußen auf der Straße sah ich Trümmer zersprengte Fensterrahmen, Glas und Steine, viele Steine.

Die Flak hatte ihre Abwehr eingestellt. Die Brandbomben, jede mit Phosphor gefüllt, zischten weiter durch die Luft. Mutter sagte ruhig: »Rüber in den Opel-Keller.« Ich blieb stehen. Ich konnte doch nicht ohne Mama und Hans-Peter laufen und die beiden auch nicht ohne mich. Also standen wir reglos in der zerstörten Haustür.

»Lauf, Norbert, lauf!«, sagte Mutter. Ich hatte Angst.

Von überall her flogen Steine durch die Luft. Der Motorenlärm der Bomber dröhnte noch immer über uns. Es war mir, als sollte ich von einem hohen Turm ins Ungewisse springen. »Los, lauf, lauf!«, Mutter gab mir einen Schubs mit dem Knie. Die Hände brauchte sie schließlich für Hans-Peter. Ich rannte los. Sie hinter mir, dreißig Schritte. Nach zehn wäre ich ger-

Meine längste Wanderung

ne umgekehrt. Es knallte ganz in meiner Nähe. »Lauf, Norbert, lauf!«, rief sie hinter mir. Diesmal allerdings nicht ruhig und leise, sondern schrill, hart und laut. Ich musste weiter, stolperte über Bretter und Steine – und war in Sekunden nach dem Start vor unserer Haustür und dreißig Schritte später unter dem schützenden Dach des Hauptportals der Firma Adam Opel AG.

Es steht noch heute dort, wo es damals stand, unverändert, als hätte es nie etwas von unseren Aufregungen miterlebt.

Ein Feuerwehrmann brachte uns in den Opel-Luftschutzraum. Dort hockte eng beieinander auf Kisten und Bänken schon ein Klumpen Leute. Keiner sprach ein Wort.

Mutter machte sich eine Hand frei und streichelte mir über den Kopf. Wir waren gerettet: Mama, Hans-Peter, ich und mein Luftschutzköfferchen.

Die dreißig Schritte zwischen der Haustür der Deutschen Bank und dem Hauptportal der Adam Opel AG waren die längste Wanderung, die ich je erlebt habe, und nie habe ich das Ziel einer Wanderung heißer ersehnt als das Opel-Hauptportal.

Viele Wanderungen über Tage und durch Nächte habe ich längst vergessen. Diese dreißig Schritte aber trage ich wie einen Film in meinem Kopf. Kein Schritt ist vergessen.

2. Im Lager von Idomeni

Wirklich, ich lebe in finsteren Zeiten.
Das sorglose Wort ist töricht.
Eine glatte Stirn deutet auf Unempfindlichkeit hin.
Der Lachende hat die furchtbare Nachricht nur
noch nicht empfangen.
(Bert Brecht: An die Nachgeborenen)

Als es Nacht wird in Idomeni, ist es dort, wo mein Zelt unter tausenden steht, stockfinster. Nur über den Zelten am Bahngleis brennt Licht. Es sind die Zelte, die bis nahe an die Bahnschienen reichen. Sie stehen auf Schotter, auf dem das Wasser leichter abfließt.

Die Feuer an den Zelten sind erloschen. Feuer, die nicht von selbst ausgingen, erstickte der strömende Regen. Es stinken nur noch die giftigen Dämpfe von Kunststofffolien, mit denen das nasse Holz entzündet worden war.

In den Zelten wird noch lange geredet. Kinderstimmen mittendrin. Schließlich ist Reden das einzige, was Flüchtlinge hier noch unbegrenzt tun können. Fortgehen jedenfalls können sie nicht. Spät, ganz spät wird es still. Der Schlaf senkt sich über das Elendsquartier. Aber wer kann hier schon schlafen? Ich nicht. Es ist kalt in meinem Zelt, der Boden nass und die Zeltwände feucht. Je weiter die Nacht fortschreitet, umso lauter klingt ein Konzert aus Husten, Räuspern und Kinderweinen, manche wimmern nur. Es ist eine Sinfonie des Grauens. Schräg hinter mir, drei Zelte weiter, liegen eine Mutter und deren fünf Tage altes Kind. Zwei Tage hatten Mama und Kind im überfüllten Krankenhaus ein Dach über dem Kopf und ein warmes Bett gefunden. Jetzt liegen sie wieder auf Schlamm im nassen Zelt. Wie soll das Kind heißen? Suleika. Habe ich richtig gehört? Suleika, der Name der schönen

Geliebten, die der siebzigjährige altersmüde und liebesverletzte Goethe im West-östlichen Divan besang. Goethes Suleika ist jetzt nur eine poetische Reminiszenz. Die reale liegt im Schlamm.

Doch ich muss die Nacht hinter mich bringen, da hilft keine Lyrik. Wann hört der Regen endlich auf, gegen mein Zeltdach zu trommeln? Ich luge kurz aus dem Eingang: Nacht und nur Nacht! »Wirklich, ich lebe in finsteren Zeiten!« Und irgendwann fällt mir zu Brechts »Brief an die Nachgeborenen« noch die Zeile ein: »Zufällig bin ich verschont. (Wenn mein Glück aussetzt, bin ich verloren.)«

Wir verwöhnten Wohlstandsbürger fühlen uns von Flüchtlingen bedroht, die gar nicht gegen uns kämpfen, sondern um ihr Überleben. Tausend Kilometer nördlich liegen meine Landsleute jetzt im warmen Bett, und keiner von ihnen hat bis jetzt für die Flüchtlinge auch nur ein Jota seines Besitzstandes abgeben müssen. Um mich herum liegen die Unbehausten im Dreck auf dem nackten Boden. Ich nur eine Nacht. Sie seit Tagen und Wochen. Wie lange noch? Lasst die »Mühseligen und Beladenen« zu uns kommen, bevor Seuchen die Toten abholen.

Der neue Ostblock

Orbán, der ungarische Türschließer, wird vielleicht gerade von seinen Anhängern ob seiner Härte gegen die Flüchtlinge in einer Vorstandssitzung seiner Partei gefeiert. Der österreichische Bundeskanzler, sein sozialdemokratischer Kompagnon, küsst jetzt vielleicht gerade der gnädigen Frau des Herrn Geheimrates die Hand. Die Frau Innenministerin, meine Parteifreundin von der ÖVP, Schwesterpartei der CDU, verlässt gerade die Wiener Staatsoper. Die eine ist so wenig christlich wie der andere sozial: allesamt Typen aus der Eiszeit. Die Polen kenne ich noch aus Zeiten, in der es ihr sehnlichster Wunsch war, den Eisernen Vorhang zu durchbrechen, um Schutz unter dem Dach des freien Europa zu finden. Europa war geistig-kulturell Heimat, Teil der eigenen polnischen Identität. Jetzt sind sie in Europa, sahnen die europäischen Subventionen ab und sperren Menschen aus, die, wie einst sie, dem Unrecht und der Lebensgefahr entrinnen wollen: Die polnische Regierung besteht aus gottvergessenen Trittbrettfahrern Europas.

Den Stacheldraht, der Mazedonien vor den Flüchtlingen in Idomeni abschirmt, sollen die Österreicher geliefert haben. Der Draht ist von hoher Qualität und fester Stabilität. Europa muss offenbar an der mazedonischen Grenze vor den Hunnen geschützt werden. Doch die hier nach drüben wollen, sind 12.000 Flüchtlinge, darunter 5.000 frierende Kinder.

Die Nachfahren der alten K.-u.-k.-Monarchie bilden unter Führung von Österreich/Ungarn den neuen Ostblock.

»Wirklich, ich lebe in finsteren Zeiten.«

Wenn das Mittelalter eine finstere Zeit gewesen sein soll, wie man mir in der Schule beigebracht hat, dann leben wir jetzt in einer rabenschwarzen Nacht.

Wir sind stolz auf Astronauten, die auf dem Mond gelandet sind, und sind gleichzeitig unfähig, dafür zu sorgen, dass Flüchtlinge sich auf der Erde in einer sicheren Zuflucht niederlassen können. Von den Neandertalern unterscheiden wir uns anscheinend nur dadurch, dass wir die Felle abgelegt haben und Wärme aus der Steckdose beziehen.

Hiob in Idomeni

Während ich dies schreibe, geht mir jener Vater mit seinen zwei kleinen Kindern durch den Kopf, der den beiden Buben mit Wasser aus einer alten Büchse die Rotznasen wusch. Er hatte es schwer mit dem Waschen. Nicht, weil die Kinder wie alle Kinder, das Waschen nicht sehr schätzten, sondern weil ihm die rechte Hand fehlte. Die Barbaren des Islamischen Staats haben sie ihm abgehackt, weil er zuvor als Rechtsanwalt mit dieser Hand Schriftstücke für Ungläubige angefertigt hatte. Mit Frau und Kindern ist er Hals über Kopf abgehauen. Die letzten Kostbarkeiten hat er unterwegs verscherbelt, um den Schlepper bezahlen zu können. Ein Schlauchboot sollte sie übers Meer bringen. Was als Rettung gedacht war, erwies sich als Untergang. Das Schlauchboot kenterte. Die Mutter wurde von der griechischen Marine gerettet, der Vater mit den Kindern von der türkischen. Die Griechen ließen die Frau laufen. Sie ist jetzt in Deutschland. Der Vater wurde in der Türkei festgesetzt. Er entkam mit den Kindern und sitzt jetzt an der mazedonischen Grenze fest.

Und der Ostblock hat seine Ruhe.

Gottseidank besitzt der Mann ein Handy. Ladestationen haben die Hilfsorganisationen aufgestellt. Und so telefonieren Vater und Kinder mit Mama:

»Mama, wo bist du?«

»Wann kommt ihr?«

»Bald, bald.«

Das ist die Endlosschleife ihrer täglichen Sehnsuchts-Gespräche. Der Vater sieht uralt aus. Der Gram hat ihn gebeugt. Ich hielt ihn zuerst für den Großvater der Kinder. Er ist aber der Vater. Wie Hiob sitzt er zusammengesunken wie ein Häuflein Elend vor mir und weint hemmungslos. Mir verschlägt's die Sprache, und ich schäme mich für die, welche verhindern, dass Familien zusammenkommen, und das erst recht, wenn diese in Not und Bedrängnis sind.

»Wirklich, ich lebe in finsteren Zeiten.«

Die europäischen Kleinkrämer

28 ausgewachsene europäische Staatchefs saßen vor einiger Zeit zwei Tage und zwei Nächte zusammen und berieten, wie sie die Briten bei Laune halten können, auf dass diese nicht die

Europäische Union verlassen. Der Preis für diese weltgeschichtliche Frage war, dass den Briten erlaubt wurde, Sozialleistungen für Flüchtlinge zu kürzen. Ob vier oder sieben Jahre, dieser Punkt war zu guter Letzt der seidene Faden, an dem das Schicksal des ruhmreichen britischen Empire hing. Derweil ertranken im Mittelmeer tausende von Menschen. Und der Kuhhandel mit den Briten hat den Brexit auch nicht verhindert.

Die Proportionalität der europäischen Entscheidungsalternativen entspricht bisweilen ungefähr der Frage, ob, während der Dachstuhl schon brennt, der tropfende Wasserhahn im Badezimmer der Belle Etage repariert werden muss.

Die Uhr tickt

Erkältung, Lungenentzündung und Traumata sind die hauptsächlichen Krankheiten der Flüchtlinge in Idomeni, berichten die »Ärzte ohne Grenzen«, die hier lebensrettenden Dienst tun. Ohne sie und die vielen Helfer, von denen wir uns eine Scheibe abschneiden können, würde hier das Chaos ausbrechen. Von Europa ist hier nicht viel zu sehen.

Aber lange geht das nicht gut. Wann bricht Typhus, wann Cholera aus?

Wie schlimm muss die Situation in der Heimat der Flüchtlinge gewesen sein, dass sie riskieren, den Tod in der Fremde der Rückkehr in die Heimat vorzuziehen?

Der irrationale Ausbruch von Flüchtlingen aus Idomeni über einen reißenden Fluss, wenige Tage nach meinem Besuch, war eine Verzweiflungstat bar jeder Erfolgsaussicht. In der Verzweiflung handelt man eben selten vernünftig.

In langen Warteschlangen stehen die Flüchtlinge schon vor der Essensausgabe. Ein Croissant ist die Morgenration. Ein kleiner abgestempelter Zettel ist das Berechtigungsformular. Ein Zettel pro Person und Mahlzeit.

Ich habe die Verteilaktion längere Zeit aus der Nähe beobachtet. Die hilfesuchenden Augen der Kinder, die um Zugabe bettelten, brechen einem beinah das Herz, dem Verteiler auch. Er war im ständigen Kampf zwischen vorschriftsmäßig (es muss schließlich für alle reichen) und großzügig. Und immer, wenn er eine Bitte grob abgeschlagen hatte, huschte ein schmerzliches Zucken über sein Gesicht. Ab und zu jedoch erlaubte sich der Verteiler eine Unregelmäßigkeit und gab unvorschriftsmäßig ein Croissant mehr. Und dann war sogar manchmal ein kurzes ungewolltes Aufatmen der Erleichterung von dem schweigenden Mann zu hören. Mehr nicht. Auch von dem beglückten Kind kam kein Wort. Siegesgeheul hätte schließlich den Regelverstoß verraten. Wusste das Kind überhaupt, ob die Großzügigkeit Versehen oder Absicht des Verteilers war?

Es ist ein harter Job, hier gut zu sein. Ich habe große Achtung vor den vielen jungen Leuten, die hier uneigennützig helfen und dabei noch einen fröhlichen Eindruck machen. Offenbar macht Nächstenliebe froher als Egoismus. Was ich hier tue, überhaupt zu suchen habe, frage ich mich ab und zu. Bin ich nur ein neugieriger Tourist, der das Elend besichtigt wie Zoobesucher exotische Tiere? Ich will nur Nachricht geben von den Verzweifelten.

Ich lerne auf meine alten Tage immer noch dazu. Damals im Kosovokrieg übernachtete ich auch bei den Flüchtlingen. Dort waren Flucht und Hoffnung auf Rückkehr in die Heimat miteinander verbunden. Die Flüchtlinge in Idomeni dagegen haben die Hoffnung auf Heimkehr aufgegeben, sie sind angewiesen auf unseren »guten Willen«, ihnen Heimstatt zu geben. Es ist das Letzte, auf das sie hoffen. Vergeblich?

Der Morgen in Idomeni

Als der Morgen über Idomeni dämmert, bereite ich mich seelisch und körperlich auf den Ausstieg aus meinem Nachtquar-

Finstere Zeiten

tier, dem Zelt, vor. Das ist leichter gesagt als getan. Es schüttet inzwischen in Strömen. Vor dem Zelt hat sich die abendliche Pfütze in eine große Wasserlache verwandelt, die das Zeug zu einem kleinen Binnensee in sich hat. Meine vom Schlamm bedeckten Schuhe stehen unter dem ausgespannten Vordach des Zeltes auf dem schlammigen Lehmboden. Ich liege drinnen auf der Isomatte auf dem noch sauberen Boden. Aufstehen kann ich nicht, jedenfalls nicht ohne Weiteres. Das Zelt ist zu niedrig. In den Schlamm draußen treten, in dem die Schuhe stehen, geht auch nicht, und die Schuhe kann ich auch nicht ins Zelt holen. Der Schlamm würde den Gebrauch des Zeltes für den Nachnutzer stark einschränken. Das nennt man ein Dilemma.

Was tun? Wie komme ich in die Schuhe, das ist ein Projekt, das höchste intellektuelle Anstrengung und artistischer Gelenkigkeit der Glieder bedarf. Nachdem ich mehrmals den Kampf mit der Anziehungskraft der Erde verloren habe und auf den Zeltboden zurückgeplumpst bin, was ungewollt nicht ohne Geräusche geschehen konnte, hat sich, durch mein Stöhnen und Schimpfen angelockt, außerhalb vor dem Zelt schon ein Einsatzkommando eingefunden. Die Retter öffneten das Zelt, schoben einen Stuhl, den sie scheinbar aus dem Nichts herbeigezaubert hatten, vor das Zelt und zerrten mich unter Johlen und Jauchzen der Kinder aus dem Zelt und auf den Stuhl, wo ich meine Schuhe in großer Gelassenheit anzog. Jetzt kam ein stämmiger Nachbar herbeigeeilt. Er habe, wie er mir später erzählte, ein großes Mobilfunkgeschäft in Mossul besessen, das ihm der Islamische Staat kurz- und kleingeschlagen habe. Dabei sei sein Vater umgebracht worden. Er hob meinen Arm wie der Ringrichter nach dem Boxkampf den des Siegers und hielt eine laute Ansprache, die seine Frau simultan ins Englische übersetzte. Immer mehr Menschen kamen zwischen den Zelten herangestampft. Mein Ringrichter schloss unter lautem Beifall:

»Wo sind eigentlich unsere arabischen Brüder, die zu uns kommen, um sich um uns zu kümmern?«

Das Lachen bricht ab, es wird still. Einer nach dem anderen umarmt mich und geht davon. So lasse ich sie zurück. Sie bleiben hier und ich geh heim in mein gemachtes Bett. Ich schäme mich.

Anders als Henryk M. Broder in der WELT haben die Flüchtlinge von Idomeni mein »Da-Sein« nicht als Show empfunden, sondern als Zeichen dafür, dass sie nicht vergessen sind. Dass jemand das »Dasein« mit einem anderen teilt, ist vielleicht der eigentliche Sinn von Solidarität. Ich stelle mir Broder vor, wie er seinen Spott über mich in einem schicken Café niederschreibt, wahrscheinlich in der linken Hand einen Cappuccino (oder war's ein Prosecco?), in der rechten seinen Stift, mit dem er seinen giftigen Zynismus zu Papier bringt.

Die Klugscheißer

Mir stehen die Leute von Idomeni näher als die Klugscheißer in Deutschland. Die Flüchtlinge bleiben mir in Erinnerung als freundliche Menschen, die ihre Freundlichkeit in höchster Not bewahrten. Sie setzen alle Hoffnung auf Deutschland. Wir Deutsche waren einmal ein Schrecken der Menschheit. Unser Name war verbunden mit Rassenwahn und Massenmorden. Dass wir plötzlich in der Welt als ein Land der Menschenfreundlichkeit gesehen werden, freut mich. Ich bin auf mein Land stolz, wenn es sich seine Freundlichkeit von niemandem ausreden lässt, auch nicht von der AfD.

Tausende von Helfern sind das beste Mitbringsel, das wir in die Globalisierung einbringen.

Abschied mit Traurigkeit

Der Abschied fällt mir schwer. Ich lasse die Frierenden und Verzweifelten zurück. Fast komme ich mir vor wie ein Fahnenflüchtiger. Der Mutter mit dem Neugeborenen gebe ich noch meine Taschenlampe, die mir meine Frau mitgegeben hatte. Die junge Mutter strahlt, jetzt hat sie ein Licht in der Nacht und kann nachsehen, wie es ihrer Suleika geht. Was wird aus dem kleinen Mädchen? Wird sie in ein türkisches Lager abgeschoben, womöglich irgendwann nach einem langen, sinnlosen Lagerleben in der Gosse landen? Sie ist ein so schönes Mädchen mit ihren tiefschwarzen Augen, und bestimmt werden ihre Haare so schön wie es die ihres literarischen Vorbildes Suleika waren. Was wird aus den Kindern, denen ich unter großem Gelächter meine Fußballkünste vorführte? Und dem kleinen Mädchen, das im nassen Zelt unter dem Beifall seiner Geschwister vor mir sich lachend im Tanz drehte? Wo werden die Buben landen, die mir beim Zeltaufbau halfen und mir Pappkarton reichten, den sie selber in ihren Zelten zum Abdichten des Bodens benutzt hatten? Keiner hat mich gefragt, was ich mitbringe. Sie waren froh, dass ich da war: das »Da-Sein« teilen.

Wie von Kafka erfunden

Bevor ich zurückfahre, kommt ein regulärer Güterzug in Richtung Mazedonien auf Gleisen angerollt, die mitten durchs Lager führen. Er fährt langsam und tutet unaufhörlich. Die Bewohner der Zelte, die bis ans Gleis herangehen, sollen gewarnt werden. Schließlich erreicht die Diesellok (modernster Bauart) die Gitter des Grenzzauns. Das Tor öffnet sich. Die griechische Polizei tritt zur Seite und die mazedonischen Soldaten, schwerbewaffnet als gelte es eine Invasion abzuwehren, ebenso.

Der Zug fährt unbehindert und vollgeladen mit Gütern über die Grenze. Das Tor wird geschlossen. Die Soldaten nehmen an den vorgesehenen Plätzen ihre bewaffnete Aufstellung. Und die Welt ist wieder in Ordnung.

Der Güterverkehr ist ungebremst, das Geldgeschäft grenzenlos. Das Kapital umkreist ungehindert und in Windeseile den

Globus auf der Datenautobahn. Nur die Flüchtlinge im Elend bleiben im Dreck stecken.

Kafka hätte selbst mit seiner makabren Fantasie kein ausdrucksvolleres Symbol für den Irrsinn der Welt finden können.

Idomeni ist ein Symbol.

Wirklich, ich lebe in finsteren Zeiten.

3. Die Sklaven von Katar

Vier Tage war ich mit »Stern TV« in Katar, dem Land, in dem nach dem Willen der Fifa die Fußballweltmeisterschaft stattfinden soll. Wir hatten keine Drehgenehmigung und haben dennoch gefilmt. Warum mussten wir unsere Kamera verstecken? Warum verbot Katar uns Filmaufnahmen? Wer Dreck am Stecken hat, bedarf offenbar der Drehverbote, damit nicht ans Licht kommt, was verheimlicht werden soll.

Was ich mit eigenen Augen gesehen und mit meinen Ohren gehört habe, reicht mir. Katar ist ein Sklavenhalter-Staat. Und die große Fifa steht Schmiere. Katar ist ein Staat, der auf Ausbeutung gebaut ist. Geld quillt, wie Gas aus dem Sand Katars strömt. Die Katarer haben das höchste Pro-Kopf-Einkommen der Welt. Als »Köpfe« zählen dabei allerdings nur die Köpfe der 300.000 Einheimischen. Die 2,4 Millionen »Gastarbeiter« sind in dieser Statistik nicht enthalten. Die »fremden Arbeiter« sind jedoch nicht Gäste, sondern Sklaven. Sie werden geschunden und ausgebeutet.

Ausbeutung pur

Von Schleppern, die sich Vermittlungsagenten nennen, werden die Arbeiter ins Land geholt. Wieso erregen wir uns nur über Schlepperbanden im Mittelmeer? Unter dem Dach der von der

Fifa organisierten Weltmeisterschaft agieren Schlepperbanden als Sklavenvermittler. Die Fifa kümmert sich jedenfalls nicht darum, wie das »Menschenmaterial Arbeitskraft« angeliefert wird. Hauptsache, die Stadien stehen, wenn gespielt wird. Der »Schlepperpreis« ist ungefähr so hoch wie der Arbeiterlohn eines Jahres. Erst wenn die »Vermittlungsgebühr« gezahlt ist, beginnt also für die Arbeiter die Zeit ihres »freiverfügbaren« Einkommens. Erst einmal ein Jahr arbeiten sie für die »Menschenhändler«. Von dem Hungerlohn bleiben danach monatlich ungefähr 200 Euro dem Bauarbeiter übrig, nachdem er zuvor 100 Euro für die zurückgelassene Familie in die Heimat geschickt hat.

Mit einer unsichtbaren Fußfessel sind die Arbeiter an ihre Baustelle gekettet. Man hat ihnen nach der Ankunft die Pässe abgenommen, damit sie nicht abhauen können. Es gibt kein Entrinnen. Selbst nach der jüngsten Erdbebenkatastrophe, als die Nepalesen aus der Heimat Hilferufe erreichten, gab es kein Zurück. Erst in ein paar Jahren, wenn sie ausgelaugt und erschöpft sind, werden sie, sozusagen als Leergut, in die Heimat zurückgeschickt. Heimat ist dann nur noch Entsorgungsstation.

Ich habe sie gesehen, die Behausungen der Bauarbeiter. Hierzulande würde der Tierschutz einschreiten. Acht bis zehn Männer sind in einer »Hitzekammer« auf nebeneinander gestapelten Hochbetten zusammengepfercht. Acht bis zehn Übernachtungsräume auf einer Etage. So verbringen sie ihre Nächte. »Privat« gibt es nicht, noch nicht mal einen ordentlichen Schrank für die eigenen Habseligkeiten. Das nennt sich Unterkunft. Ein Hasenstall bietet mehr Komfort.

Nach Schichtende stehen für die achtzig bis hundert verschmutzten und verschwitzten Bauarbeiter, die auf einer Etage eines Häuserblocks untergebracht sind, drei »Scheißhäuser« zur Verfügung, die gleichzeitig als Duschen dienen. Hinzu kommen drei Gasflammen zum Kochen. Man muss kein Rechenkünstler sein, um auszurechnen, wie viel Zeit vergeht, bis der letzte der Bauarbeiter sich abends den Dreck vom Leibe gewaschen und ein warmes Essen für sich gekocht hat.

Pharao im 21. Jahrhundert

So ähnlich muss Pharao die Pyramiden im alten Ägypten gebaut haben, nämlich mit Tausenden von Sklaven. Allerdings: Die Pyramiden in Ägypten stehen noch. Den Stadien in Katar, die in den Sand gesetzt werden, wird so eine lange Lebensdauer sicher nicht beschert sein. Entweder der Sand holt sich die einsamen Stadien zurück oder sie werden wie geplant zurückgebaut und wieder dem Erdboden gleichgemacht.

Katar jedenfalls hat gar nicht so viele einheimische Zuschauer, um die Stadien auch nur halbwegs zu füllen. Wenn jeder der 300.000 einheimischen Bewohner von Katar zu den Weltmeisterschaften ein Stadion besuchen würde, kämen in jedes der zehn Stadien 30.000 Kataris, dann müssten allerdings auch Opas und Babys und Kranke mit ins Stadion geschleppt werden, sowie alle Frauen, falls ihre Männer das erlauben. Wenn die zehn Stadien während der geplanten Weltmeisterschaft gefüllt sein werden, muss also eine kleine global ausgeschriebene Völkerwandung organisiert werden. (Vorsicht Hitze!)

Nach der Fußballweltmeisterschaft werden die Spielstätten zu leer stehenden Gedenkstätten. Wenn jede wieder demontiert wird, erweisen sich diese Investitionen als eine organisierte Geldverschwendung.

Ich habe mir als angeblicher »Akustikexperte« einer angesehenen deutschen Firma Zugang zu der Halle verschafft, in der kurz zuvor die Handball-Weltmeisterschaft stattgefunden hat. Die deutsche Botschafterin schwärmt noch heute von der perfekten Organisation und der modernen Halle, in der die Spiele stattfanden.

Finstere Zeiten

Das Gebäude wurde von den Star-Baumeistern der Welt »in den Sand« gesetzt. Es ist auf dem letzten Stand der Architektur und der technologischen Finessen. Die Dachkonstruktion ist ein Kunstwerk, das augenscheinlich der Schwerkraft der Erde widerspricht. Parkplätze, so weit das Auge reicht. Die Wüste hat viel Platz – aber auch Sand. Drinnen nämlich überzieht jetzt schon eine dünne Sandschicht alle Plätze und füllt jede Ritze. In ein paar Jahren hat sich die Wüste das Wunderwerk zurückgeholt und die schöne Anlage wird wahrscheinlich als Kamel-Tränke ihre letzte sinnvolle Funktion erfüllen.

Die Stadien, in denen die Fußball-Weltmeisterschaft in Katar stattfinden soll, werden moderne Kühlhäuser sein. Denn ohne Klimatisierung lässt sich in der katarischen Gluthitze kein Fußball spielen. Aber auch die Sportler und deren Fans werden total »klimatisiert«. Sie kommen in klimatisierten Flugzeugen angereist, landen auf klimatisierten Großflughäfen, um in klimatisierten Bussen in klimatisierte Hotels transportiert zu werden, von wo sie »klimatisiert« abgeholt und zu klimatisierten Weltmeisterschaftsspielen gekarrt werden. Das ist eine Weltklimakatastrophe »en miniature«.

Bevor das Weltenergiefinale eintritt, wird die Wüste noch unter Strom gesetzt. Vor dem letzten Fest zertrümmern wir das Porzellan, aus dem wir nachher speisen wollen. Ein Polterabend vor der Hochzeit hat mehr Sinn und Verstand.

Die Ölscheichs sind bekanntlich passionierte Falkner, dabei besitzt offenbar jeder seinen eigenen Vogel. Die einen errichten Phantasiebauten in der Wüste, die anderen schütten Inseln ins Meer, auf denen sie den Turmbau zu Babel imitieren. Die Saudis kaufen Waffen, als wollten sie die Welt erobern. Im Jemen haben sie bereits versuchsweise damit begonnen. Die Scheichs können vor Geld nicht mehr laufen. Ist die Welt endgültig verrückt geworden?

Katar bewirbt sich für die olympischen Spiele, um die Leicht-athletik-Weltmeisterschaften und will die Reiter der Welt nach Katar zum Championat einladen. Es fehlt noch die Ski-Ab-fahrts- oder die Rennrodel-Meisterschaft. Künstlichen Schnee kann man schließlich mit viel Geld selbst auf den heißen Sand von Katar rieseln lassen. Warum nicht auf dem Mond Ananas züchten oder in der Arktis Bananen?

Jedem sei sein Vogel gegönnt, solange die Verrücktheit ande-re nicht schädigt. Was die Fifa betreibt, ist jedoch organisierter Zynismus, der mit der Freude am Fußballspiel so viel zu tun hat, wie ein Schiffsuntergang mit einem Bad auf der Tenne.

Die Fifa – Das Spiegelbild der Welt

Die Fifa steht Spalier am Rande des Triumphmarsches des Gel-des, der ins Nichts führt. Der Ball ist eine Nebensache, eine Geldrolle wäre das richtige Symbol des Weltfußballverbandes. Die Fifa ist die institutionell gewordene Kulturkrise. Geld über-schwemmt die Welt und raubt den Menschen den Verstand.

Von dem Gehalt eines 20-jährigen Fußballkickers bei Real Madrid kann in Afrika ein ganzer Stamm leben. Geld ist wie ein Hypnotiseur, der alle in seinen Bann schlägt und die Menschen um ihren Verstand bringt.

Alles kann für Geld erworben werden: Liebe und Leben. Leihmütter können für Geld gekauft werden und befreien Geld-inhaber von der Last der Geburt. Söldner führen für Geld Krieg für jeden, der sie bezahlt. Mit Geld bleibt man vor Gericht straflos. Für Geld treiben Spieler Sport für die, von denen sie zusammengekauft worden sind. Katar trat zur Handballwelt-meisterschaft mit einer Mannschaft an, die aus Spitzenspielern vieler Länder mit viel Geld zusammengestellt worden war.

Das Geldgeschäft, welches sich Spitzensport nennt, lässt sich noch weiter perfektionieren. Die Ausrichtung der Fußballweltmeisterschaft könnte versteigert werden, dann ersparte man den Funktionären anstrengende Kungeleien, sie gingen allerdings auch lukrativer »Nebenverdienste« verlustig.

Aus Rationalisierungsgründen könnte man zu guter Letzt, um die irrwitzige Logik des Systems auf die Spitze zu treiben, sogar auf die Spiele ganz verzichten und den Pokal einfach an die Nation vergeben, welche das meiste Geld aufgeboten hat. Damit wäre auch das geringe Risiko ausgeschieden, dass ein Außenseiter das Geldspiel namens Fußball durcheinanderbringt und wie Island in der letzten Europameisterschaft die Wettbüros auf den Kopf stellt.

Was wäre passiert, wenn Island die Fußball-Europameisterschaft gewonnen hätte? Das ganze Investitionsgeschäft der Makler und Vermittler und Fußballfunktionäre wäre wie eine Seifenblase geplatzt.

Fifa, das trojanische Pferd

Die Fifa ist eine globale Großbank mit einer angeschlossenen Fußballfiliale. Wie im Bauch des trojanischen Pferdes die feindlichen Krieger versteckt waren, so versteckt die Fifa ihre Bestechungsgelder im Bauch des Fußballgeschäfts. Das Geld hat schon ganze Kulturen zugrunde gerichtet. Das Geld wird auch den Fußball ruinieren.

Die Freude am Spiel steht im Kontrast zu den Schmerzen der Ausbeutung der Arbeiter, die die Spielstätten in Katar errichten. Wer kann jubeln und mit La-Ola-Wellen ruhigen Gewissens Siegeslieder in Stadien singen, bei deren Bau zuvor Menschen vor Schmerzen geschrien haben? Keine anständige Opern-Diva würde heutzutage eine Arie auf den Brettern einer Bühne singen, die von Sklaven errichtet worden wäre.

Die Fußballfunktionäre stört das alles nicht. Wer ihre Geldspiele stört, wie z. B. der Vorsitzende der Ethik-Kommission, wird »vom Platz gestellt«. Wie gegen Schiedsrichterentscheidungen gibt es bei der reichen Fifa kein Veto. Im Juni 2017 kamen dann trotzdem solche Einzelheiten heraus: Stimmberechtigte Mitglieder des Fifa wurden im Privatjet des katarischen Fußballverbandes nach Rio geflogen, Nobelhotel und Sause waren inklusive. Mehrere Millionen Dollar landeten auf dem Konto der zehnjährigen Tochter eines Fifafunktionärs. Neu ist soetwas nicht: Der 2016 verstorbene Brasilianer João Havelange, ein Wasserballspieler aus Rio, hatte sich 1974 die Fifa-Präsidentschaft gekauft. Sein Generalsekretär Sepp Blatter folgte ihm auf derselben Karriereleiter und bekam 2015 von der Ethikkommission wegen untreuer Geschäftsbesorgung die rote Karte. Infantino, der jetzige Boss, kam mit lukrativen Versprechungen ins Amt. Chuk Blaser, bis 2013 Mitglied des Fifa-Exekutivkomitees und zuständig für Marketing und Fernsehrechte (das war so, als sollte ein Dackel die Wurstvorräte bewachen), wollte »auspacken«, gegen Strafnachlass in einem Steuerprozess. Im Juli 2017 verstarb er.

Fifa, Fußball und Finanzen sind ein unzertrennliches Dreigestirn. Um sie herum tanzen die Puppen. Und die deutschen Firmen, die in Katar am Stadionbau Geld verdienen, sind allesamt nur im Hintergrund als Generalunternehmen tätig. Die feinen Leute machen sich natürlich nicht selbst die Finger schmutzig. Sie lassen ausbeuten.

Die Verantwortung der Stars

Die großen Stars des Weltfußballs haben es nicht in der Hand, aber am Fuß, ob die Fifa ihre Geldkugel weiter rollen lässt.

Stell Dir vor, es ist Weltmeisterschaft und keiner geht hin. Es würde in diesem Fall sogar reichen, wenn die Messis, Ronaldos, Özils, Neuers des Jahres 2022 sagen: »Wir spielen nicht mit«. Die großen Fußballstars genießen große Privilegien. Große Privilegien lassen sich nur rechtfertigen, wenn sie mit größeren

Pflichten verbunden sind. Die Pflicht der Fußballmillionäre ist Solidarität mit den Hungerlöhnern, die ihnen das Fußballfeld und was dazugehört, hergerichtet haben. Solidarität der Weltstars mit den gequälten Malochern würde die Fußballstars mit einer weltweiten Welle der Sympathie überschwemmen, welche auch die Nachfolger Blatters wegspülen würde.

Dann wäre das Fifa-Geld-Fest zu Ende, bevor es begonnen hat. Die Marketinganstrengungen von Coca Cola, McDonald, Puma oder Adidas wären über Nacht Makulatur und die dazugehörigen Überweisungen an die Fifa eingestellt, wenn mit dieser Art Weltmeisterschaften kein Ansehen mehr zu gewinnen und deshalb auch kein Geld mehr zu machen ist.

»Spielverderber« werden gesucht, damit wieder mit Freude gespielt werden kann.

Der Deutsche Fußball-Bund ist gefordert und muss Farbe bekennen.

»Ich habe keine Sklaven gesehen«, soll Franz Beckenbauer nach einem Besuch in Katar gesagt haben. Ja, im Hilton Hotel habe ich auch keine gesehen. In den Quartieren, in denen Fußball-Funktionäre ihren Champagner schlürfen, ist tatsächlich kein Sklave beschäftigt. Die Fifa-Funktionäre leben auf einem anderen Stern.

Richtiger Fußball wird aber auf der Erde gespielt!

4. Menschenrechte – »urbi et orbi«

Gott kennt jeden Mörder

Augusto Pinochet ist ein Menschenverächter und –schlächter. Ich stand ihm 1987 in Santiago gegenüber: Auge in Auge. Es waren die kalten Augen eines Zynikers. So stelle ich mir den Großinquisitor vor. Über Leichenberge schreitend und dabei

»hehre Ziele« verkündend. »Der Zweck heiligt die Mittel«, das ist schon immer eine satanische Rechtfertigung für Grausamkeiten gewesen. Ob ich nicht auch Gegner des Kommunismus sei, fragt er mich, als ich ihm Folter vorwerfe. »Doch, aber auch Kommunisten sind Menschen. Es gibt auf der ganzen Welt keinen denkbaren Grund, Menschen zu foltern«, antworte ich.

Arrogant, fast gelangweilt hört er sich die Geschichten an, die ich ihm vortrage. Die Qualen der 16 gefolterten und zum Tode verurteilten Chilenen und die abscheulichen Methoden, mit der Beweismaterial erpresst worden war: Auf dem Leib eines frisch geborenen Babys drückte der Verhöroffizier seine glühende Zigarette aus, während es auf dem Bauch der Mutter lag. Sie, die Mutter gestand alles, was die Folterknechte hören wollten. Mit der Mutter hatte ich zum Unwillen des damaligen deutschen Botschafters zuvor in seiner Residenz gesprochen, wohin ich die Angehörigen der Todeskandidaten geladen hatte. Meine Informationen hatte ich also nicht vom Hörensagen, sondern aus erster Hand. Daran ließ ich nicht rütteln.

Ob er sich etwa auf solche Geständnisse berufen wolle, frage ich den Präsidenten empört. Er lächelt.

Carmen Gloria Quintana, ein Mädchen von 19 Jahren – ich hatte sie zuvor im Krankenhaus besucht –, ist nur noch ein verbranntes, scheinbar fleischloses Gerippe, von dem allein die großen, schwarzen Augen, die durch die Schlitze des Kopfverbands hervorlugen, ahnen lassen, welch schöne Frau sie einst war. Pinochet hat sie und ihren Freund bei einer Demonstration mit Benzin überschütten und abfackeln lassen. »Die hat sich selbst angezündet«, zischt Pinochet schlangenhaft. »So, dann müssen Sie, Herr Präsident, auch noch erklären, wieso Carmen Gloria und ihr Freund 25 Kilometer von Santiago entfernt auf einem Acker in einem Loch als Häuflein verbranntes Elend zufällig entdeckt wurden. Sind beide als Brandfackel dort hingelaufen?«

Finstere Zeiten

40 Tage kämpfte Carmen um ihr Leben. Ihr Freund verlor diesen Kampf.

Pinochet findet zwischendurch offenbar Spaß an unserem Wortgefecht. Manchmal brüllt er, manchmal säuselt er. Seine weiße Paradeuniform mit breiter roter Schärpe, quer über der Brust gespannt, steht ihm gut, denkt er. Er thront auf einem prachtvollen Stuhl, natürlich eine Stufe über mir. Das macht Eindruck, denkt er.

Sein Freund Rudel habe ihm immer gesagt, Hitler habe nur einen Fehler gemacht, nämlich dass er den Krieg nicht gewonnen habe, spottete er und will dabei offenbar meine Duldsamkeit auf die Probe stellen, oder will er gar das Thema wechseln? Ist es ihm doch unangenehm? Angriff ist die beste Verteidigung. Ist das seine neue Gesprächsstrategie?

Ich lasse mich durch Provokationen nicht von der Linie abbringen, auf der ich seine Grausamkeiten aufzähle. Wie an einer Perlenkette aufgereiht trage ich sie Fall für Fall vor, ab und zu unterbrochen von seinen verbalen Wutanfällen.

So geht es hin und her. Plötzlich wird er feierlich und deutet auf das hinter ihm hängende große Kreuz, an dem ein schmerzverzerrter Jesus hängt: »Vor dem bete ich jeden Tag«, sagt er bedeutungsvoll und macht ein Gesicht, als wolle er sagen: »Und was sagst Du jetzt?« Ich antworte ungerührt: »Das wird Ihnen auch nicht helfen, Herr Präsident. Der, vor dem sie jeden Tag beten, kennt nämlich jeden, den Sie umgebracht haben – mit Namen, Anschrift und Uhrzeit des Mordes. Und keine Präsidentenschärpe, weder Orden noch Ehrenzeichen werden Sie vor seiner Frage bewahren: »Was hast Du den Geringsten meiner Brüder und Schwestern angetan?«

Das war der einzige Moment, in dem er anscheinend aus dem Gleis geriet und in sich zusammensackte.

Ist es Angst, die wie ein Schatten über seine Augen huscht?

Er steht auf, geht mit mir zur Tür und gibt mir schweigend die Hand. Zum Schreien hatte er offenbar keine Kraft mehr, nur für den leisen zischenden Ausruf: »Ausgerechnet Ihr Deutschen! Auschwitz!« »Gerade deshalb«, antworte ich ihm ebenso leise. … Und die Tür wird hinter mir fast sanft geschlossen. Für einen winzigen Augenblick habe ich den Eindruck, dass ich einen traurigen Mann hinter mir gelassen habe. Ja, vielleicht, vielleicht haben auch große, mächtige Staatsverbrecher Schrecksekunden, in denen das schlechte Gewissen pocht, und vielleicht ist die Furcht vor einem, der sich zu guter Letzt durch keinen Glanz und keine Macht der Welt von der Gerichtsfrage abbringen lässt, doch ein Schutz der Menschenwürde.

Ein Gottesdienst kann es jedenfalls nicht sein, Menschen zu quälen und zu unterdrücken. Welcher Gott sollte es denn sein, der sich am Leiden der Geschöpfe labt, die er geschaffen hat? Ich kann mir Jesus nicht vorstellen, der an Kreuzzügen seinen Spaß hatte, und mir ist ebenso wenig Allah vorstellbar, der sich über die Kopfabschläger des Islamischen Staates freut. Und keine Folter der Welt findet das Gefallen eines gnädigen Gottes. Für diese Einsicht benötige ich keine Theologen.

Nachspiele

Am unappetitlichsten waren mir jene deutschen Geschäftsleute, Vertreter großer, reputierlicher und rentierlicher Unternehmen, die mich am Abend nach dem Gespräch mit Pinochet auf einem Empfang der Deutschen Handelskammer angifteten. Die Nachrichten vom »skandalösen« Verlauf meines Besuchs beim Staatspräsidenten waren offenbar schon zu ihnen durchgesickert. Ich solle ihre Geschäfte nicht stören, ich würde ja die komplizierten chilenischen Verhältnisse nicht kennen, so griffen sie mich wie ein wildgewordener Bienenschwarm an. »Ja«, sage ich, »es ist vieles kompliziert und manches diffizil, aber Folter ist ganz

Finstere Zeiten

einfach: Sie tut weh und zerstört Menschen. Du brauchst keine subtilen Kenntnisse von Verhältnissen, Bräuchen und Gewohnheiten eines Landes, um Folterer zu verachten.«

Zurückgekehrt nach Bonn rief ich den Vorstandsvorsitzenden der Deutschen Bank, Alfred Herrhausen, an, denn ich hatte herausgefunden, dass der Anführer der Geiferer der Vertreter der Deutschen Bank in Chile war. Ich machte es kurz, erzählte ihm den Vorgang und schlug vor, einen solchen Vertreter der Deutschen Bank aus Chile abzuberufen, sonst würde ich jedem, der es hören wollte, erzählen, dass der Deutschen Bank die Geschäfte wichtiger seien als die Menschenrechte. Herrhausen fackelte nicht lange: »Sie brauchen nicht weiterzureden, der Mann wird zurückbeordert.«

So war es. Herrhausen, der später von Terroristen ermordet wurde, war ein Bankier mit Moral. Ich zolle ihm großen Respekt.

Später, viel später, war ich mit dem Bundeskanzler Helmut Kohl auf Staatsbesuch im wieder demokratischen Chile. Wir hatten die Ehre einer Einladung zum Frühstück der Kammer, die an mich und ich an sie schlechte Erinnerungen hatte. Das Gedächtnis war auf beiden Seiten noch ungetrübt. Deshalb platzierten mich die Herrschaften auf den letzten Platz des feinen Saales, rechts hinten vor der Toilettentür. Die Delegation thronte repräsentativ an der Stirnseite des Raumes. Die mitreisenden Journalisten aus Deutschland flanierten an meinem Tisch vorbei, jeder mit derselben Frage, wieso ich vor der Toilette säße. Ich antwortete: »Das weiß ich auch nicht. Die Einlader werden ihre Gründe haben«, und verwies die verwunderten Fragesteller an die Veranstalter. So ging deren Kanonenschuss nach hinten los.

Wie kann man nur so kleinkariert sein? Hohe Position schützt offenbar nicht vor Dummheit. Ich kann mir die selbstgemachte Blamage nur erklären, dass die Herren mich falsch eingeschätzt hatten. Sie gingen anscheinend davon aus, dass ich den Platz nicht besetze und den Saal beleidigt verlasse. Da hatten sie sich aber getäuscht. So eingebildet bin ich nicht, dass ich mir die Entzauberung von Dummköpfen entgehen lasse.

Aufregung im Bonner Bundestag

Der Pinochet-Besuch hatte noch ein furioses Nachspiel. Bonn war in Aufregung. Ich wurde aus Südamerika zurückgerufen. Sondersitzungen der Bundestags-Ausschüsse des Inneren und des Auswärtigen wurden in der Sommerpause einberufen. Eine eigene Sitzung des Bundestages fand statt. Die CSU spielte verrückt und warf mir Flankenschutz für Terroristen vor. Ich blieb stur bei meiner These: »Urteile mit Hilfe von Folter sind keine Urteile, die ein Rechtsstaat akzeptieren kann.« In der CDU war die Meinung gespalten.

In der Bundestagssitzung, in der es um Chile ging, wurde ich als letzter auf die Liste der CDU/CSU-Redner gesetzt. Als es so weit war, erklärte mir der Fraktionsgeschäftsführer Seiters »mit großem Bedauern«, dass die CDU/CSU-Vorredner ihre Redezeit überschritten hätten und das Redezeitkontingent der CDU/CSU-Fraktion unglücklicherweise ausgeschöpft sei, so dass ich nicht mehr zu Wort kommen könne. Ich war ob solcher »unglücklichen Zufälle« sehr erbost, denn ich lasse mich nicht sehr gerne hinters Licht führen.

Diesen heftigen, unfreundlichen Wortwechsel zwischen Seiters und mir während der laufenden Sitzung hörte der Fraktionsgeschäftsführer der Grünen, Hubert Kleinert, mit an. Er kam zu mir und sagte: »Wir haben noch fünf Minuten Redezeit auf unserem Fraktionskontingent. Wir schenken sie Ihnen.« Und so hielt der CDU-Arbeitsminister Blüm auf Kosten der oppositionellen Grünen seine Chile-Rede, die nicht von allen Mitgliedern seiner Partei mit Beifall begleitet wurde.

In die nicht geschriebene Geschichte des Deutschen Bundestages geht dieses »Ereignis« wahrscheinlich in späteren Zeiten als ein früher Vorbote einer schwarz-grünen Koalition ein.

Ein überraschendes Finale

Pinochet brachte mich allerdings mit einem teuflischen Angebot in Bedrängnis. Die Todesstrafe würde an den 16 Verurteilten, für die ich eingetreten bin, nicht vollstreckt, wenn Deutschland diese »Terroristen« als Asylanten aufnähme. »Ob das Urteil vollstreckt wird oder nicht, das liegt an Blüm«, war sein diabolisches Kalkül, das als Rache für mein Auftreten in Chile dienen sollte. Pinochet hatte richtig kalkuliert. Es entstand ein hitziger Streit. Manche wollten mir an den Kragen. Franz-Josef Strauß war außer Rand und Band. Er warf mir vor, dass aufgrund meines Schauspiels die Lieferung von tausend Lastwagen an die chilenische Armee storniert worden sei.

Na und?

Das grässliche Spiel um Vollstreckung der Todesurteile oder Asyl ging jedoch über Nacht mit einer überraschenden Wende zu Ende. Ernst Albrecht, Ministerpräsident von Niedersachsen und Vater von Ursula von der Leyen, der heutigen Verteidigungsministerin, erklärte, das Land Niedersachsen nehme die vom Tode bedrohten Chilenen als Asylanten auf. So war das zynische Ränkespiel des Pinochet über Nacht geplatzt. Seine Rechnung war nicht aufgegangen. Die Bundesländer hatte er nicht im Kalkül.

Die Todeskandidaten waren gerettet. Das war das politische Finale eines aufregenden Erlebnisses, das ich in dem Schließfach meiner Erinnerungen verwahrt habe. Ende gut – alles gut!

Doch auch damit ist meine Chile-Geschichte immer noch nicht ganz zu Ende.

Überraschendes Anhängsel

Jahre später flanierten eines schönen Sonntagmorgens meine Frau und ich durch die wunderschöne im Jugendstil erbaute Markthalle in Santiago. Wir waren zu Besuch bei meiner Tochter Annette, die damals Lehrerin in Chile war.

Gut gelaunt und nichtsahnend erfreuten wir uns an der Pracht von Blumen und der Überfülle von saftigem südamerikanischem Obst und begeisterten uns am fröhlichen Treiben rund um uns.

Da kam ein kleiner, schmächtiger Mann auf mich zu und fragte in bestem Deutsch: »Sind Sie Norbert Blüm?« Ich bejahte die Frage. Da fiel mir der Mann um den Hals. Weinkrämpfe schüttelten ihn. Er drückte und küsste mich. Ich dachte: »Jetzt bist Du an einen Verrückten geraten.« Und als er zwischen Weinen und Atemholen wieder stammeln konnte, sagte er zu mir: »Ich bin einer von den 16, die Sie Pinochet aus dem Rachen gerissen und vor dem Tod bewahrt haben.«

Seitdem erreichen mich immer wieder Grüße von Luis. Er befragt jeden deutschen Touristen, der ihm in die Quere kommt, ob sie mich kennen. Bei einem »Ja« werden sie beauftragt, mir Grüße zu übermitteln. Und so treffen bei mir portofrei und regelmäßig Grüße aus Santiago ein.

Luis in der Markthalle von Santiago gehörte von da an zu meinen fernen Freunden, die mir sehr nahestehen.

Wenn Sie Luis in der Markthalle von Santiago treffen, richten Sie ihm Grüße von mir aus.

PS. Das schöne Happy End tröstet mich nicht über das Leiden von Millionen von Menschen hinweg, die auf der Welt weiter unterdrückt und gequält werden. Folter und Terror sind nicht aus der Welt geschafft.

Bevor wir Menschen zum Mars schießen, sollten wir unseren

Ehrgeiz darauf verwenden, dass die Erde ein globaler Landeplatz und eine wirkliche Heimat für Humanität wird.

Der Kampf für die Menschenrechte ist nicht die Sache von Parteien, sondern von allen Menschen. Dieser Kampf muss weltumspannend sein.

Mich hat immer gestört, dass »zu meiner Zeit« die Rechten die Menschenrechte in der Sowjetunion, Kuba und der DDR eingefordert haben und die Linken sich auf Chile und Spanien konzentrierten. Wenn schon, denn schon! Wenn Menschenrechte eingeklagt werden müssen, dann überall, wo immer sie verletzt werden. Sie gelten überall, ohne Ausnahme – »urbi et orbi«.

2. Kapitel

Die neue Religion: Gott Mammon

Auf meine alten Tage überrasche ich mich selber: Ich werde Atheist. Allerdings nur »teilweise«, in einer speziellen Hinsicht, sozusagen »Teilzeitatheist«: Ich bin ein Mammon-Atheist.

Ich glaube nicht an Gott Mammon, den Bruder des Satans, der als gefallener Engel den Aufstand gegen Gott anzettelte. Ich widersage Gott Mammon mit allen meinen Kräften.

Mammon ist ein gieriger Götze, der sich anschickt, die Welt zu verschlingen. 99,6 Prozent der Dollar-Billionen, welche den Erdball umkreisen, haben mit Arbeit, Wertschöpfung, Gütern und Dienstleistung nichts zu tun. Das ist so, als würde ein Durchschnittsverdiener mit 3.000 Euro Monatseinkommen 12 Euro für Essen und Trinken ausgeben und 2.988 Euro verspielen.

Es ist der Heilige Schein des Geldes, der die Weltwirtschaft erleuchtet. Doch das monetäre ewige Licht ist ein Irrlicht. Das Spekulationsgeld hat mit der Realität so viel zu tun, wie eine Fata Morgana mit der lebensrettenden Oase.

Geld befördert das Nichts ins Sein. Was sich nicht in Geld ausdrücken lässt, existiert nicht. Gott Mammon zelebriert die neue teuflische Transsubstantiation. Er verwandelt Schein in Sein und Sein in Schein. Kochen, Spielen, Lieben, Freundlichkeit, fast alles, was wir für wertvoll halten, ist preiswert und deshalb ein verdinglichter Geldwert. Aus Geldwerten werden Waren. Gott Mammon wirbelt Sichtbares und Unsichtbares, Materie und Geist durcheinander. Er ist der wahre Diabolus.

Mammon verwandelt nicht Brot und Wein in den Leib und das Blut unseres Herrn, sondern alles, was er berührt in eine Geld-Größe. Die Hostie im Abendmahl des Finanzkapitalismus ist das Geld. Mammon stiftete eine neue Weltreligion. Ihre Bitt-Gebete sind Nachfragen nach Geld. Gott Mammon ist ein Monster, das sich als Idol maskiert hat, welches bekanntlich schwärmerische Verehrung auslöst.

Unternehmen sind »Geldwert«

Unternehmen werden nicht mehr an deren Produktionskraft gemessen. Es zählt nicht mehr »know how«, sondern »cash flow«. Das sind die liquiden Mittel zu einem bestimmten Zeitpunkt. Das ist alles, was von der Unternehmensgröße übriggeblieben ist. »Cash flow« hat weniger mit dem Überleben des Unternehmens zu tun als der Gewinn, denn dieser entsteht nur, soweit Abschreibungen vorher von ihm abgezogen sind, also Ersatz für Verschleiß und Rückstellung für Zukunftspflichten in Rechnung gestellt ist. »Cash flow« ist ebenso wie das Geld, aus dem »Cash flow« gebildet wird, ohne »Nachhaltigkeit«. Notfalls wird also das Holz verfeuert, mit dem morgen geheizt werden soll. Mit Kaufen und Verkaufen von Firmen lässt sich mehr Geld verdienen, als in Firmen zu produzieren. Geld macht alles zu Geld.

Große Unternehmen haben sich längst den Mühen der realen Wertschöpfung entwunden. Sie sind bei Licht betrachtet Bankhäuser mit angeschlossenen Produktionsfilialen. Porsche »machte« 2007, in einem Jahr, drei Milliarden Euro mehr Gewinn als Umsatz. Der Reibach kam von den Finanzgeschäften. Geblendet von den Erfolgen im Finanzgeschäft machten sich die Porsche-Manager auf den Weg, die Mutter VW zu enterben und selbst das Mutterschiff zu übernehmen. Die globalen Unternehmen haben sich zu Knotenpunkten im virtuellen Netz von Finanzverbindungen gewandelt. Sie sind nur noch eine »Kette von Verträgen« (Robert Reich). Das verbliebene, reale Relikt des Unternehmens ist ein Firmenschild in einer Steueroase und mit Produktionsstätten in Niedriglohnländern. Die Logistikabteilung organisiert »just-in-time-Lieferung« der in aller Welt hergestellten Teile, und die Marketingabteilung sorgt fürs Logo, – fertig ist der Globalplayer. Die Transportkosten wetteifern mit den Produktionskosten. Die Folgekosten für die Umwelt bezahlen der liebe Gott und seine Schöpfung. Dieser Kapitalismus kann nur funktionieren, weil seine Nachwirkungen auf die Allgemeinheit abgewälzt werden – getreu dem alten kapitalistischen Prinzip: Gewinne privatisieren, Verluste sozialisieren.

Magische Praktiken

Die Aktie transferiert vom Investitionsobjekt zum vagabundierenden Spekulationssubjekt, das im Hochfrequenzhandel der Börsen in Bruchteilen von Sekunden – ohne jede menschliche Zwischenschaltung – seinen augenblicklich maximalen Anlageplatz findet. Hochfrequenzhandel ist ein magisches Spiel, niemand kann z. B. abrupte Kursstürze erklären. Er ist ein Rückfall in voraufklärerische Zeiten, in denen Magie und Mythen und nicht die Vernunft vorherrschten. Der klassische Anleger, der sich mit dem Unternehmen identifizierte, wird durch den Spekulanten verdrängt, der die Unternehmen mit Melkmaschinen verwechselt. Die Melkmaschine ist ihm wichtiger als das Futter für die milchgebende Kuh.

Die Arbeitnehmer passen sich dem Tempo an. Als »Ich-AG« (Nomen est omen) werden sie abgestoßen, angelegt, im Depot gehalten etc. wie Aktien.

Staat ist Geschäft

So wie die Unternehmen den Boden der Realität unter den Füßen verlieren, so schrumpfen die Staaten auf einen virtuellen Geldwert. Staaten sind so viel wert, wie ihr Guthaben beträgt. Deshalb steht China hoch im Kurs. Griechenland dagegen nicht. China ist eine Diktatur, Griechenland eine Demokratie.

Aber China hat mehr Geld als Griechenland. Griechenland könnte möglicherweise zur Höhe des chinesischen Ansehens aufsteigen, wenn es die Akropolis, Delphi, Olympia, Epidauros nebst ein paar seiner sagenhaften Inseln »zu Geld macht«.

Längst hat Mammon die Kernbereiche des Staates unterwandert. Das Gewaltmonopol des Staates, Ergebnis einer sehr mühsamen Bändigung unseres zügellosen Aggressionstriebes, beginnt privatisiert zu werden. In den USA soll es mehr Beschäftigte im privaten Sicherheitsgewerbe geben als bei der staatlichen Polizei. Im Notfall hat jeder seinen eigenen Revolver. Im Irak laufen mehr private, schwer bewaffnete Söldner herum, als Soldaten der irakischen Armee. Von Afrika ganz zu schweigen: Der Kontinent versinkt bald in bewaffneter Cliquenwirtschaft.

Die Bundeswehr, die einst mit ihrer allgemeinen Dienstpflicht »Schule der Nation« war, ist zu einem Job-Center verkommen, in dem statt Sold für Dienst, Lohn für Leistung bezahlt wird. »Dienen« hat im Staatsetat keinen Stellenplan mehr.

Der Waffenhandel hat sich längst staatlicher Herrschaft entwunden. Cliquen erobern den Weltmarkt. Woher bezieht die Räuberbande, welche sich »Islamischer Staat« nennt, Panzer und Raketen?

Auch unser Land beginnt Teile seiner Hoheitsaufgaben Gott Mammon als Opfergaben darzureichen. Strafvollzug wird zum Geschäft und ist stellenweise schon privatisiert. Die Privatisierung im Bereich von Infrastruktur und Gesundheit, von Autobahnen und Krankenhäusern ist ein Skandal, der die Einzelnen spürbar betrifft. Nach der Ratio der Kapitalisierung der Sozialpolitik, also der Ankoppelung sozialer Sicherheit an den Finanzmarkt, füttern die Arbeitnehmer auf Umwegen über die Hedgefonds die Metzger, die ihre Arbeitsplätze schlachten. Auch in Amerika können wir es beobachten: Da tobt der Kampf um die Krankenversicherung. Trump versucht den Rückmarsch in die

Sitten des Wilden Westens. Gier heißt Geld. Jeder ist sich selbst der Nächste. Wenn jeder an sich denkt, ist auch an alle gedacht. Für »Krankheit« ist jeder selbst verantwortlich, also sehe er selber zu, wie er zurechtkommt.

Grund und Boden sind Geschäft

Mammon streckt seine schmutzigen Krallen selbst auf die elementare Basis des Überlebens aus, nämlich auf die Grundstoffe für Essen und Trinken.

Agrarland wird großflächig Großanlegern als Spekulationsobjekt zum Fraß vorgeworfen. Das Feld, das sie weltweit bereits für die Füllung ihrer Futterkrippe angeschafft haben, soll flächenmäßig so groß sein wie Westeuropa. Äthiopien, das klassische Hungerland, schickt sich gerade an, für ein paar Milliarden Dollar Land an einen indischen Großinvestor zu veräußern. Zurück bleiben die Kleinbauern, die so den letzten Flecken ihrer kargen bäuerlichen Subexistenz der geldgepowerten Agrarindustrie auf Geheiß von Gott Mammon opfern.

Wasser, das knapper werdende elementare Lebensmittel, lockt die Spekulationsgeier an. Afrikas Wasservorräte sind »privatisierungsgefährdet«. Man stelle sich einen Verdurstenden in der Sahara vor, der mit Wasseroligarchen einen fairen Preis für einen Schluck Wasser aushandeln soll. Keine »unsichtbare Hand«, von der Adam Smith träumte, bringt unter diesen Bedingungen Angebot und Nachfrage ins Gleichgewicht. Der Verkäufer sitzt am längeren Hebel, denn der Dürstende kann nicht so lange aufs Wasser warten wie der Brunnenbesitzer aufs Geld. Die »unsichtbare Hand«, die den Markt leiten soll, ist die »harte Hand des Geldes«. Und die heißt in diesem Falle Nestle, Danone, etc. Die Hand greift den Notleidenden nicht unter die Arme, sondern an die Gurgel.

Hippokrates ließ vor zweieinhalb Jahrtausenden seine ärztlichen Berufskollegen auf Leben und Gesundheit der ihnen anvertrauten Menschen schwören, Mammons Leibarzt interessiert sich mehr für die Gebührenordnung der privat Krankenversicherten.

Das Weltreich des Gottes Mammon ist eine Irrenanstalt. 2,1 Milliarden Menschen sind überernährt, 850 Millionen unterernährt!

Kultur ist Geschäft

Selbst wirtschafts- und staatsferne Regionen geraten in den Sog der Geldgier. Bach, Beethoven, Mozart verwandeln sich in Namen von Events, die von Sponsoren bezahlt werden, um ihr Image verkaufsfördernd aufzupolieren.

Selbst Wohltätigkeits-Organisationen erliegen dem Charme von Sponsoren, die ihr ramponiertes Image vom Glanz der Gutmütigkeit aufpolieren lassen. Die »Kindernothilfe« findet für ihren Medienpreis Unterschlupf in der Berliner Repräsentationshalle von VW. So ist beiden geholfen: dem ramponierten Ansehen von VW und der Spendenfreudigkeit für Kindernothilfe. Die Betrügereien des einen werden durch die Gutmütigkeit des anderen vergessen gemacht.

Sport ist Geschäft

Spitzensportler werden gehandelt wie früher kostbare Edelsteine auf Basaren. Die Bundesliga verkauft für eine halbe Milliarden Euro Übertragungsrechte ans Fernsehen, inklusive der öffentlich-rechtlichen Anstalten. So finanzieren wir mit unseren Zwangsgebühren den Menschenhandel des Profifußballs, in dem die Einzelware schon die Rekordmarke 100 Millionen Euro pro Spieler erreicht hat.

Während ich dies schreibe, sind die Übertragungsrechte der Championsliga an »Bezahlsender Sky Streaming Plattform DAZN« verkauft worden. Die Fußballfunktionäre versteigern solche Rechte meistbietend. Die »Gier auf Geld« übertrifft die Freude am Sport. Die Geldrolle, mit der Geschäfte gemacht, ist begehrter als der Ball, mit dem Tore geschossen werden. Alles fließt! Der Fußball rollt. Und es fließt das Geld!

Gazprom sponsort Schalke, Paris Saint Germain wird von arabischen Scheichs ausgehalten, der AS Monaco von russischen Oligarchen gepampert. Die Mailänder Spitzenclubs sind fest in chinesischer Hand. Wann drängt sich Nord-Korea ins Fußballgeschäft? Diktatoren besitzen ein hohes Prestigebedürfnis. Fußball kann ihnen helfen. Schon Hitler benutzte Olympia zur Imagepflege, und Putin ließ sogar den sommerlichen Badeort Sotschi zum Wintersport-Paradies umrüsten, in dem die Funktionäre des Internationalen Olympischen Komitees ihn hofierten.

Religion ist Geschäft

Auch das Heiligste vom Heiligen, nämlich Liebe und Religion wird von der Weltmission Mammon unterwandert. Die Scientologen haben das Geschäft mit der Religion bereits perfektioniert. Sie versprechen den neuen Übermenschen und machen damit viel Geld. Die Optimierung des Menschen zum »Titanen« ist ihr Geschäftsmodell, für die sie sich viel Geld bezahlen lassen. »Mach Geld, mach Geld, mach Geld«, ist der amtliche Sendungsauftrag ihres Gründers Hubbard, eines cleveren Geschäftsmannes.

Auch hierzulande hört man Stimmen, auch von Geistlichen, die ihren Kirchen eine stärkere »Kundenorientierung« verschreiben möchten.

Die Erfolge von Freikirchen in Lateinamerika sollen – wie man hört – mancherorts einer ausgeklügelten, für ihre Religionsmanager ertragreichen Marketingstrategie entspringen. Charisma ist ein Profittrick. Mit Gott kannst Du Millionär werden, wenn

Du Gott clever vermarktest. Die Spitzen-Prediger dieser Sekten sind inzwischen Milliardäre. Trump rahmte seine Amtseinführung auch mit dem Gebet eines dieser tüchtigen Geschäftsprediger ein. Gleich und Gleich gesellt sich gern.

Die Verwandlung

Gott Mammon ist ein Zauberer. Er verwandelt alle Verträge in Geschäftsverträge und alle Beziehungen zwischen Menschen in ein Verhältnis von Angebot und Nachfrage. Die Welt besteht nur noch aus Verkäufer und Käufern. Alle verwandeln sich in Kunden: Patienten, Schüler, Gläubige, demnächst vielleicht auch noch Angeklagte. Der Kunde ist König. Er weist dem Anbieter den Rang zu. Alles wird benotet. Ärzte durch Kranke, Lehrer von Schülern, Priester von Betern, Polizei von Verhafteten, Richter von Angeklagten. Das Ranking von allem und über jeden bestimmt den Fahrplan des Lebens.

Dieses System kann perfektioniert werden, indem Algorithmen uns die Auswahl abnehmen und Chips im Gehirn unsere Wahlentscheidungen an die Datenzentrale weiterleiten, auf dass unsere Entscheidungen künftig automatisch, also ohne uns, zustande kommen. Gegenüber der Zauberkraft von Mammon waren mittelalterliche Magier und Hexen noch Stümper und blutige Anfänger.

Wir leben im Zeitalter der Verpackung. Darstellung wird wichtiger als der Inhalt. In der Werbung werden nicht Produkte angepriesen, sondern Lebensgefühle. Ein Auto ist jung, dynamisch, rasant. Die Fakten verschwinden hinter dem Schein. Die Lackierung ist wichtiger als der Motor.

Auch die Politik verwandelt sich in eine vom Anschein bestimmte Sache. Die Inszenierung übertrifft die Programmierung der Politik. Welche Partei hat die bessere Werbeagentur? Wer die besseren Plakate, Fernsehspots etc.?

Von der Liebe zur Selbstheirat

Den Tiefpunkt allerdings erreicht die pekuniäre Dämonie, wenn sie nun auch die Quellen unseres Glücks, nämlich die Liebe, in ihre materielle Vorteilsrechnung einbezieht.

»Liebe«, das Schönste, wozu wir Menschen fähig sind, degeneriert zum Ergebnis einer Kosten-Nutzen Analyse. Der Algorithmus ist der neue Heiratsvermittler. Er findet die idealen Partner ohne deren Hinzutun. Minnegesang und Liebeslyrik sind prähistorische Erinnerungsstücke. Ehe, früher auf lebenslange Zusammengehörigkeit angelegt, schrumpft zur »Lebensabschnittspartnerschaft«. Sie gilt nur so lange, wie nichts Besseres kommt. In meinem Umkreis verschwand der Ehemann über Nacht, verließ Frau und drei kleine Kinder, um dem Ruf des Gottes Mammon zu folgen, der ihn in Gestalt einer jungen russischen Oligarchen-Witwe traf. Sie hatte sich im Internet als Besitzerin eines Bentley, eines Hummer-Geländewagens, eines Mercedes nebst Penthaus in Miami, Immobilie in Monaco und Moskau ausgewiesen. Inzwischen besitzt sie auch eine Dependance in Mallorca. Wenn diese Frau nicht ein kapitaler Glücksfall für jeden auf Brautschau befindlichen Mann ist, weiß ich nicht, wer es sonst sein könnte. Es fehlten in diesen Heiratsanzeigen nur noch die Lichtbilder der Mobilien und Immobilien. Eheanbahnung wird so zur Anlagestrategie. »Das Geld liegt in Moskau auf der Straße«, war das Letzte, was ich von Mammons ehrfürchtigem Jünger auf Brautschau hörte.

Früher war das Bordell ein heimliches Vergnügen, heute ist die Heiratsvermittlung der beschriebenen Art ein öffentlicher Spaß, den sie aus Beziehungen zieht, die meist so kurz sind, dass sie sich dem Bordellbesuch annähern. Der Umsatz macht es. Bei Bevölkerungsrückgang müssen weniger Heiratswillige mehrmals heiraten, damit die Rendite der Vermittler nicht sinkt.

Die neue Religion: Gott Mammon

Dem reichen biblischen Jüngling, empfahl Jesus, alles zu verkaufen, was er besitzt und ihm nachzufolgen, um in den Himmel zu gelangen. Gott Mammon dagegen rät, alles zu kaufen, was zu kaufen ist, um zur Seligkeit des Reichtums zu gelangen.

Gott Mammon hat es geschafft, dass alles, was nicht der Selbstoptimierung dient, keinen Wert mehr besitzt. Selbstständigsein und Alleinsein sind synonym. So verliert auch die Treue ihren sittlichen Sinn. Ehepartner gibt es nur so lange bis was Besseres kommt. Die moderne Partnerschaft gleicht dann einer Fahrt mit der U-Bahn: Einsteigen, Aussteigen, Umsteigen, mit kurzen Haltezeiten zwischen zwei Lebensabschnittsbeziehungen. Die Ehe »auf Zeit« bietet als Fahrt ins Blaue auch mehr Abwechslung als die Ehe »bis der Tod euch scheidet«. An der Endstation entdeckt der traurige Selbstoptimierer allerdings, dass kein anderer seiner bedarf. Und so endet ein furioses Leben nach dem Fest der maximalen Freiheit in der Einöde einer sinnlosen Einsamkeit. Ehe auf Zeit ist die vorletzte Schrumpfform einer ehemals stabilen Beziehung.

Ganz auf Beziehung verzichtet der letzte Schrei auf dem Heiratsmarkt: Er heißt Selbstheirat. In den Vereinigten Staaten hat das Modell bereits regen Zulauf. Sarah Jessika Parker, die große amerikanische Stilikone, verriet schon vor 10 Jahren in »Sex and the City«, wie man mit sich selbst glücklich wird. Tatsächlich bietet die Solo-Ehe große Vorzüge. Man teilt nicht mehr Tisch und Bett, sondern hat beides für sich allein. Streitereien über gemeinsame Freizeitgewohnheiten, die Farbe der Tapete und über Essgewohnheiten etc. entfallen. Brautkleid und –kranz kann man sich sparen, den unsinnigen Polterabend sowieso. Die schwierige Frage, wann und wo geheiratet wird und vor allem welche Verwandten eingeladen werden, all das entfällt. Wen es nach Event verlangt, der lädt anlässlich der Selbsthochzeit zu einer lockeren Party ein. Wer Heimweh nach der alten

Klamotte Ehering hat, kauft sich zwei und wechselt sie unter dem Beifall der Freunde zwischen rechtem und linkem Ringfinger. Ein gutgelaunter Freund sagt ein paar passende Worte dazu oder singt diese oder gar beides nacheinander. Auf dem Höhepunkt des Festes schwört der Solohochzeiter sich selber ewige Treue ... bis das Leben ihn verlässt.

Gott Mammon leidet nicht unter Einfallsarmut, und man kann ihm nicht die Bewunderung dafür versagen, dass er immer neue Ideen entwickelt, die Welt endgültig in ein tieftrauriges Irrenhaus zu vewandeln. Gott Mammon droht auch nicht wie frühere Religionen mit Höllenqualen. Er lockt mit dem irdischen Himmel von Spaß und Vergnügen.

Ein pseudoreligiöses Plagiat

Man glaubt es kaum: Gott Mammon kupfert fleißig vom alten Gott und seinen traditionellen Niederlassungen, den Kirchen ab. Die neuen Kathedralen der Geld-Religion sind die gläsernen Bankhäuser. Sie wetteifern mit den alten Kirchtürmen um die Höhe. Wie alle Gotteshäuser sind auch die Banken vom Nimbus des Geheimnisses erfüllt. Kein lautes Wort ist drinnen in den monetären Andachtsräumen erwünscht.

Priester des Geldritus tragen zwar keine Soutane, aber Gestreiftes. Ihr Zölibat ist die Fitness. Ausgestoßen aus der Kirche Mammons sind die, welche arm sind und arm bleiben. Häretiker sind jene, die das Wort »Sozialstaat« oder »Solidarität« in den Mund nehmen. Martyrer sind die Bankrotteure, die nichts gewonnen, aber alles gewagt haben. Heilige sind die Millionäre.

Das Sanktissimum des Geldheiligtums, der Tresorraum, ist nur (Ein-) Geweihten zugänglich. Der große Tresor ersetzt den Tabernakel, und das Ewige Licht wird durch die Alarmanlage ersetzt. Beide signalisieren, dass der höchste Gott Mammon anwesend ist. Statt weihrauchgeschwängerter Festlichkeit ist die vollautomatisierte Klimaanlage in Betrieb. Die Espresso-Bar ist an die Stelle des Weihwasserbeckens getreten. Beide werden nur kurz genutzt, einmal nippen oder einmal tippen. Die neuen Wallfahrtsorte sind die Börsen. Hier wie dort geschehen Wunder. In Lourdes gehen Lahme plötzlich wieder. An der Börse verwandeln sich ruckzuck Arme in Reiche und Reiche in Arme. Die Gebete sind die Rufe der Spekulanten. Den Litaneien in den Andachten der Kirchen entsprechen die Mantras des Kapitalismus vom wachsenden Wohlstand. Die wohlgenährten Fastenprediger werden durch Wirtschaftsprofessoren ersetzt, die den naiven Gläubigen fortgesetzt empfehlen, den Gürtel enger zu schnallen, während ihr Geldbeutel aus den Nähten platzt. Das biblische Beispiel vom Pharisäer schreckt die bezahlten Gelehrten nicht.

Die Spitzen der Finanzhierarchie sind Gottes Gesandte: »Ich bin bloß ein Bankier, der Gottes Werk verrichtet«, behauptete der Boss von Goldmann Sachs Lloyd Blankfein und sein früherer irdischer deutscher Vikar Dibelius stellt fest: Banken sind nicht fürs Gemeinwohl zuständig. Das ist konsequent. Mammons Apostel lassen sich vom Staat nicht reinreden. Sie sind exterritorial. Sie schlüpfen nur unter seinen Schutz und Schirm, wenn ein konkurrierender Geldbeutel ihr Geschäft bedroht.

Die Propheten im Namen Mammons sind in ihren Vorhersagen unzuverlässiger als Kartenleger auf der Kirmes. Keiner von denen, welche zu den wirtschaftswissenschaftlichen Eliten zählen, hat vor der globalen Wirtschafts- und Finanzkrise gewarnt, die 2007 als Immobilienkrise in den USA begann und 2008 ihren Höhepunkt hatte. Da waren mittelalterliche Quacksalber zu ihrer Zeit gescheiter.

Gott Mammon sendet seine Apostel in alle Länder und lehrt alle Völker. Er lässt die Seinen nicht im Stich. Einen notorischen Steuerhinterzieher beförderte er zum Präsidenten der Vereinigten Staaten. Einen Manager des Bankhauses Goldmann Sachs machte er zum amerikanischen Finanzminister. Einen anderen bugsierte er an die Spitze der Europäischen Zentralbank. Der Justizminister Obamas kam aus einer renommierten New Yorker Anwaltskanzlei, die auf die Verteidigung von Bankbossen spezialisiert ist. Dorthin kehrte er nach siebenjähriger Amtszeit hoch dotiert zurück. In der Zwischenzeit wurde keinem der Bankmanager, die für die Finanzkrise 2007 mitverantwortlich waren, der Prozess gemacht. Von Mammons Jüngern ist jeder sein Geld wert.

Die Heilsverkünder der Börse

Das Evangelium des Mammon verkünden die Börsennachrichten. Das Volk hängt an den Lippen der Börsenexperten, wie einst die Gläubigen an denen der Gottesgelehrten. Ein Husten von Draghi und die Kurse stürzen ab. Ein Augenzwinkern des amerikanischen Bankpräsidenten Greenspan löste einst Kursstürze aus. Die Wirkung seines ökonomischen Gemurmels übertraf jede Verlautbarung einer päpstlichen Enzyklika. Jedes Wort der Geld-Gurus ist für ihre Anhänger eine Offenbarung. Bemerkungen der Finanzexperten erreichen eine Wirkung, die früher nur dem heiligen Offizium der römisch-katholischen Kirche zukam.

Bücher der Geld-Experten erzielen Auflagenrekorde. Ihre Vorträge verzücken Gläubige und die Resonanz der Börsensendungen übertrifft inzwischen bei weitem die des Kirchenfunks. Deshalb rahmen Börsennachrichten auch zusammen mit der Wetterkarte die Tagesschau ein. Das Volk versammelt sich bei Tagesschau, Wetternachrichten und Börsenmeldungen. Offenbar sind vom Verlauf der Börsenkurse bald ebenso viele Menschen (jedenfalls die, die zählen) betroffen wie vom Wetter. Für viele Menschen erfüllt der Aktienkurs die Funktion, die früher Sonne und Regen, Hagel und Gewitter für den Bauern erfüllte. Sie entscheiden über die Existenz.

Die große Theologie von Schuld und Erlösung hat sich säkularisiert und in das ökonomistische Dilemma von Schulden und Erlös verwandelt. Die Erlösung löschte die Schuld aus. Der Erlös dagegen schafft es allerdings inzwischen nicht mehr, die Schulden wettzumachen. Wie im Wettlauf zwischen Hase und Igel sitzt der Schulden-Igel immer schon am Furchenende, wenn der Erlös-Hase angehetzt kommt. Der Ausgang dieses märchenhaften Wettkampfes ist bekannt. Es ist die Götterdämmerung des Geldes und der Anfang vom Ende des Gottes Mammon. Staaten haben mehr Schulden als Sozialprodukt. Sie leben von den Fiktionen des Geldes und einer biblischen Weinwundern nachempfundenen wunderbaren Geldvermehrung.

Ratingagenturen als Inquisitionsgerichte

Die Analogien zwischen Kirche und Geldwirtschaft erscheinen verblüffend. Ratingagenturen erfüllen die Aufgaben, die früher Inquisitionsgerichten oblagen. Wer von den Ratingagenturen abgewertet wird, landet zwar nicht mehr auf dem Scheiterhaufen, aber im wirtschaftlichen Ruin.

Wie einst mit den Inquisitionsurteilen werden auch heute von den Ratingagenturen oft Delinquenten aus dem Weg geräumt, die anderen Interessen im Wege standen. Heute nennt man Wettbewerbsbereinigung, was im Mittelalter die Hexenverbrennung war. Fehlurteile, also Urteile, die nachweislich falsch sind, gehören bei beiden, Inquisitionsgericht und Ratingagenturen, zum Geschäft. Unternehmen und Staaten warten auf das Urteil der Ratingagenturen, wie mittelalterliche Gläubige auf vermeintliche Gottesurteile, die oft von den Launen der Mächtigen oder gar nur vom Zufall abhingen.

Auch die Ratingagenturen leben von Gerüchten und vom Hörensagen. Sie vernichten Existenzen wie einst der Groß-Inquisitor Menschen. Sie verteilten Bestnoten an Versicherungen,

die schon wenig später in Konkurs gerieten oder im Rettungs-
ring des Staates hingen. Keine Ratingagentur hatte die Krise
kommen sehen oder sehen wollen und doch gaben sie sich als
Lehrmeister der Welt. Das ist so komisch, wie wenn bei Ver-
kehrsunfällen der Täter das zerstörte Auto verlässt, um sich als
Fahrlehrer anzupreisen.

Die Ratingagenturen werden von denen bezahlt, die sie be-
werten. Eine gewisse Ähnlichkeit mit dem Ablasshandel lässt
sich dabei nicht von der Hand weisen. »Wenn das Geld in den
Kasten klingt, die Seele in den Himmel springt.« Hier wie dort
löscht Geld die Sünden aus.

Wer hat eigentlich mehr zu sagen auf der Welt? Vom Volk gewählte Regierungen oder vom Geld bezahlte Ratingagenturen?

Das neue Sanktissimum: »die Märkte«

Das goldene Kalb der neoliberalen Marktwirtschaft heißt
»Wettbewerbsfähigkeit«. Darum tanzen Weltwirtschaftsgipfel,
EU-Reformer, die Wirtschaftsweisen und ihr Gefolge. Die große Idee der Freiheit ist zu einer Konkurrenztechnik verkommen. Die geheimnisvolle anonyme Macht der Mammon-Religi-
on sind »die Märkte«. Niemand weiß so recht, wer sie sind und
wo sie wohnen. Aber sie müssen bei Laune gehalten werden,
gefürchtet und geliebt, wenn die Wirtschaft florieren soll. Die
Verehrer bringen den Märkten demutsvoll Opfer. Man nennt
sie Reformen.

Der amerikanische Unternehmensberater Tom Peters, einer
der Propheten des Marktes, scheut sich nicht, dem Christentum
eine »Vater-unser-Bitte« zu entwenden. Unverfroren formuliert
er: »Der Wille des Marktes geschehe«. Es fehlt allerdings die
Fortsetzung der Bitte: »wie im Himmel, so auf Erden«. Semantisch hat er die »Seelen« der neuen Welt-Kirche Markt schon
umgetauft. Er nennt sie »Ich-AGs«.

Friedrich August von Hayek, ein anderer Kardinal der Kirche der heiligen Märkte, spottete über die heiligsten Güter der christlichen Religion. »Gerechtigkeit«, immerhin ein Zentralbegriff der biblischen Botschaft, nannte er eine »Schimäre«. Was nicht ins Weltbild passt, wird semantisch aufgelöst.

Alles dreht sich um das neue Sanktissimum: Markt. Auch für die 27 Regierungschefs der Europäischen Union gibt es nach ihren Konferenzen in Brüssel nichts Wichtigeres als die Frage, ob ihre Beschlüsse Gnade bei den »Märkten« finden. Schon auf der Heimreise von ihrem Treffen halten sie den Atem an, bis die ersten Reaktionen der Märkte vorliegen. Dabei sind »die Märkte« wählerisch, sie lieben Opfergaben. Sie lechzen nach Lohnkürzungen und Streichung der Sozialausgaben. Dann kommen sie richtig in Stimmung und lassen das Wachstum blühen, wie der Wettergott die Sonne scheinen lässt.

Zur Rettung der Banken genügt eine Nachtsitzung, zur Rettung von Flüchtlingen reisen die Staatschefs noch nicht einmal an.

Sie predigen Wasser und saufen Wein

Die gigantischen Bonuszahlungen haben die Kostensenkungsgelüste der unternehmerischen Marktfreunde noch nie gestört; im Gegenteil: Sie sind im Gegenteil der Fingerzeig der göttlichen Prädestination fürs pekuniäre Heil.

2,3 Milliarden Dollar kassierte 2013 der Hedgefonds-Manager Steven A. Cohen. In den 20 Jahren, in denen er der Chef von SAC Capital Advisors war, sackte das Vermögen seines Unternehmens um geschätzte 11 Mrd. ab. Der Mann muss demnach mit übermächtigem Leistungsvermögen und übermenschlichen Fähigkeiten ausgestattet sein, dass er sich solche Verluste leisten kann und dennoch tausendmal mehr Geld bezieht als ein

Die neue Religion: Gott Mammon

normal sterblicher Erdenbürger, der sich nichts zuschulden kommen ließ. Cohen wird für sein Versagen belohnt. Im Reiche Mammons steht alles auf dem Kopf, deshalb gibt es auch Prämien für Verluste. Mammon ist ein großer Diabolus, er wirbelt alles durcheinander und macht alles verkehrt.

Nebenbei fiel dem amerikanischen Justizminister auf, dass bei SAC offenbar ein üppiger Insider-Handel stattgefunden habe. Er erstattete Strafanzeige. Die Firma gestand ihre Schuld ein und bezahlte 1,8 Mrd. Dollar Geldbuße. Unterm Strich war das ein gutes Geschäft. Der Dieb zahlt ein kleines Bußgeld und verschwindet mit dem reichlichen Diebesgut. So möchte manch kleiner Ladendieb auch vom Gericht behandelt werden.

Gewinn ist der Heiligenschein Mammons. Schon Calvin sah geschäftlichen Erfolg als himmlische Auszeichnung. Die Wirtschaftsgötter verteilen ihren Segen nach göttlichem Gutdünken, also willkürlich. Sie zahlen wie bei VW selbst dann Boni, wenn die Gesegneten nichts geleistet, sondern geschadet haben. So wird die Sünde nicht mit Buße geahndet, sondern mit Bonus belohnt.

Gott Mammons auserwähltes Volk sind die Vorteilssucher. Die neoliberalen Chicago Boys sind seine Propheten. Einer von ihnen, Gary S. Becker erklärte den »homo oeconomicus«, der ständig seinen Vorteil sucht, zur Leitfigur des gesamten Lebens und erhielt für dieses Credo 1992 sogar den Nobelpreis, was einer Heiligsprechung gleichkommt.

Mit dem Schnäppchenjäger fängt die Vorteilssuche an, mit dem Großspekulanten hört sie auf. Der erste ist die Leitfigur des Konsums, der zweite Liebling der Börse. Beiden gilt es nachzueifern. Jeder auf seine Weise. Wer will nicht mit den Geld-Reichen befreundet sein? Seinen Schutzmantel breitete ein Finanzunternehmer und Großinvestor wie Carsten Maschmeyer wie eine Madonna über Wahlkämpfer und Mächtige: ob Bundeskanzlerkandidat oder Ministerpräsident. Geld kennt keine Parteien.

Apostaten und Ablass-Sünder

Mitunter gibt es – wie in jeder richtigen Religion – auch Abtrünnige, die zum Gegner überlaufen, wie beispielsweise George Soros, der einst der Weltmeister der Währungsmanipulationen war und sogar mit seinen Spekulationen das englische Pfund aus der Europäischen Währungsunion hinauskatapultierte und die älteste Bank Englands, die Baring Bank, ruinierte. Soros hat sich jetzt in den guten Menschen verwandelt und setzt seine Milliarden Silberlinge bußfertig dafür ein, dass andere seine Sünden nicht wiederholen. Auch aus Saulus wurde ein Paulus.

Die Finanz-Sünder vertrauen der Erlösungsliturgie des Geldes. Bill Gates spendet Geld für gute Zwecke und bestimmt damit, was gemacht wird. Hätte er ordentlich Steuern bezahlt, würde über die Verwendung dieses Geldes demokratisch entschieden. Gates hat aber so mehr Einfluss z. B. auf das amerikanische Bildungssystem als ein finanzschwacher Minister.

Der Unterschied zwischen Almosen und Ablass ist, dass Almosen das Ansehen erhöht und Ablass den Abscheu mindert.

Mammon arbeitet an einer neuen Züchtung von Menschen. Ihre Gehirnwindungen sollen durch Geldrollen ersetzt, ihr Herz in einen Tresor verwandelt, und was sie mit ihren kalten Händen berühren, soll wie einst bei König Midas zu Gold werden. Vom »homo sapiens« zum »homo pecunius« verläuft die neue »Evolutionsrichtung«. Vorwärts, es geht zurück. Darwin wird umgedreht und entgegengesetzt abgewickelt. Aus dem zivilisierten Menschen wird wieder ein Neandertaler, allerdings in Nadelstreifen und statt mit der Keule in der Hand mit Geld auf dem Konto.

Gott Mammon ist dabei, sein Geschäft zu perfektionieren, Mit Hilfe von Algorithmen besetzt er Entscheidungszentren des

Die neue Religion: Gott Mammon

menschlichen Gehirns und weiß am Ende mehr über den Besitzer des Gehirns als dieser selbst. So tanzen die Puppen an den Fäden, die Mammon zieht. Wir stehen vor einer Zäsur: vorwärts oder rückwärts in der Evolution. »Niemand kann zwei Herren dienen: Entweder wird er den einen hassen und den anderen lieben, oder er wird an dem einen hängen und den anderen verachten. Ihr könnt nicht Gott und dem Mammon dienen.« (Mt 6, 24)

Buddha lehrte als das höchste Glück das Erlöschen der ichbezogenen Existenz im Nirvana.

Jesus verkündete die Nächstenliebe als höchste Daseinsform.

Gott Mammon befiehlt: »Sei dir selbst der Nächste!«, »Hast du was, bist du was!«. Die ewige Seligkeit, so erklärt er mit hartnäckiger Inbrunst, kann schon auf Erden erreicht werden. Und Habsucht ist der einzige Weg dahin.

3. Kapitel

Rückblicke, Einblicke, Ausblicke

1. Politischer Anfang: Wie die Jungfrau zum Kind

Geländespiel als Schicksal

Zur Politik gelangte ich wie die Jungfrau zum Kinde. Das Kind ist zwar da, aber die Jungfrau weiß nicht, wie es dazu kam. Der Beginn meines politischen Engagements war das Ergebnis eines Geländespiels zwischen evangelischen und katholischen Pfadfindern. Dies fand traditionell im »Dicken Busch«, einem Rüsselsheimer Waldstück, zu nächtlicher Stunde statt. Es gewann, wer die meisten Gefangen gemacht hatte. Beendet und gezählt wurde bei Sonnenaufgang.

Ein Geländespiel in der Nacht ist, auch wenn es keiner zugibt, voller Ängste. Entgegen der landläufigen Meinung ist es nachts im Wald nämlich nicht still, sondern da ist der Teufel los. So empfindet man jedenfalls das fortgesetzte Knacken von Ästen, den Flügelschlag von Nachtvögeln, das Wimmern von irgendwelchem Getier und das plötzliche Geschrei unserer menschlichen Kontrahenten, von dem man allerdings weiß, dass das Getöse der Ablenkung dient, um den Gegner in die Irre zu führen. Man ist doch jedesmal erschrocken. Fachkundige Politologen, welche der Üblichkeiten des Geländespiels kundig sind, werden darin durchaus Analogien zu etablierten Wahlkämpfen entdecken können.

In jener Nacht gewannen wir. Die Krönung unseres Triumphes war: wir konnten den »Stammesführer« der evangelischen Pfadfinder gefangen nehmen. Wir gewährten ihm eine Sonderbehandlung, indem wir ihn der Kälte der Nacht wegen an unser wärmendes Lagerfeuer legten, allerdings sicherheitshalber gefesselt, um Fluchtgedanken gar nicht erst aufkommen zu lassen. Aus humanitären Gründen wendeten wir ihn von Zeit zu Zeit, damit Vorder- und Rückseite des Gefangenen, wenn auch zeitversetzt, gleichermaßen in den Genuss der Wärmequelle komme.

So rau waren die Sitten und doch so herzlich, weil nach Ende der Kampfhandlung ein großes gemeinsames Freudenfest am Lagerfeuer von Siegern und Besiegten gefeiert wurde.

Das Symbol der Versöhnung war eine Friedenspfeife, die wir den Indianern abgeguckten Bräuchen gemäß abwechselnd rauchten, nachdem zuvor die Trophäen des nächtlichen Raubzuges den ursprünglichen Besitzern zurückerstattet worden waren.

In dem allgemeinen Freudentaumel, der sich immer einstellt, wenn aus Feinden Freunde werden, kam einer der Kombattanten, ich weiß nicht wer, auf die Idee, an der in sechs Wochen bei Opel stattfindenden Jugendvertreterwahl mit einer gemeinsamen Kandidatenliste anzutreten. Es war sozusagen die Fortsetzung des Geländespiels mit anderen Mitteln und anderen Gegnern. Diesmal ging es gegen die Gewerkschaftsjugend ins politische »Geländespiel«.

Wir waren geistig, ideologisch und materiell den Jungfunktionären restlos unterlegen. David gegen Goliath entsprach ungefähr dem Kräfteverhältnis. Unsere Kandidatenliste setzten wir ökumenisch paritätisch zusammen, also mit zwei evangelischen und zwei katholischen Pfadfindern. Den fünften Platz bekam ein Mädchen, denn wir waren schon damals Vorreiter der Emanzipation und infolgedessen für eine »Quotenfrau«. In dem Fall war die Konfession belanglos.

Die Gewerkschaftsjugend rückte mit Wahlkampfpropaganda in Vierfarbendruck mit eindrucksvollen Kandidaten-Porträts in die Wahlschlacht. Wir dagegen hatten, der Davidschen Schleu-

Rückblicke, Einblicke, Ausblicke

der vergleichbar, nur die auf der alten Abzugsmaschine im Pfarr-
haus St. Georg in Rüsselsheim vervielfältigte Wahlpropaganda
mit der originellen, an Einfallsreichtum nicht zu übertreffenden
Parole: »Die Spatzen pfeifen es vom Dach, Gewerkschaftsjugend
fällt flach«.

Die Gewerkschaftsjugend kämpfte allerdings wie wir mit dem
gleichen Problem: Wie kommt das »Material« zielgenau an die
Wähler? Das waren wie gesagt die Opel-Beschäftigten unter
18 Jahren, also die Lehrlinge. Die Arbeitnehmer strömten zu
Schichtbeginn zu unserem Leidwesen nicht nach Jahrgängen
getrennt durch die Werksportale, sondern unsortiert gemischt.

Wir Pfadfinder lösten das Problem pragmatisch, jedoch ille-
gal, indem wir unsere Wahl-Zettel an die Schraubstöcke und
auf die Maschinen der Lehrwerkstatt legten.

Unsere Konkurrenz war ratlos. In ihrer Not wandte sie sich an
uns. »Wie macht ihr das?« Wahrheitsgemäß und um Fairness
bemüht antwortete ich: »Wir verteilen das Zeug in der Lehrwerkstatt.« »Das ist doch verboten«, antwortete Geo, so hieß
der Oberfunktionär der Gewerkschaftsjugend. Ich sehe ihn
noch heute vor mir. »Dann dürft Ihr euch nicht erwischen lassen«, antworte ich immer noch ohne Arg und Hintergedanken.

»Wie geht das?«, fragte mich der basisferne Funktionär.

»Rechtzeitig vor Arbeitsbeginn, wenn noch keine Aufsicht in
der Lehrwerkstatt ist.«

»Wann ist das?«

In diesem Moment beging ich eine Sünde, für die ich heute
noch um Verzeihung bitte. Ich verschob die tatsächliche Zeit-
grenze um 15 Minuten nach vorne: »7.15 Uhr«.

»Danke!«, sagte Geo.

»Macht nichts«, antworte ich mit schlechtem Gewissen!

»Halt!«, schrie ich hinter ihm her. »Wann wollt ihr denn euren ›Kram‹ verteilen?«, fragte ich ihn mit harmloser Miene.

Politischer Anfang: Wie die Jungfrau zum Kind

»Warum?«

»Damit wir nicht am selben Tag antreten und euch in die Quere kommen.«

»Mittwoch!«

»Danke für die Auskunft!«

Zu meiner Scham fügte Geo noch hinzu:

»Bist doch ein fairer Kerl«.

Wenn er gewusst hätte …

An diesem besagten Mittwoch waren um 6.45 Uhr die evangelischen Pfadfinder in der Toilette Nord, die katholischen in der Toilette Süd versammelt.

Die Gewerkschaftsverteiler erschienen 7 Uhr und verteilten sorgfältig ihr kostbares Gut. Sie verließen ordnungsgemäß die Stätte der Verteilung kurz vor 7.15 Uhr.

7.20 Uhr kamen die bereitgestellten pfadfinderischen Einsatzkommandos aus ihren Warteräumen, den Toiletten Nord und Süd, und sammelten das Gewerkschaftsmaterial fein säuberlich wieder ein. Die Lehrwerkstatt war um 7.30 Uhr besenrein. Die Aufsicht konnte kommen!

Um den Triumph zusätzlich noch zu genießen, verbrannten wir, dabei den schönen Kanon »In London brennt es« singend, noch schnell das Propagandazeug auf den nahegelegenen Mainwiesen und standen vorbildlich und vorschriftsmäßig, als sei nichts geschehen, Punkt 8.00 Uhr an unseren Schraubstöcken und feilten wie wir immer feilten.

Über diesen Schildbürger-Streich lachte die ganze Lehrwerkstatt und der halbe Opel-Betrieb.

Das Ergebnis der geheimen Jugendvertreter-Wahl: 5 Sitze waren zu vergeben und alle 5 besetzten unsere Kandidaten. Unser letzter Mann hatte noch mehr Stimmen als die Gewerkschaftsjugend zusammen.

Ich wurde Vorsitzender und blieb es fünf Jahre. In allen folgenden Wahlen blieb unsere »absolute Mehrheit« erhalten. Und das in einer Zeit, in der der Betriebsrat Opel mit einer starken KPD-Mannschaft rot, sehr rot war.

Die auf Gewerkschaftsschulen gelehrten Revolutionstexte sind theoretisch sehr wertvoll. Ein bisschen Kenntnis der praktischen Lebensverhältnisse einschließlich der exakten Ankunftszeiten des Aufsichtspersonals ist jedoch, wie man sieht, nicht von Schaden.

Dennoch entschuldige ich mich fast sieben Jahrzehnte später für den kleinen Wahlkampftrick, der am Beginn meiner politischen Laufbahn stand.

Soweit das Rüpel-Spiel!

Kampf mit dem Ritter vom Heiligen Grab

Gewerkschaften sind notwendig.

Schon bald entdeckten wir, dass Pfadfinderkünste wie Knotenknüpfen, Wetter- und Sternen-Kunde, Lagerfeuer und Gesang nicht ausreichten, um wirksam für die Lehrlinge einzutreten. Jugendvertretung ist kein Lagerzirkus. Wir paukten Arbeitsrecht, Tarifrecht etc. und waren bald überzeugt, dass es ohne Gewerkschaften nicht geht. Ich trat in die IG Metall ein und später aus Trotz über die stalinistischen Gewohnheiten mancher IG Metall-Funktionäre in die CDU. Fritz Wernharth, Gott habe ihn selig, der Verwaltungsstellen-Chef, hatte eine besondere Art, heikle Abstimmungen »einwandfrei« über die Bühne zu bringen: »Liegen dazu Wortmeldungen oder gar Einwendungen vor? Das ist nicht der Fall. Damit ist der Antrag angenommen!« Zwischen Frage und Antwort lag noch nicht einmal eine Atempause.

»Fritze« wie sie ihn nannten, war der erste und einzige Mensch, den ich kenne, der ohne Luft zu holen, viele Sätze ununterbrochen, schnell wie ein Maschinengewehr sprechen konnte. Der Abneigung gegen Fritz Wernharth verdankt also der CDU meine wertvolle Mitgliedschaft. Er kennt sein Verdienst nicht, und die CDU weiß es bis heute nicht – Gottes Wege sind unerforschlich.

So also kam die Jungfrau zum Kinde.

Von nun an begann ein Balanceakt zwischen Gewerkschaft und Partei. Im Betrieb saß ich zwar fest im Sattel der Jugendvertretung, aber oft zwischen den Stühlen der Lehrlinge und dem des Chefs.

Mein bevorzugter Kontrahent war jedoch der Personalchef Dr. Hoenicke, nebenbei »Ritter vom Heiligen Grab«. Ich ehemaliger Messdiener, also ein Glaubensgenosse des großen Ritters, war sein kleiner Gegenspieler. Jetzt wurde ich Lieblingsfeind des Personalchefs.

Hoenicke verbot seinen Mitarbeitern, mit mir zu reden, denn ich sei ein Kommunist. Das war die Premiere dieser Titelverleihung. Später folgte noch eine!

Ich rächte mich für den Kommunisten-Titel still, indem ich Hoenicke in meinem geheimen Herzenskämmerlein zum Erzkapitalisten erklärte. Hoenicke und ich waren die Taschenbuchausgabe von Don Camillo und Peppone. Hoenicke nicht so sympathisch wie Don Camillo und ich nicht so gewieft wie Peppone. Hönnicke war ein finsterer Mann mit schwarzen Augen und einem kalten Blick. Ganz anders als Don Camillo. Nie sah ich ihn lächeln. Seine Stärke war Schweigen. Er hätte auch Vorbild für El Grecos Bild vom Großinquisitor sein können. Wenn er gekonnt hätte, hätte er mich exkommuniziert. Und ich ihn auch. Ich war eben doch nicht so besorgt wie Peppone um das Wohlbefinden meines Gegners.

Es hat mich nicht gestört, dass Hoenicke mich für einen Kommunisten hielt. Ich war insgeheim sogar stolz darauf. Ich wusste ja, wer ich war.

Der Kriegsheimkehrer

Was das Fass zum Überlaufen brachte und meine Verachtung auf die Spitze trieb, war ein besonderer Fall. Deshalb kann ich meine Abneigung gegen Hoenicke auch im Nachhinein nicht als fehlgeleiteten jugendlichen Übereifer betrachten.

Ein Lehrling, nennen wir ihn, um seine Identität zu verschleiern, nachträglich Karl, hatte seinem Nachbarn zwei Mark aus dem Spind im Waschraum geklaut. Fristlose Kündigung war die Folge. Arbeitsrechtlich einwandfrei. Nur: Karl befand sich in einer besonderen Situation.

Wir schreiben das Jahr 1955. Adenauer verhandelt in Moskau mit der sowjetischen Partei und Staatsführung über das Schicksal der in der UDSSR verbliebenen deutschen Kriegsgefangenen. Chruschtschow und Bulganin sind die Verhandlungspartner der Deutschen.

Die Sowjets hatten der Einfachheit halber die Kriegsgefangenen kollektiv als Kriegsverbrecher eingestuft und behielten sie als Geisel in den harten Arbeitslagern Sibiriens. Die Verhandlungen waren scharf und mehrfach am Rande des Scheiterns. Adenauer drohte mit Abbruch und Abreise. Deutschland hielt den Atem an. Adenauer gelang am dritten Tag der Durchbruch. Die Sowjets lenkten ein. Die Bundesrepublik errichtete im Gegenzug (und im Widerspruch zur Hallstein-Doktrin) eine Botschaft in Moskau. Adenauer hatte der Menschlichkeit den Vorzug vor der Behauptung von Rechtspositionen gegeben.

Die ersten Spätheimkehrer kehren am 7. Oktober 1955 nach Deutschland zurück und werden mit Glockengeläut im Lager Friedland begrüßt. Deutschland ist zu Tränen gerührt. Viele Vermisste, Totgesagte, sind unter den abgehärmten Männern, die zehn Jahre nach Kriegsende heimkehren. Unter ihnen der Vater von Karl. Seine Heimkehr zu Frau und Kind wurde für

den nächsten Tag angekündigt. Ganz Kelsterbach, wo er her-
kam, bereitete sich auf den Empfang vor.

Ich habe Hoenicke angefleht, die Entlassung zurückzunehmen.
Karl und seine Mutter waren verzweifelt. Sie fürchteten sich vor
der ersten Begegnung des Vaters mit dem Sohn. Karl war kein Kind
mehr. Groß geworden war der Sohn, als sein Vater im Kriegsge-
fangenenlager war. Was sagt Karl auf die naheliegende erste väter-
liche Frage: »Was machst Du?« »Ich bin als Dieb entlassen«, wäre
die richtige Antwort gleichsam als Begrüßungsgeschenk.

Ich sah die Katastrophe kommen und schlug Herrn Doktor
Hoenicke als Kompromiss vor, Karl die Gesellenprüfung, die
14 Tage später angesetzt war, machen zu lassen, und dann, statt
sofortiger Entlassung, kein neues Arbeitsverhältnis mehr mit ihm
einzugehen. Hoenicke blieb ungerührt. Rechtlich hatte er alle Ar-
gumente auf seiner Seite, menschlich kein einziges: »Pereat mun-
dus, fiat justitia«, das ist der Wahlspruch herzloser Rechtsvertre-
ter. Da platzte mir der Kragen, und ich verlor die Fassung: »Wenn
ich Sie, Herr Doktor Hoenicke, je im Mainzer Dom mit dem wei-
ßen Mäntelchen des Grabritters um den Altar herumschwänzeln
sehe, komme ich hoch und ziehe es Ihnen eigenhändig aus.«

Hoenecke war sich jetzt ganz sicher: Blüm ist ein Kommunist.

So können sich selbst hochgestellte Ritter vom Heiligen Gral
täuschen.

Herr Dr. Halder

Unbeirrt vertrat die Jugendvertretung die Opel-Lehrlinge. Unser erster Gesprächspartner war Herr Dr. Halder, ein abgetakel-
ter General, der seinen Lebensabend als Ausbildungsleiter bei
Opel verbrachte. Von der Ausbildung hatte er so wenig Ahnung
wie ich von der Weltraumfahrt.

Besuchern erklärte er an zwei Hobelmaschinen beispielhaft
den Unterschied zwischen einer alten und einer neuen Maschi-

ne. An denen würden die Lehrlinge bei Opel ausgebildet, um, wie er sagte, beide Seiten des Fortschritts kennenzulernen. Die eine Hobelmaschine sei mit Automatik ausgestattet, die andere müsse noch manuell bedient werden, erzählte er einer Besuchergruppe der Opel-Lehrwerkstatt. Die beiden Lehrlinge, die jeweils eine der beiden Maschinen bedienten, konnten nur mit Mühe ihr Lachen und den dazugehörigen Spott unterdrücken. Beide Maschinen waren nämlich gleich. Nur bei einer war der Vorschub eingestellt, weil eine ebene Fläche gehobelt werden musste, während mit der anderen ein kompliziertes Profil mit Handeinstellung hergestellt werden sollte. Ob's wahr ist, weiß ich nicht, wenn nicht, ist es gut erfunden.

Halder bot jedenfalls ausreichend Stoff für das geheime Gelächter der Lehrlinge. Einmal soll er Gästen erzählt haben, die Spengler-Lehrlinge könnten Maßanzüge aus Blech herstellen.

Halders Spezialität war die exakte Ordnung aller Feilen, die rechts vom Schraubstock des Lehrlings der Größe nach parallel geradeliegend aufgereiht sein mussten. Das war offenbar ein Überbleibsel aus seiner Generalszeit. Früher exerzierte er mit Soldaten, jetzt mit Feilen.

Einstellungsbescheide nach Gutsherrenart

Eine Lehrstelle bei Opel war damals wie ein Hauptgewinn, ein besonderer sogar für die Mädchen. Halder verteilte die Einstellungsbescheide für die Bürogehilfinnen nach Gutsherrenart. Seine Macke bestand nämlich darin, dass er nach bestandener Aufnahmeprüfung die Angehörigen der Bewerberinnen mit der Zusage in seiner Rocktasche besuchte, aber den Einstellungsbescheid bei sich behielt, wenn ihm die Familie nicht gefiel.

Von uns, der Jugendvertretung zur Rede gestellt, antwortete der General knapp und bündig: »Weil bei Opel keine Sumpfpflanzen Platz haben«. Warum Sumpfpflanzen nur bei Mädchen zu suchen seien, wusste er nicht weiter zu begründen, denn bei den Buben hatte er nie solche Familientests gemacht.

Halder war zu keiner weiteren Diskussion bereit. Das war er vom Militär auch nicht gewöhnt. Befehl ist Befehl.

Doch ich brachte seine Exklusivtour zu den Familien der weiblichen Lehrlinge auf andere Weise zum Stoppen. Bei Opel gab es damals wie wahrscheinlich auch heute noch Prämien für Verbesserungsvorschläge, mit denen Kostensenkung durch Material- oder Personaleinsparungen belohnt wurden. Also begab ich mich auf Schleichwegen zu einem Freund in der Personalabteilung auf den Weg und machte mich dort über das Monatsgehalt des Ausbildungsleiters Halder kundig. Mit diesen Daten stellte ich mich an meine Rechnung auf: 30 Bürogehilfinnen mal 1,5 Stunden Besuchszeit ergibt 45 Arbeitssunden. Jetzt ist die Rechnung leicht. Monatsgehalt dividiert durch die Monatsarbeitsstunden ergibt Halders Stundenlohn, multipliziert mit der Gesamtbesuchsstundenzahl ergeben die Kosten der Halderschen Familienbesuche.

Mit dem Ergebnis trat ich vor die Betriebsversammlung und schlug dem in der ersten Reihe sitzenden Vorstand vor, die Einstellungsbriefe per Bundespost mit der damals gültigen 20-Pfennig-Briefmarke transportieren zu lassen, was Gesamtkosten von 30 mal 20 Pfennig, gleich 6,00 DM ausmache. Die Einsparung von Personalkosten ergebe sich aus der Subtraktion der Portokosten von den Halderschen Reisekosten. In meiner Rechnung waren das 995 Mark. Für diese Einsparung bat ich den Vorstand, mir die Prämie für Verbesserungsvorschläge an meine Adresse in Rüsselsheim, Ringstr. 112, zu überweisen. 10.000 Opelarbeiter auf der Betriebsversammlung jubelten.

Der Vorstand verließ konsterniert wegen solcher Respektlosigkeit die Versammlungshalle. Und Halder besuchte niemals mehr Bürogehilfinnen-Familien auf der Suche nach Sumpf-

pflanzen. So war allen geholfen – Opel, Halder, den Bürogehilfinnen und der Jugendvertretung. Allerdings habe ich die Prämie für Einsparungsvorschläge bis heute noch nicht erhalten.

Nachträglich muss ich Halder allerdings zugutehalten, dass
er, wie ich vermutete, in Sachen Karl, dem entlassenen Kriegs-
heimkehrer-Kind, meiner Meinung war. Ein General folgt jedoch dem Oberbefehlshaber ohne Widerworte. Das gab er mir
jedenfalls »durch die Blume« zu verstehen. Er muckte nicht auf.
Es galt hier bei Opel wie da beim Heer: Ober sticht Unter.

Lehrlingssport

Wir, »unsere Jugendvertretung«, waren jedoch nicht, wie man
vermuten könnte, nur altersbedingt wilde Rabatzmacher, sondern auch betrieblicher Ordnungsfaktor wie jeder Betriebsrat,
außer bei Volkswagen.

In der Lehrlingsausbildung gab es bei Opel jede Arbeitswo-
che zwei beliebte Sportstunden und zwar mittwochnachmittags
von 15.00 bis 17.00 Uhr. Dazu marschierten über 300 Lehrlinge
mit ihren Ausbildern auf den Sportplatz des SC Opel.

Auf der etwa ein Kilometer langen Strecke gab es jedoch regelmäßig Schwund. Mit anderen Worten: Es schlugen sich einige in die Büsche.

Die Disziplinlosigkeit ließ sich trotz verschärfter Aufsicht
durch die Lehrgesellen nicht beseitigen. Halder zog die Konsequenz: Keine Sportstunden mehr.

Jetzt kam die Stunde der Jugendvertretung. Zur Rettung des
Lehrlingssports bei Opel machten wir den Vorschlag: Wir übernehmen den verlustfreien »Transport« in unsere Verantwortung
und garantieren, dass kein Lehrling auf dem Weg verloren geht.

Halder ließ sich auf den Vorschlag ein, wahrscheinlich in der
sicheren Erwartung, dass auch wir der Drückeberger nicht Herr
werden würden.

Falsch eingeschätzt! Wir setzten auf Solidarität, appellierten an die Kameradschaft aller Lehrlinge und drohten jedem, der uns den Spaß auf dem Sportplatz durch »Fahnenflucht« auf dem Weg dorthin verdarb, unsere speziellen Konsequenzen an.

Und siehe da: Das Wunder geschah. Jeden Mittwoch pünktlich um 15.00 Uhr marschierten 300 Lehrlinge von der Lehrwerkstatt zum Sportplatz. 5 Mann in einer Reihe, 5 Reihen in einer Kompanie und 12 Kompanien in einer Armee. Das war unsere zivile Heeresordnung.

Ich habe viel gelernt bei Opel. Feilen, Bohren, Fräsen, Drehen, Schleifen, Schmieden und »die kleinen Tricks der Politik«.

Der Mittwochsmarsch zum Sportplatz der Opellehrlinge: »Gemeinsam, ohne Aufsicht zum selbstgewählten Ziel« erinnert mich jedoch bis heute daran, dass die Idee der Demokratie von der Selbstbeherrschung des Volkes doch keine Utopie ist. Sie gelingt, wenn alle mit dem Sinn des Vorhabens einverstanden sind.

Ohne Vertrauen kein Einverständnis und kein Einverständnis ohne Vertrauen. Das ist das Einmaleins der Jugendvertretung und der Demokratie.

2. Das Ende: Der Mohr kann gehen …

Wie geht es einem erschöpften Boxer nach dem Schlussgong der 12. Runde auf dem Weg in die Ringecke? Ich weiß es nicht. Ich stand noch nicht im Boxring. Froh, dass es vorbei ist, und gespannt auf das Urteil der Punktrichter, stelle ich mir ihn vor, und bis zum letzten Moment sich in der Hoffnung wiegend, dass das Kampfgericht ihm den Sieg zuspricht. So ähnlich empfindet der Wahlkämpfer am Wahltag – jedenfalls fühlte ich mich so im Jahre 1998.

Rückblicke, Einblicke, Ausblicke

Nach über 100 Wahlversammlungen, im Durchschnitt drei bis vier pro Tag, kannst du dich selbst nicht mehr hören, denn so einfallsreich ist niemand, als dass er immer neu seine Gedanken formulieren könnte. Sisyphos war auch nicht übermäßig kreativ. Das Schlimmste in der Wahlversammlung ist, die Leute sind immer so frisch und erwartungsvoll. Anders als ich haben sie meine Reden nicht schon hundertmal gehört.

Der 27. September 1998 begann wie jeder gewöhnliche, unschuldige Sonntag. Aufstehen und das Dazugehörige, Kirchgang, dann aber der Marsch zum Wahllokal. Schon der Weg dorthin ist ein Wechselbad zwischen Triumphmarsch und Lauf durch die Prügelgasse. Die einen kommen dir freundlich entgegen, die anderen muffig bis aggressiv. Hätte man Zeit und Lust, könnte man anhand der Passantenreaktionen eine letzte Wahlprognose erstellen. Ich tue es an diesem Tag nicht! Wahlprognosen, erwünschte und befürchtete, habe ich zur Genüge in mich reingezogen. Jetzt zählt nur noch das Ergebnis.

Der Sonntag nimmt seinen Lauf: Business as usual. Ich besuche ein Mittagskonzert in Rolandseck, mental mehr ab- als anwesend, gratuliere am Telefon meinem treuen sozialdemokratischen Staatssekretär Werner Tegtmeier zum Geburtstag, schlürfe eine Suppe. Die Uhr läuft weiter. Der Countdown beginnt. Gegen halb fünf mache ich mich auf ins Kanzleramt. Eine Handvoll Getreue sind im Arbeitszimmer um Helmut Kohl versammelt. Es herrscht eine belanglose Angespanntheit. Keiner gibt zu, dass er die Sache für verloren hält. Jeder hofft noch auf ein Wunder. Kurz nach fünf Uhr geht Helmut Kohl zu seiner Familie in den Bungalow. Wir überbrücken die Galgenfrist in gespielter Lethargie mit kleinen Blödeleien. Kurz vor sechs kommt Kohl zurück. 18.00 Uhr: die »letzte Prognose«. Dann etwas später: das »vorläufige Endergebnis«: Titanic im Trockendock.

Sie reden auf Helmut Kohl ein. Er macht sich einige Notizen auf einem Zettel und verschwindet Richtung Adenauer-Haus. Kein Hadern, keine Vorwürfe, keine Katastrophenstimmung. Ein Königsdrama stelle ich mir anders vor. Ich mache mich ebenfalls auf den Weg in die Parteizentrale.

18.35 Uhr: Mein erstes Interview mit WDR 3, dem NRW-Landessender. Ich kann mir nicht helfen, aber ich empfinde in vielen Fragen einen Schuss Schadenfreude und in manchen den schlecht getarnten Willen zur Beerdigung. Wahrscheinlich ist man in solchen Situationen hypersensibel und wittert mehr, als in der Luft liegt. Wann Helmut Kohl »ausgewechselt« werde? Ob meine Zeit jetzt zu Ende sei? Das gespielte Mitleid und die fingierte Bestürzung macht mir den Eindruck: »Beerdigung ohne Leiche.«

Ohne viel Federlesens geht Helmut Kohl im Adenauer-Haus auf die Bühne. Unaufgefordert begleiten ihn einige Getreue, ich auch, andere bleiben zurück oder verduften sich. Helmut Kohl macht keine Vorwürfe, beschimpft niemanden, weder Wähler noch Gegner. Er nimmt die Verantwortung auf seine Schultern und dankt den Wählern – mit stoischer Selbstverständlichkeit. Kohl, ein guter Verlierer. Ich habe später auch schlechte Verlierer kennengelernt.

Auch im Nachhinein ist mir dieser Augenblick als ein gelungenes Beispiel demokratischen Machtwechsels in Erinnerung. Denn Demokratie ist »Herrschaft auf Zeit«. Machtwechsel ist in die Demokratie eingebaut. Das schützt sie vor der Arroganz immerwährender Macht. Du musst schon bei Amtsantritt im Kopf haben, dass dein »Arbeitsvertrag« befristet ist und du vor keinem Arbeitsgericht auf Wiedereinstellung klagen kannst.

Machtwechsel ist nicht Weltuntergang, sondern demokratischer Normalfall. Ich gebe zu, diese Theorie ist im Kopf beheimatet. Sie in die eigenen Gefühle herunterzuholen ist etwas strapaziöser.

Sechzehn Jahre sind eine lange Zeit, und in einer Gesellschaft, die auf die täglichen Neuigkeiten versessen ist, fast schon in der Nähe der Ewigkeit, zumindest der Langeweile.

Spät in der Nacht, nachdem der Pulverdampf der ersten Erregung verflogen ist, treffen wir uns noch im Kanzlerbungalow. Es wird gegessen und getrunken, sogar gelacht (Merke: »Galgenhumor«). Fritz Bohl, der treue Knappe, hält eine kurze Rede: »Es war einmal …«

Sechzehn Jahre. Es war ein langer Kampf. Bei der Wiedervereinigung mitgemacht zu haben, ist ein unverdientes politisches Privileg. Mit diesen Gedanken ging ich nach Mitternacht ins Bett, gemischt mit dem Gefühl des Boxers, dem gerade das Urteil seiner Niederlage verkündet wurde: Es ist vorbei. Schade! Aber irgendwie fühlt man sich wie durch Erschöpfung befreit. Man muss eben auch zur Erschöpfung bereit sein.

Und doch: Es geht weiter. Aber bitte nicht gleich am nächsten Tag. Denn die schnellen Steh-auf-Männchen schaffen ihr Kunststück möglicherweise nur, weil ihr Kopf so klein, ihr Gehirn so leer, ihr Gedächtnis so kurz und ihr Gefühlsvorrat so begrenzt ist. Am nächsten Morgen ist Vorstandssitzung. Nichts mehr weiß ich von dem, was dort geredet wurde. Es war jedenfalls viel.

Loslassen ist keine Augenblicksangelegenheit. Man muss sich einlassen auf die Schmerzen der Loslösung. Wer das nicht tut, wird nie loslassen. Trauern ist nicht Verdrängung, sondern Erinnerungsarbeit.

Machtverlust? Was ist Macht? Den »eigenen Willen auch gegen Widerstreben durchzusetzen«, behaupten die Soziologen. Das funktioniert in der Demokratie nicht nach dem Schema von Befehl und Gehorsam. Demokratie ist Kampf um Zustimmung unter ständiger Gefahr, von der oppositionellen Alternative überholt zu werden. Unter dem Gejohle von protestie-

Das Ende: Der Mohr kann gehen …

renden Gewerkschaften bei der Reform des Streikparagraphen AFG 116 – »Arbeitsverräter« nannten sie mich –-, gegenüber den wütenden Protesten der Ärzte, Zahnärzte, Apotheker, Orthopäden, Optiker, Friedhofssteinmetzen, Krankenschwestern, Pharmakonzernen etc., als »Totmacher« in der Gesundheitsreform attackiert, – auch unter dem Vorwurf des »Sozialstaatskillers« bei der Rentenreform habe ich nie das selbstherrliche Gefühl gehabt, ein »Machthaber« zu sein.

Machtwechsel hin, Machtwechsel her. Es sind die kleinen Dinge, deren Verlust dir wehtut. Du steigst aus dem Auto und lässt den Fahrer zurück, mit dem du jahrelang, tags, nachts, auf kurzen und langen Strecken unter einem (Auto-)Dach gelebt hast.

Er kennt dich und du ihn in- und auswendig. Mir fällt in solchen Abschieds-Augenblicken leider wenig Tröstliches ein. Und für heroische Bekenntnisse fehlt im Kreise von Vertrauten einfach der Background.

Du sagst den Sekretärinnen: »Bye, bye« und »Tschüss, macht's gut«, all jenen, die dich hinter den Kulissen der Staatsaktionen alltäglich erlebt haben. Und den vielen, vielen Mitarbeitern, mit denen man sich ohne viel Worte verständigen konnte. Kommunikation pur, ohne Umschweife: »Alles vorbei. Das war's!« Die Tür fällt ins Schloss. Man weiß nicht, was aus ihnen nach dem Regierungswechsel wird – und sie wissen es auch nicht.

Ich bin – Gott sei Dank – kein geborener Sieger, sondern auch ein gelernter Verlierer. Wahlen habe ich gelernt zu gewinnen und zu verlieren. Zum Gewinnen reicht Naturbegabung. Zum Verlieren dagegen bedarf es einer gewissen Distanz zu sich selbst. Zu Siegern gehören Siegeserwartungen, ohne die sich schlecht kämpfen lässt. Verlieren ist eine Kunst, die man beherrschen muss, auch wenn man sie noch nicht geübt hat. Deshalb ist verlieren beim ersten Mal am schwersten. Sieg und Niederlage liegen nahe beieinander. Deshalb: »Überschätz das eine wie das andere nicht.« Dazugelernt habe ich jedoch besonders in Niederlagen, vielleicht sogar mehr als beim Gewinnen. Der Sieg hat viele Väter und Mütter. Die Niederlage dagegen ist ein Waisenkind. Und manche, die mir früher nicht oft genug und freudig erregt die Hand schütteln wollten, verdrückten sich jetzt plötzlich um die Ecke, wenn sie mich aus der Ferne kommen sahen.

»Es gibt Schlimmeres als Wahlniederlagen«, tröste ich mich beim Aufwachen am 28. September 1998. (Dass es verhängnisvollere politische Fehleinschätzungen gibt als solche, die sich an Wahltagen auszahlen, ist mir damals nicht eingefallen.)

Der 27. September 1998 war jedenfalls kein belangloser Tag, von denen es leider viele im Leben gibt.

Der Mohr hat seine Schuldigkeit getan.

Der Mohr kann gehen.

3. Zwischen den Stühlen

Wenn ich zurückdenke, stelle ich mit nachträglicher Verwunderung fest, dass ich mich oft politisch zwischen den Stühlen befand, jedenfalls gehörte ich öfter als mir lieb war »nicht dazu«, wo eigentlich alle zugehörig waren. Und das begann bereits lange vor meinem »politischen Leben« nämlich schon in der Kindheit. Das Erlebnis, draußen zu stehen und nicht dazuzugehören, hat vielleicht auch meine politische Einstellung geprägt.

Misch-Ehen-Kind
Ich bin das Kind einer Mischehe: Mutter streng katholisch, Vater lau evangelisch. Dennoch hielten die beiden sich ein Leben lang unverbrüchlich die Treue. Was beweist: die Grenzen der Kirchen sind nicht die Grenzen der Liebe.

Mischehen galten in der Zeit meiner Kindheit als eine Notlösung – sozusagen ein Zugeständnis an die konfessionelle Laxheit der Ehepartner.

Als Kind einer Mischehe gehörte ich schon bei den Messdienern nicht ganz dazu, weil mein Vater evangelisch war. Die Väter der anderen Messdiener marschierten fromm bei der Fronleichnamsprozession mit. Vier von den Vätern trugen sogar den Baldachin, unter dem das Allerheiligste transportiert wurde. Mein Vater saß derweil zuhause auf dem Sofa oder bastelte zur gleichen Zeit in seiner Werkstatt an seinem Motorrad herum. Vielleicht ist das der Grund, dass ich in der damaligen Messdiener-Hierarchie nie die oberste Sprosse eines Zeremoniars erklommen habe.

Trotzdem hatte ich meinen Papa Christian nicht weniger lieb als meine Messdienerkumpane ihre Väter. Ich sorgte mich um so mehr um sein Seelenheil, weil ich Angst hatte, ihn im Himmel nicht wiederzusehen. Deshalb bettelte ich ihn an, katholisch zu werden und den Konvertiten-Unterricht zu besuchen. Mein Vater, der Witzbold, verstand mich absichtlich falsch und sagte: »In den Banditenunterricht gehe ich nicht«. Wir lachten beide und so war's wieder gut.

Schulerfahrungen

Die frühe Schmach des Außenseiters habe ich am schärfsten in der Schulzeit erlebt.

In der Schafhausener Zwergschule, in der ich während des Krieges zwei Jahre Schüler war, durfte jeder der 12 Schüler, welche die Schülerschaft die Schule bildeten, abwechselnd eine Woche lang die Schulglocke läuten, mit der angekündigt wurde, dass der Lehrer auf der Straße von Alzey auf dem Fahrrad gesehen worden war und die Kinder jetzt zum Schulhaus kommen sollten. Nur ich allein kam nie ans Glockenseil zum Läuten. Ich war vom Glockenläuten ausgeschlossen. Ich kam von der Stadt und redete außerdem nur »gebrochen« rheinhessisch. Ich war also in Schafhausen ein Kind mit Migrationshintergrund. Ich weiß also, wie weh es einem Kind tut, wenn es ausgeschlossen wird.

Die Wunde meiner Diskriminierung durch Ausschluss vom Schulglockenläuten schloss sich erst vor zehn Jahren, also 64 Jahre nach der »Verletzung«, die ich als Achtjähriger erlitten habe. 2007 bat ich bei einem zufälligen Zusammentreffen mit dem Ortsvorsteher von Schafhausen bei Alzey, mir doch nachträglich einen Kindheitstraum zu erfüllen und mich einmal, nur einmal die Glocken der Schule läuten zu lassen.

Der Mann hatte ein weicheres Herz als einst die Schafhauser Bauernbuben. Und so läutete ich eines schönen sonnenüberfluteten Samstagnachmittags gegen 14.30 Uhr die Schulglocke zur Verwunderung der Schafhauser Bürgerinnen und Bürger, da sie weder Anlass noch Grund für dieses mittägliches Läuten erkennen konnten.

Ein kleiner Wermutstropfen trübte allerdings ein bisschen meine Freude. Die Glocke wird nicht mehr mit der Hand geläutet, sondern elektrisch. Ich musste nur den Schalter umlegen.

Nach Rüsselsheim 1945 zurückgekehrt, war ich wieder mit einem Makel belastet, der meine »Dazugehörigkeit« behinderte. Ich sprach jetzt nicht hessisch, sondern assimiliert rheinhessisch, also wieder nicht wie alle. In Schafhausen war ich der Städter, in Rüsselsheim der Bauernbub. Beide Einstufungen waren Varianten des »Ausländerkindes«.

In Friedrichsheim, wo ich mit meiner Mutter ein halbes Jahr vor dem Schafhausener Exil verbracht hatte, war die Diskriminierung sogar noch handfester. Die Schwarzwälder Bauernbuben machten auf dem langen Heimweg von der Schule in Marzell in ihre höher gelegenen Berghöfe an einem bestimmten Baum, den es heute noch gibt, halt und einer nach dem anderen verpasste mir eine schallende Ohrfeige, dann trennten sich unsere Wege. Ich ging allein, meist leise weinend, den weiteren Weg nach Friedrichsheim, wo wir bei einem Onkel untergebracht waren.

Meiner Mutter sagte ich kein Wort von dem, was die »Schläger« mir angetan hatten. Die hatten mir nämlich eingebläut, dass sie mich umbringen würden, wenn ich meiner Mutter auch nur ein Wort sagen würde. Nach 14 Tagen war die Gewaltprobe, Gott sei Dank, vorbei: Sie erklärten mir wie aus heiterem Himmel feierlich an der »Hinrichtungsstelle«, dass Schluss mit dem Schlagen wäre und ich jetzt »dazugehöre«.

Diese ersten 14 Tage in der Marzeller Schule waren die Hölle. Ich fieberte mit Angst und Schrecken dem Ende des Schulunterrichtes entgegen. Denn ich wusste, danach beginnt mein Martyrium. Umso glücklicher war ich, als sie mich endlich als einen von ihnen anerkannten. Ich verzieh ihnen dafür fast alles.

Ich bin vor einigen Jahren mit meinen Enkeln den Weg noch von Marzell nach Friedrichsheim noch einmal gegangen. Er war zu meiner Überraschung viel kürzer als ich ihn in Erinnerung hatte. Die Leidenserwartung hat in meinem Gedächtnis offenbar den Weg gedehnt und im Übrigen war er auch nicht so steil, wie ich ihnen immer erzählt hatte.

Mein »politischer Stuhl«

Mein »politischer Stuhl« hatte oft viel Ähnlichkeit mit den kindlichen Sitzpositionen. Ich saß dazwischen. Bei den Schwarzen war ich der Rote und bei den Roten der Schwarze. Auf keiner Seite gehörte ich ganz dazu.

Später, im Bundestag, nahm diese Schizophrenie, der ich ausgeliefert war, manchmal paradoxe Züge an. Ich war Anhänger der Brandtschen Ostpolitik und sogar einer der vier Abgeordneten (Kiep, Klein, Hornhues, Blüm), die dem Grundvertrag zugestimmt hatten.

Gleichzeitig war ich im Ostblock unwillkommen, dort verweigerten mir Polen die Einreise, und in Moskau wurde ich relativ grob ausgewiesen und in ein Flugzeug gesetzt, um abrupt nach Hause transportiert zu werden. In meiner Stasi-Akte werde ich als gefährlicher Typ eingestuft.

Meine Fraktion, die mich in den 70er Jahren für einen Abtrünnigen hielt, sorgte dafür, dass ich in den 80er Jahren bei Honeckers Bonn-Besuch nicht zum Empfang eingeladen wurde. Man fürchtete zu Recht, dass ich Honecker ein paar unfreundliche Worte zur Behandlung von Oppositionellen ins Gesicht sage.

Manche hielten mein Verhalten für widersprüchlich. Jede Seite betrachtete mich als Risiko.

Doch mir erschien mein Verhalten ausgesprochen konsequent. Ich war zwar für Wandel durch Annäherung. Aber nicht um den Preis, einen großen Bogen um die Bedrängnisse der Bürgerrechtler zu machen. Ich fand es feige, dass Brandt in Polen alles getan hat, um Walesa, dem Anführer von Solidarność, nicht die Hand zu geben. Was für den eine Lebensversicherung gewesen wäre.

Der Papst Johannes Paul II. holte das später noch und stellte so Walesa unter den Schutz der weltöffentlichen Bekanntheit.

Annäherung durch Leisetreterei in Sachen Menschenrechte, entsprach weder meiner Vorstellung von »Annäherung« noch von »Wandel«. Nur um die Vertragsparteien im Osten bei Laune zu halten, die Menschenrechte und deren Unterdrückung im Ostblock nicht zur Sprache zu bringen, hielt ich für »Fahnenflucht« aus der Solidarität mit Verfolgten.

»Verräter«

Mein schlimmstes Erlebnis allerdings war der Judas-Verdacht, der mich unvermittelt 1972 traf. Ich war neu im Deutschen

Bundestag. Zu Beginn der Wahlperiode wurde wie immer der Bundeskanzler gewählt.

Wahlergebnis: Brandt hatte 15 Stimmen mehr als seine Koalition Mitglieder hatte. Wer war's? In der Fraktion herrschte Jagdfieber. Ein paar Monate vorher war schließlich Barzel beim Misstrauensvotum durchgefallen, weil zwei Fraktionsmitglieder in geheimer Abstimmung anders votiert hatten als in der Probeabstimmung in der Fraktion. Wie sich später herausstellte, hatten bei deren »Umfallen« Stasi und Geld die Hände im Spiel.

Es kam, wie es kommen musste: Ich wurde als »Verräter« verdächtigt. Keiner sagte es mir. Aber jeder ließ es mich merken. Die CDU-Landesgruppe Rheinland-Pfalz, der ich damals angehörte, wurde zur Krisensitzung einberufen. Dort sollte ich dingfest gemacht werden. Dazu wurde der Umweg genommen, jeden einzeln nach seinem Stimmverhalten abzufragen. Alle warteten gespannt auf meine Antwort. Als der Vorsitzende Leicht die Frage an mich richtete, knisterte es im Raum. Man konnte die Stecknadel fallen hören. Die Stimmung war explosiv. Ich verweigerte aus Trotz die Antwort mit dem Hinweis, dass die Abstimmung geheim gewesen sei und ich es mit meiner parlamentarischen Unabhängigkeit nicht in Übereinstimmung bringen könne, aus einer geheimen Abstimmung eine öffentliche zu machen. Ich würde auf diese Weise die geheime Abstimmung um ihren Sinn zu bringen.

Jetzt war der Verdacht bestätigt und das Urteil gefällt, ohne dass es ausgesprochen war. Der Judas hieß »Blüm«. Die meisten hielten mich sogar für den Anführer der 15 Verräter.

Eine halbe Stunde hielt die Spannung an. Dann kam der treue Kolpingsohn Johannes Peter Josten, Wahlkreis Ahrweiler, der es zu einem der Schriftführer des Deutschen Bundestages gebracht hatte, auf die Idee, noch einmal die Stimmkarten nachzuzählen. Was deshalb ein etwas ungewöhnlicher Vorschlag war, weil ein Zählfehler, in dem auf Anhieb 15 Stimmen falsch gezählt werden, relativ unwahrscheinlich ist.

Das Unwahrscheinliche aber war Folge einer nicht alltäglichen Tatsache. Ein ganzer Stimmkartenblock war auf die falsche Seite des Zähltisches geraten. Korrigiertes Ergebnis: Alle CDU/CSU Abgeordneten hatten Willy Brandt die Stimme verweigert. Keine einzige Stimme fehlte.

Ich war zwar rehabilitiert. Aber auch im Nachhinein schauert es mich, wie schnell aus Verdacht angebliche Gewissheiten entstehen können. Und wie leicht man in der Situation zwischen den Stühlen auf gefährliche Weise zerrieben werden kann.

Fritz Berg

Mit Fritz Berg, dem Präsidenten des Bundesverbandes der Deutschen Industrie, saß ich im Aufsichtsrat von Thyssen Niederrhein, dem wir beide angehörten. Ich saß nicht »zwischen den Stühlen«, sondern – zumindest in seinem Kopf – zu seinen Füßen. Er hielt mich für einen Kommunisten und hielt mit diesem Vorwurf auch nicht hinterm Berg.

Die erste Verleihung des Kommunisten-Titels war damals durch Herrn Dr. Hoenicke, Personalchef der Adam Opel AG, Rüsselsheim vollzogen worden. Diesmal passierte es durch Berg frontal und grob, damals durch Hoenicke still und leise, hinter meinem Rücken. Berg dagegen war noch ein Unternehmer von altem Schrot und Korn, so wie ich mir einen Kapitalisten vorstelle. Hoenicke, eine Kontrastfigur zu Berg, war ein früher Vorreiter einer weniger sympathischen Manager-Spezies, elegant und arrogant. Aber von wem auch immer ich so genannt wurde: Kommunist ist Kommunist.

Ausgangspunkt der Bergschen Verleihung des Kommunistentitels war die hart umkämpfte Bestellung eines Technischen

Direktors durch den Aufsichtsrat von Thyssen. Arbeitnehmerseite, der ich angehörte, und Kapitalseite kamen sich total in die Quere und konnten sich auch nicht in den vielen Sitzungsstunden einigen. Wie hart die Auseinandersetzung war und wie starr die Fronten, kann man der Tatsache entnehmen, dass schließlich die endgültige Entscheidung nur mit Hilfe des 11. Mannes gefällt werden konnte, der sich auf die Seite der Anteilseigner schlug. Es war in den paritätisch besetzten Aufsichtsräten der Montanindustrie eine Rarität, dass der neutrale Mann als Zünglein an der Waage den Ausschlag gab.

Ich beteiligte mich vor der Abstimmung an der hitzigen Debatte, dabei geriet Fritz Berg, der immer noch glaubte, er sei »Herr im Hause« und ich sein Knecht, über meinen Beitrag so in Rage, dass er wütend dazwischen rief: »Herr Blüm, Sie sind ein Kommunist!«

Die Erregung trieb einem Höhepunkt zu. Ich jedoch antwortete betont »staatsmännisch« gelassen: »Herr Präsident Berg, wenn Sie etwas anderes sagen würden, wäre ich sehr beunruhigt.« Mit meinem Beitrag riss ich, wie geahnt, nicht das Steuer herum. Aber ich wollte nicht mit fliegenden Fahnen untergehen.

Wir verloren. Der Direktor wurde bestellt. Er erwies sich, wie von uns vorausgesagt, später als Fehlbesetzung. Sein Vertrag wurde vorzeitig beendet.

Das Leben ging weiter, auch im Aufsichtsrat. Schon in der nächsten Sitzung begann eine neue Amtsperiode, und so mussten die üblichen Regularien in dieser Konstituierten-Sitzung wie gewohnt erledigt werden. Unter Punkt »Verschiedenes« rief der Aufsichtsratsvorsitzende Sohl eine unbedeutende Nebensache auf, nämlich den kollektiven Verzicht des Aufsichtsrates auf Fragen, die Staatsschutzgeschäfte betreffen.

Es handelte sich dabei meist um Fragen zu technischen Details der rüstungsrelevanten Produktion. Die Sache hat herkömmlicherweise keine Bedeutung. Die Aufsichtsratsmitglieder waren schon beim Zusammenpacken ihrer Unterlagen. Da begriff ich das überraschende Geschenk, mich für den Kommunistentitel zu revanchieren. »Herr Präsident Sohl, ich kann zu meinem großen Bedauern diesem Verzicht nicht zustimmen«, erklärte ich zur allgemeinen Verblüffung beider Seiten.

Der Aufsichtsratspräsident hielt dies offenbar für einen Scherz oder ein Missverständnis und erklärte mir relativ belustigt, wenn auch nur ein Mitglied die Zustimmung zum Verzicht verweigere, müssten sich alle Mitglieder vom Verfassungsschutz untersuchen lassen, und das sei sehr formularaufwendig. Jetzt geriet die Versammlung in Unruhe. Auch die Arbeitnehmerseite schüttelte den Kopf und war über meine Bockigkeit konsterniert.

Die Sitzung wurde unterbrochen. Alle redeten auf mich ein, doch nicht wegen einer Lappalie eine lästige aufwendige Untersuchung auszulösen. Ich saß wieder einmal zwischen allen Stühlen. Diesmal innerlich feixend.

Nach Wiedereröffnung der Sitzung erklärte ich mein großes Bedauern und ebenso ein großes Verständnis für den Missmut des Aufsichtsrates über mein Verhalten. Aber so trug ich mit sichtlicher Betroffenheit vor: »Mir bleibt keine andere Wahl. Nachdem Herr Präsident Berg mich in der letzten Sitzung als Kommunist bezeichnet hat, fühle ich mich gegenüber meinen Kindern verpflichtet, amtlich durch den Verfassungsschutz prüfen zu lassen, ob der Vorwurf des Herrn Präsidenten Berg zu recht besteht.«

Jetzt ergriff Berg fast unterwürfig das Wort und wollte das Kind mit Entschuldigungen aus dem Brunnen holen. Er habe doch alles nicht so gemeint … und nichts für ungut…

Alles umsonst. Ich blieb uneinsichtig. Das Verfahren nahm seinen Gang. Der Verfassungsschutz musste seines Amtes walten.

Nach Ende der Sitzung ging ich mit sportlichem Frohsinn zu Fritz Berg, mit dem auch für ihn überraschenden Hinweis: »Sehen Sie, verehrter Herr Präsident, so paradox kann das Leben sein. Sie nannten mich einst »Kommunist« und jetzt müssen Sie beweisen, dass *Sie* keiner sind.«

Eine Zwischenbilanz

Inzwischen habe ich alle Unwetter der Politik überlebt.

Berg- und Talfahrten musste ich üben. Ich war sowohl bisweilen von Beifall umrauscht wie ich zwischendurch von Pfiffen übertönt wurde. Dabei habe ich gelernt, dass Jubel und Verachtung nahe beieinanderliegen können, so eng wie der Abstand zwischen »Hosianna« und »Kreuzige ihn«.

Seit über 67 Jahren bin ich in der CDU. Ziehe ich die Kindheit ab, kann ich sagen: »Zeit meines Lebens«.

Meine Mitgliedschaft in der Christlich Demokratischen Union war allerdings keine permanente Triumphfahrt, aber auch keine dauernde Talfahrt.

Doch zu keiner Zeit wurde ich von Austrittsversuchungen geplagt. Die Sozialausschüsse, meine politische Heimatgemeinde, waren nie die geborene Mehrheit der CDU, schon eher die geübten Verlierer. Doch waren wir oft das Salz in der Suppe, das die CDU würzte. Selbst in der Niederlage kann man die Politik bewegen, wenn man die Sieger zwingt, dem Verlierer mehr entgegenzukommen als sie eigentlich wollten. Zudem ersparten wir auch den Trittbrettfahrern der Mehrheit nicht, dass sie Farbe bekennen mussten. Mir ist dabei früh klar geworden, dass die Kampfbegriffe »Links« und »Rechts« oft Ansichtssache sind.

Was sich von der einen Seite als links ansah, wurde von der anderen als rechts bezeichnet. Für die CSU war ich ein Linker (oh Gott, oh Gott!). Für die SPD ein Rechter (Bah! Bah!). Wie früher zwischen IG Metall und CDU.

Es ist eine seltsame Erfahrung, ohne sich zu bewegen, dennoch die Position zu wechseln. Es kommt halt auf die unterschiedlichen Standorte an, von welchen man beurteilt wird. »Mit dem Standort wechselt der Standpunkt«, höre ich noch immer meinen alten Meister Fuchs im Opel-Werkzeugbau sagen, wenn die Kollegen ihm vorhielten, dass er als Meister anders rede als er früher als Geselle gehandelt habe.

Orientiere dich nicht an dem, was andere von dir halten, sondern an dem, was du für richtig hältst, ist eine Lebensweisheit, die ich mir selber mühsam beigebracht habe.

Kompromiss – eine große Errungenschaft

Ich habe mich jedenfalls immer, wenn schon dann als ein Mann der Mitte empfunden. Die Position der Mitte befördert die Kompromissfähigkeit. »Mitte« hat den Vorteil, nicht fortgesetzt vor dem Entweder/Oder zu stehen. Sie bevorzugt eher das »Sowohl, als auch«. Das ist die Grundformel für Kompromisse. Die Mitte ist der Drehpunkt, auf dem die Balance ruht.

»Alles oder Nichts« ist eine schlechte Alternative. Die Entscheidung endet zu guter Letzt meist beim Nichts.

Ich halte den Kompromiss für die nach der Erfindung des Rades wichtigste zivilisatorische Errungenschaft. Sie zwingt uns, eine Sache von zwei Seiten zu sehen, also auch aus der Sicht des Kontrahenten. So entsteht die Chance, in der Synthese die These und die Antithese »aufzuheben«, nämlich im dreifachen Sinn der hegelschen Dialektik: annullieren, bewahren, emporheben.

Auch in den gegnerischen Vorschlägen befindet sich bisweilen das Körnchen Wahrheit, das sogar Häresien enthalten.

Die »Kompromissler« haben die Welt jedenfalls weniger gefährdet als die »Durchsetzer«, deren bevorzugte Vorgehensweise »mit dem Kopf durch die Wand« ist. Am Wegesrand der

»Durchsetzer« liegen nicht nur die Trümmer von zerbrochenen Wänden, sondern auch viele gebrochene Schädeldecken.

Die Mehrzahl der Entscheidungen, die ich zu treffen hatte, waren Güterabwägungen. Es gab Gründe dafür und Gründe dagegen, und Glück habe ich gehabt, wenn ich richtig gezählt hatte, um dem Besseren den Vorzug zu beben. Zwischen Engel und Teufel musste ich mich fast nie entscheiden, zumal beide nicht immer unmaskiert auftreten. Dort, wo es um existenzielle Fragen geht, muss das Gewissen den Ausschlag geben. Da ist, wer abwägt, schnell am Ende des Lateins. Doch Gewissensentscheidungen sind Gottseidank eine rare Ausnahmesituation.

Das Feld der Politik ist prall besetzt mit Unwägbarkeiten und Unsicherheiten; auch deshalb ist der Kompromiss eine Brücke über ein unsicheres Gelände, in dem die Gegensätze aufeinanderstoßen und dennoch ein Ausgleich gefunden werden muss.

Ein schwieriges Projekt: die Mitbestimmung

Die Mitbestimmung ist ein klassisches Projekt des Kompromisses. Es begegnen sich auf gleicher Augenhöhe die Klassengegner und verwandeln sich so zu Partnern, die das Unternehmen konstituieren und verantworten. Die Mitbestimmung taugt in kein Konzept des Klassenkampfes, obwohl bisweilen klassenkämpferisch um sie gerungen wurde.

In der Mitbestimmungsfrage wurden wir, der »Linke Flügel der CDU« auf gleich drei Parteitagen hintereinander in die Knie gezwungen. Wir saßen am Ende nicht zwischen den Stühlen, sondern lagen unter dem Tisch. Auf dem dritten in Hamburg sogar flach. Das war ein krachender Niederschlag. Doch wir sind immer wieder aufgestanden.

Schlimmer für mich war jedoch, dass Jahre später, als die Mitbestimmungsgesetze im Bundestag zur Abstimmung kamen, die SPD die paritätische Mitbestimmung auf dem Altar

Rückblicke, Einblicke, Ausblicke

der sozial-liberalen Koalition opferte, und der DGB dabei sogar »Messdiener« spielte.

Jahrelang hatte ich den Spott der IG Metall, deren Mitglied ich seit 68 Jahren bin, ertragen müssen, die den CDU-Sozial-ausschüssen vorwarfen, das »soziale Feigenblatt«, bestenfalls die »soziale Badehose« der CDU zu sein, und nicht energisch genug in der CDU für die paritätische Mitbestimmung einzu-treten. Jetzt stellte die SPD die Koalitionsmehrheit und machte keinen Finger krumm, um die paritätische Mitbestimmung, die Kernforderung der Arbeiterbewegung, durchzusetzen. Das war bitter.

Für die Mitbestimmungs-Regelung, welche die sozial-liberale Koalition 1976 durchsetzte, wäre eine CDU-Regierung »durch den Ring gejagt worden«. Alle Marktplätze in Deutschland wä-ren mit Spruchbändern geschmückt, mit wehenden roten Fah-nen besetzt und von revoltierenden Massen bevölkert gewesen, die von kraftvollen Rednern in Stimmung gegen die CDU ge-bracht worden wären (alles schon erlebt). Jetzt dagegen, 1976: ein Säuseln im Walde und sanfte Presseerklärungen, am liebs-ten »streng vertraulich«, damit kein Gewerkschafter erfährt, dass er gerade von der SPD und seinen Gewerkschaftsfunktio-nären verschaukelt wird.

Ich habe damals einsam und verlassen einen Gesetzesantrag für paritätische Mitbestimmung in den Deutschen Bundestag eingebracht. Dass die CDU/CSU-Fraktion dem Antrag nicht zustimmte, habe ich ihr nicht übelgenommen. Schließlich ent-sprach das ihrem Parteitagsbeschluss. Dass sich jedoch in der SPD keine Hand dafür rührte, enttäuschte mich bitter. Schließ-lich gab es entsprechende SPD-Parteitagsbeschlüsse »Mein An-trag« wurde in 30 Sekunden geschäftsordnungsmäßig im Aus-schuss für Arbeit sang- und klanglos ohne Debatte erledigt. Kein »Gewerkschaftshahn« krähte danach. Noch schlimmer: Eugen

Zwischen den Stühlen

Loderer (IG Metall) und Oskar Vetter (DGB) hatten sich zuvor sogar geweigert, mir auch nur Formulierungshilfe für den Gesetzentwurf zu geben. Ein Assistent des Bundestagsausschusses für Arbeit und Sozialordnung half mir schließlich.

Der Machterhalt der SPD war den Gewerkschaften wichtiger als ihre Kernforderung: paritätischer Mitbestimmung Nachdruck zu verleihen. Für das »Linsengericht des Koalitionsfriedens« verrieten sie das Erstgeburtenrecht der paritätischen Mitbestimmung.

Meine miesen Mitbestimmungserfahrungen haben mich zwar nicht von der Idee der gleichberechtigten Mitbestimmung abgebracht, aber meine schmerzliche Erkenntnis bestätigt, dass Idee und Realität oft weiter auseinanderliegen als zwei Stühle, zwischen die man sich setzen will.

Ich habe große Klassenkämpfer erlebt, die auf Betriebsversammlungen das Feuer der Revolution entzündeten und im Aufsichtsrat ein Glühwürmchen waren. Stolz bin ich, dass mich die Arbeitgeber im Ruhrkohle-Aufsichtsrat als neutralen 11. Mann wegen mangelnder Neutralität ablehnten und an meiner Stelle die Sozialdemokratin Anke Fuchs akzeptierten.

Mein erster von drei IG Metall-Ausschlussanträgen, die ich überlebt hatte, betraf auch eine Mitbestimmungsfrage. Auf einem IG Metall-Jugendkongress habe ich dagegen gewettert, dass Arbeitnehmervertreter von den Gewerkschaften in die Montan-Aufsichtsräte delegiert und nicht von den Arbeitnehmern gewählt werden. Ich schlug Direktwahl der Arbeitnehmervertreter vor und versah das Votum mit dem Hinweis, dass Arbeitnehmer keiner Gouvernante bedurften, die ihnen sagt, wer für sie die richtige Frau oder der richtige Mann im Aufsichtsrat sei. »Die Arbeitnehmer sind allesamt erwachsen.« Otto Brenner verstand an dieser Stelle (wie überhaupt) keinen Spaß und warf mir Syndikalismus vor. Ich wusste gar nicht, was

das ist, begriff nur, dass dies offenbar eine große Gewerkschafts-
sünde sei.

Das Ausschlussverfahren aus der IG Metall »überlebte« ich
zusammen mit Hans Matthöfer (dem späteren SPD-Finanzmi-
nister). Wir fanden einen gnädigen Richter und hatten eine Erfahrung gemacht, die uns ein Leben lang zusammenhielt.

Die Kopfpauschale

Mit der »Kopfpauschale« verbinde ich das Erlebnis einer Partei-
tags-Massenhysterie. Die Kopfpauschale ist das faule Ei, welches
sich die CDU selbst ins Nest des Leipziger Parteitages 2003 legte.
Getrieben vom neoliberalen Mainstream musste alles Alte beseitigt werden und dem Neuen, selbst wenn das Neue verrückt
war, die Bahn gebrochen werden. So sollte in der Krankenversicherung anstelle des paritätischen Beitrages von Arbeitnehmern
und Arbeitgebern ein pauschalierter Einheitsbetrag der Arbeitnehmer treten, den jeder ohne Rücksicht auf seine Einkom-
menslage, gleich ob Direktor oder sein Chauffeur, zahlen sollte.
Die dabei auftretende Schieflage sollte das Finanzamt ausglei-
chen. Das war erstens Potenzierung von Ungerechtigkeit und
zweitens der Aufbau einer gigantischen Umverteilungsbürokra-
tie. Die Begeisterung der CDU-Insider auf dem Parteitag kannte
keine Grenzen mehr. Das Ei des Kolumbus schien gefunden.

Auf diesem Leipziger Parteitag 2003 war ich einer von fünf
verlorenen Delegierten, die sich dem neoliberalen Tsunami einer Kopfpauschale in der Krankenversicherung entgegenstell-
ten. Ich kam mir vor wie ein Leprakranker im alten Indien. Wer
mich von weitem kommen sah, verschwand um die nächste
Ecke. Selbst »meine Sozialausschüsse« ließen mich im Stich
und buckelten bei der neuen CDU-Obrigkeit.

Zwei Jahre später nach dem Parteitagsrausch kam der Bundes-
tagswahlkater. Die Wähler tickten anders als die Parteitagsdele-

gierten. Der Beifall im Saal ist eben doch nicht immer schon die Zustimmung an der Wahlurne. Funktionäre verwechseln bisweilen die Wähler mit den Mitgliedern. So kann es kommen, dass Parteitagsmeinung und Volksmeinung bisweilen in proportional umgekehrtem Verhältnis stehen.

Warum bin ich weiter »trotz allem« immer CDU-treu geblieben?

Parteimitgliedschaft bedeutet immer Ringen um Mehrheiten. Sie ist deshalb auch eine Schule der Demokratie. In der Parteiendemokratie muss auch parteiintern um Entscheidungen gerungen werden. Es ist der Vorteil der Volksparteien, dass sie gesellschaftliche Konflikte austragen, bevor sie von der Allgemeinheit entschieden werden. Sie vermindern so das Konfliktpotential, welches auf den Staat trifft.

Parteien sind Bündelungen von Meinungen. Man kann schließlich nicht aus jeder Einzelmeinung eine Partei machen. Ich habe deshalb nie nach einer für mich idealen Partei gesucht. Die würde nämlich nur aus einem Mitglied bestehen und das wäre ich: »Ideal« aber einflusslos. Einflusslosigkeit als Ziel ist eine Art politischer Autismus, und der ist bekanntlich eine Krankheit. Meine Parteimitgliedschaft war außerdem keine permanente Leidensgeschichte, sondern auch mit großen Erlebnissen verbunden, bei denen ich das Glück hatte, in der richtigen Partei zu sein.

Stolz auf die CDU

So hart sich auch im meinem Gedächtnis die Zeiten und Ereignisse festgesetzt haben, in denen ich mich mit meiner Partei im Dissens befand, so war ich doch bei weit mehr Gelegenheiten mit der CDU in Übereinstimmung.

Ich war auf Adenauer und Erhard und Kohl in entscheidenden Situationen und bei politischen Weichenstellungen stolz.

Rückblicke, Einblicke, Ausblicke

Westbindung und Soziale Marktwirtschaft sind Weichen, die von der CDU in der Bonner Republik gestellt worden waren. Beides war umkämpft. Die SPD war anfänglich erbittert gegen beides. Damals gab es »Krach« an jeder Werkbank und erbitterten Streit in jeder Kneipe. Kein Wahlkampf ohne morgendlichen Streit im Werkzeugbau der Firma Opel, in dem ich arbeitete.

Später, 1989, hatte Deutschland Glück, dass in Bonn Helmut Kohl und die CDU regierten. In einer historischen Blitzlichtsekunde hat sich Kohl für den kurzen Weg zur Einheit entschieden. Viele, auch in meiner Partei, rieten zum »langen Weg zur Einheit«. Selbst das Staatsoberhaupt von Weizsäcker riet zur Behutsamkeit. Ich gehörte zur Kohl-Truppe. Auf dem NRW-CDU-Parteitag im Dezember 1989 rief ich gegen lange Wartezeiten aus: »Ich will wiedervereint werden!« Viele hielten das für einen verunglückten Kalauer. Mir war es aber ernst. Das Gespött der »Weitsichtigen«, die nur Ängstliche waren, und das Naserümpfen der Klugscheißer, die immer alles besser wissen, traf mich kübelweise.

Im Nachhinein weiß man, dass der langsame Weg, über eine Konföderation etc. zur Wiedervereinigung zu gelangen, gar nicht gangbar gewesen wäre. Für die 4:2 Verhandlungen stand nämlich nur ein kurzes Zeitfenster offen, solange Gorbatschow das Sagen hatte.

Die größte Reform in den letzten 100 Jahren war die Wiedervereinigung Deutschlands in der angeblich so reformunwilligen Kohl-Zeit. Ich hatte das Glück, in einem historischen Augenblick dabei zu sein.

Das und viele andere große politische Ziele haben mich in der CDU gehalten. Aber wenn ich mich recht besinne, warum ich eigentlich in die CDU eingetreten und dort geblieben bin, komme ich auf noch ganz andere Gedanken.

Das »C« im Parteinamen

Das C in unserem Parteinamen war für mich immer eine ständige Erinnerung, dass Politik doch mehr sein müsse als ein Management der Macht. Machiavelli war nie mein Schutzpatron. Der Mensch – jeder – ist Ebenbild Gottes, das ist die tiefste Quelle seiner Würde und das Herzstück einer Politik aus christlicher Verantwortung.

Als Sozialpolitiker, der ich bin, ist man zwar im Umverteilen geübt. Doch der Mensch lebt nicht allein vom »Brot« und seiner Verteilung. Selbst im Streit um die Güter der Erde geht es um mehr als nur um materielle Zuwendungen, sondern auch um eine Idee, nämlich der Gerechtigkeit, die »jedem das Seine« gibt. Hinter der Gerechtigkeit verbirgt sich das Recht auf Respekt, der jedem Menschen zusteht. Im Grunde geht es um die Anerkennung des Anderen als Anderen. Darin ist Achtung enthalten, die jeder beanspruchen darf und jeden davor bewahrt, nur Mittel zu anderen Zwecken zu sein. Achtung ist immateriell.

Ohne Idee, welche die Politik inspiriert, wird das politische Geschäft ein fades Gewürge

Kampf um Zustimmung

Politik ist Kampf um Zustimmung, jedenfalls in der Demokratie. In Diktaturen genügt ihr Befehl.

Die CDU muss »ihren« Weg auch gegen den Widerstand von populären Meinungen gehen. Alle großen weichenstellenden Entscheidungen der Nachkriegszeit fielen nicht vom Himmel, sondern mussten gegen den Meinungswind durchgekämpft werden. Keine war vom Rückenwind der öffentlichen Meinung begleitet.

Es ist der »Spaß« der Demokratie, dass Engagement eine Entscheidungsmacht ist.

Rückblicke, Einblicke, Ausblicke

Für eine christlich-demokratische Politik gibt es neue und große Bewährungsfelder. Die wichtigsten: Es gilt Gott Mammon zu widerstehen und Europa die Bahn zu brechen. Vielleicht besteht die eigentliche Mutprobe der Politik nicht in der Veränderung der Gesellschaft, sondern in der Bewahrung des Menschen, jedenfalls dessen, was sein Wesen ausmacht.

Die SPD war für mich die Partei der Funktionäre. Die FDP empfand ich als Fortsetzung der Arbeitgeberverbände mit anderen Mitteln. Die Grünen erschienen mir als die Rache des Bürgertums an der Arbeiterklasse. Die verwöhnten Kinder der Aufsteiger rächten sich an ihren Eltern. Die AfD ist die vergammelte Nachhut des Nationalismus.

So wende ich den Blick nach vorne und bleibe auf meine alten Tage doch ein treuer CDU-Mann (manchmal mit der Faust in der Tasche) und hoffe, dass meine gute, alte CDU sich immer auf ihre besten Erbstücke besinnt.

4. Bin ich ein linker Konservativer?

Ich bin spät zum Konservativen konvertiert. Zu meinen frühpubertären Berufszielen gehörte: Ich wollte ein Revolutionär werden, der die Welt auf den Kopf stellt. Fortschritt war die Fanfare, der ich folgte. Das Alte muss weg, dem Neuen muss Bahn gebrochen werden. Vorwärts ist fortschrittlich, und fortschrittlich ist vorwärts. Das ist der Zirkelschluss der Progressiven, zu denen ich mich immer stolz zählte. Veränderung ist die Mutprobe. Doch heute ahne ich: Erhalten kann mutiger sein als verändern.

Auf meine späten Tage entdecke ich unerwartete konservative Neigungen, die dem Erhalten des Alten gelten. Früher gehörten meine Vorlieben dem Neuen, dem alles Alte weichen soll. Heute erkenne ich in alten Einsichten und Einstellungen Wertvolles, das bewahrt werden muss.

In meinen antiautoritären Schulzeiten bewunderte ich die »Nein-Sager«, die dem alten Lehrer und seinen alten Sprüchen Widerstand entgegensetzten. Jetzt gilt mein Respekt der Standhaftigkeit der »Ja-Sager«, die Erhaltenswertes verteidigen. Die Mutprobe hat ihre bevorzugte Einsatzrichtung gewechselt. Verteidigung verlangt bisweilen mehr Tapferkeit als Eroberung. Das Engagement für die Erhaltung ist jedoch in der Regel schwächer als für die Revolte zur Abschaffung des Bestehenden.

Mutter Erde – uns anvertraut

Die »Mutter Erde«, welche die Lateinamerikaner ehrfurchtsvoll »Panchamama« nennen, ist nicht ein »Gegenstand«, mit dem man machen darf, was man will. Die Natur ist nicht der Balg, an dem die Menschen wie Jagdhunde zerren können.

Die Schöpfung ist uns anvertraut als Mutter, die uns nährt und erhält, und gleichzeitig ist sie auch Material, das wir be- und verarbeiten. Im biblischen Schöpfungsbericht ist diese Polarität mythisch verschlüsselt angekündigt. Einmal heißt es in der Genesis »Mache Dir die Erde untertan«. Ein andermal spricht Gott »vom Hegen und Pflegen«. In beiden Arbeitsaufträgen sind wir nicht Firmenchef, sondern bestenfalls Filialleiter Gottes.

Ob Alt oder Neu, beides sind nur Zeitenteiler. Das Eine wie das Andere kann richtig oder verkehrt sein. Beide stehen unter Rechtfertigungszwang. Wer aber trägt die Beweislast? Muss das Alte beweisen, dass es besser ist als das Neue oder das Neue, dass es dem Alten überlegen ist? Ist Vorwärts oder Rückwärts gar nur eine Sache des Standpunktes und immer relativ, je nachdem, ob der Zielort vor oder hinter uns liegt?

Die Antwort auf diese Fragen entscheidet über die Methode, wie wir Probleme angehen und lösen. Die Methode ist zwar noch nicht die Entscheidung über Inhalte. Aber sie entscheidet über die Einstellung, die das Vorgehen ausrichtet.

In Zeiten sich überschlagender Veränderungen, rate ich heute zu einem Beweislastvorsprung für das Erhalten von Bewährtem vor dem experimentellen Salto mortale ins ungewisse Neue. Das Bewähren gewährt dem Abwägen mehr Zeit. Ich entdecke plötzlich im milden Schein der Abendsonne, dass sich Hoffnungen des Morgens in Bedrohungen des Abends verwandelt haben und rate deshalb zur Vorsicht im Umgang mit dem Ungewissen.

Die Hoffnung der Arbeitnehmerbewegung, dass sich mit Fortschritt und Wachstum alle Zwänge auflösen, erweist sich als eine Falle der Selbstüberschätzung. Der Traum der Hippies von einem zwanglosen Leben, das alle Regeln bricht, kehrt in verwandelter Gestalt als neoliberaler Deregulierungs-Fetischismus in die Realität zurück und verbreitet Angst um den Arbeitsplatz. Die terroristische Gewalt zerstört jedwede Sicherheit und provoziert den Ruf nach dem starken Staat, den wir gestern noch verlacht haben.

Misstrauen gegen Patentrezepte

Es sind ganz alte Erfahrungen, die wieder reaktiviert werden müssen, um in den Turbulenzen der Moderne den Überblick zu behalten. »Der Spatz in der Hand ist mir lieber als die Taube auf dem Dach«, und das Dach überm Kopf ist mir lieber als eine Schlafstätte auf dem Mars. Die Hoffnung macht sich auf den Heimweg ins Überschaubare.

Aber wohin sollen wir uns wenden? Sollen wir uns dem chaotischen Andrang mit einem Kopfsprung entziehen wie ein Turmspringer, der nicht weiß, wie viel Wasser im Bassin ist und dennoch springt? Solche Tollkühnheiten sind dem Konservativen fremd. Der Konservative ist tapfer, aber weder verrückt noch feige.

Bin ich ein linker Konservativer?

Gegenüber dem hitzigen Fanatismus bewahrt der Konservative seit jeher Distanz. Er hält nichts von politischen Moden, die tagesaktuell die Rettung der Welt versprechen. Der letzte Schrei der Rettung wechselt häufig seine Stimmlage. Mal hoch, mal tief, in jedem Fall ist er ultimativ – selbst wenn es um vegetarisch oder vegan geht.

Aus der Geschichte hat der Konservative gelernt, dass sich hinter den wechselnden Masken des Zeitgeistes immer der alte Adam versteckt, der machtgeil und überheblich ist.

Deshalb bleibt der Konservative skeptisch und überlässt sich lieber den vorläufigen Lösungen als den »Endlösungen«, mit denen allesamt die Menschheit immer schlechte Erfahrungen gemacht hat. Das Vorläufige erlaubt dem Konservativen leichter die Selbstkorrektur.

Die Herrschaft von »guten Menschen« ist eine Heuchelei

Die Herrschaft der guten Menschen ist dem Konservativen verdächtig, weil die sich in der Geschichte zu guter Letzt immer als das eigensüchtige Management einer Clique herausstellen, gleich ob die ideologische oder die biologische Verwandtschaft den Nachschub dafür stellte.

Deshalb vertraut der skeptische Konservative eher dem liberalen Prinzip der Machtverteilung, nach dem kein Mächtiger so viel Macht besitzen darf, dass er keine Gegenmacht fürchten muss. Das demokratische Prinzip der auf Zeit beschränkten Macht kommt dem politischen Gemüt des modernen Konservativen sehr entgegen. Es mindert seine Furcht vor dem Übermut der Mächtigen, welcher die Herrschaft des Volkes gefährdet.

Der Grund, aus dem sich der fanatische Herrschaftswille der Extremisten speist, ist die Machtgeilheit. So ist es kein Wunder, wenn Hitler mit Stalin koalieren konnte und, auf einer anderen Ebene und eine Stufe tiefer, heutzutage so merkwürdige Kooperationen wie die zwischen Wladimir Putin und Marie le Pen möglich werden. Oder in Griechenland sich ganz links mit ganz rechts in der Regierung vereint. Hauptsache Macht: Wenn das oberste Ziel die Macht ist, dann verwandeln sich alle Mittel zu Zwecken der Macht.

Eile mit Weile

Die echten Konservativen, die ich bewundere, gehören zu den Langsamen der Zeitgeschichte. Vielleicht gelten sie deshalb als altmodisch, weil sie nicht bei jedem Modewechsel die schnellsten sind. Sie wechseln nicht so schnell die Fronten wie Progressive die Hemden.

Der Konservative entzieht sich generell dem Rausch der Geschwindigkeit. Er vermutet in der Raserei eher die Gefahr, die Zeit totzuschlagen und mit ihr den Menschen selbst –wie z. B. die wachsende Zahl der Verkehrstoten auf triviale Weise bestätigt. Je schneller, desto tödlicher. Der Tempogewinn schafft zudem, bei Licht betrachtet, oft mehr Zeitverlust als Zeitgewinn. Der Zeitgewinn von 20 Minuten auf der Strecke zwischen Stuttgart und Ulm, welche mit dem neuen Mammut-Bahnhof in Stuttgart erreicht werden soll, wird mit großer Wahrscheinlichkeit durch Stau an den überfüllten Knotenpunkten des Umsteigens wieder aufgefressen. Der Erhöhung der Transportkapazitäten durch Beschleunigung folgt der Zeitverlust durch erhöhten Stau. Schon vor Jahren machte sich ein Zeitkritiker, der österreichisch-amerikanische Philosoph und Theologe Ivan Illich, über den flotten amerikanischen Autofahrer lustig, der mit seinem Lieblingsgefährt durchschnittlich 1.500 Stunden im Jahr verbringt, wobei die Zeiten außerhalb der eigentlichen Fahrzeiten, wie Reparatur, Autowaschen, Stau etc. mitgezählt sind. Dieser »Mister Durchschnitt« überwindet im gleichen Zeitraum von einem Jahr 7.500 Meilen. Die Durchschnittsgeschwindigkeit ergibt sich bekanntlich durch die Division von Strecke durch Zeit. Das Resultat: 5 m/h. So schnell ist ein afrikanischer Ochsenkarren ungefähr auch.

Der Konservative durchschaut die Mythen des Fortschritts, weil er ein skeptischer Realist bleibt.

Gelassenheit, eine konservative Tugend

Die Gelassenheit schützt vor Kurzschlüssen. Konservative sind bei Siegesfeiern nicht die Lautesten, bei Niederlagen nicht die Resigniertesten, weil sie wissen, wie wetterwendisch die Geschichte sein kann. Resignation und Zuversicht sind Nachbarn. Das Wissen darum bewahrt den Konservativen vor Siegestaumel und schützt ihn vor Resignation in der Niederlage. Von den Wellen der öffentlichen Erregung lässt sich der Konservative also nicht so leicht beeindrucken.

Wenn Politik zu den vorletzten Aufgaben gehört, verliert sie die zwanghafte Notwendigkeit zum Perfektionismus, welcher der Vater jedweden politischen Fanatismus ist. »Es wird alles nicht so heiß gegessen wie gekocht«, ist eine konservative Volksweisheit, die zur Gelassenheit befähigt.

Am Tag der Bundestagswahl 1957 ging Konrad Adenauer wie immer recht zeitig ins Bett. Andern Morgens ließ er sich von Globke über den Wahlausgang unterrichten. Die CDU hatte die absolute Mehrheit der Stimmen erlangt. Heute geben die Spitzenkandidaten schon drei Tage vor der Wahl das vorläufige Ergebnis bekannt. Und Schulz, der SPD-Kanzlerkandidat, nimmt das Ergebnis der Bundestagswahl schon fünf Monate vor der Wahl vorweg und behauptet keck, dass er Kanzler werde.

Adenauer behielt im Triumph Zeit. Er ließ sich auch von Siegestaumel nicht mitreißen.

Die erste Präsidiumssitzung nach der Wahl fand erst am darauf folgenden Mittwoch statt, also drei Tage nach Schließung der Wahllokale. Heute würde die Öffentlichkeit kopfstehen, wenn die Ergebnisse der Wahl nicht sofort beraten und bewertet würden. Die Adenauersche »Wartezeit« war dagegen eine heilsame Denkpause – eine Zeit zum Nachdenken.

Auch Franz Meyers, den Wahlmanager des größten CDU-Wahlerfolges 1957, ließ Adenauer drei Tage »zappeln«, in denen Meyers des Anrufs vom »Alten« erwartungsvoll harrte. Als er mit Adenauer mittwochs endlich zusammentraf, soll er ihn nach kurzem Händeschütteln mit der Empfehlung begrüßt haben »Herr Meyers, sie müssen auch mal zum Friseur«. Adenauer war Pathos-resistent und hasste das Tremolo der Sieger, zu denen immer alle gehören, während der Verlierer immer einsam ist.

Adenauers Abneigung gegen Pathos schützte ihn auch vor der Flucht in große Worte. Sie war eine Variante der Gelassenheit. Pathos hat selten Zeit, steht immer unter Druck. Gelassenheit eilt mit Weile.

Im Zweifel für den Angeklagten

Für die Missverstandenen und alle, die in Gefahr sind, einer aufgewühlten Volksmeinung zum Opfer zu fallen, sind die echten Konservativen oft der letzte Zufluchtsort. Wo immer eine rasende Lynchjustiz zugange ist, stellen sie sich auf die Seite der Bedrängten und Opfer.

Ich habe seinerzeit den Stuttgarter Oberbürgermeister Manfred Rommel bewundert, als er gegenüber einem pietätlosen Mob darauf bestand, dass die tote Terroristin Gudrun Ensslin ein ordentliches Grab auf dem Stuttgarter Friedhof erhielt. Nach dem Tod schweigen weltliche Vergeltungsabsichten. Über Schuld übernimmt dann ein höheres Gericht die Rechtsprechung. Rommel »bewahrte« (»konservierte«) die Würde des Menschen, die er auch im Tod nicht verliert. Manfred Rommel war der Prototyp des modernen Konservativen.

Die Konservativen, die ich bewundere, sind die besten Wäch-
ter der Unschuldsvermutung, welche eine kostbare Errungenschaft des modernen Rechtsstaates ist. Massenhysterie ist ein
Schnellgericht ohne Verteidiger. Mich störte damals wie heute,
dass meine Partei den Bundespräsidenten Christian Wulff nur
halbherzig gegen die Vorverurteilung von »Bild« in Schutz genommen hat. Es waren Vorwürfe, die sich später, als Wulff sein
Bundespräsidentenamt verloren hatte, als haltlos erwiesen. Der
schnelle Staatsanwalt, dessen Übereifer nicht zu bremsen war,
ist immer noch im Amt.

Solange nicht der Beweis fürs Gegenteil feststeht, hat jeder-
mann als unschuldig zu gelten. Diese rechtstaatliche Maxime
hat ihre Entsprechung in der auch im Alltag gebotenen Haltung
der Vorsicht, nicht auf jeden Augenschein hereinzufallen.

In dem Sinne war auch mein relativ unpolitischer Vater ein
echter Konservativer.

Mein Kontakt mit dem Schnellgericht

Ich fuhr 1957 mit frisch erworbenem Führerschein in meines
Vaters kleinem Renault relativ gelangweilt und ziellos durch die
Straßen meiner Heimatstadt, als ich plötzlich eine aufgeregte
Menge und einen kleinen blutenden Jungen auf dem Bürger-
steig liegen sah. Ich war schon am Ort der Aufregung vorbei,
als ich begriff, dass Not am Mann war. Also: Rückwärtsgang
rein und zurück. Da riss auch schon eine in Tränen aufgelös-
te Frau mit einem am Halse heftig blutenden Jungen (war es
die Halsschlagader?) auf dem Arm die Tür auf, stürzte ins Auto
mit dem Schrei: »Zum Arzt!« Ich versuchte zu klären, wo der
nächste Arzt war. Die Mutter rief fortgesetzt: »um die Ecke«,
sagte aber nicht, ob rechts oder links um die Ecke. Endlich angekommen, war die Tür der Arztpraxis verschlossen. Ab ins
Krankenhaus, war meine nächste Reaktion. Die Zeit lief. Der

Rückblicke, Einblicke, Ausblicke

Junge schrie fortgesetzt »Mama, ich will nicht sterben!« Aber die Stimme wurde immer schwächer. Ich überlegte: Wie komme ich zum Krankenhaus? Es gab zwei Möglichkeiten: über die Hauptstraße geradeaus rasen oder langsamer den kürzeren, aber verzweigten Weg fahren. Ich entschied mich für den kürzeren, schaltete den Lichtschalter ein, bediente die Hupe und fuhr relativ schnell, aber überlegt, davon. An einer Kreuzung erwischte ein auf der linken Straßenseite fahrender Müllwagen, der in voller Fahrt von rechts kam, das Vorderteil meines Renault. Er schleppte mein kleines Auto samt Besatzung noch eine Stecke, eingeklemmt vor der Hinterachse, mit, bis er zum Stehen kam. Ich zerrte den blutverschmierten Jungen und seine Mutter aus dem Wrack. Sofort war eine aufgebrachte Menge zur Stelle und ein brüllender Müllwagen-Chauffeur schrie mich als scheinbaren Unfallverursacher an: »Rüpel«, »Verbrecher« etc. Dabei war *er* falsch gefahren. Der Augenschein aber sprach gegen mich, denn ich war schnell und hupend an der Kreuzung angekommen und stehengeblieben.

Seit diesem Augenblick habe ich mein Zutrauen zur »Stimmung im Volk« verloren. Die Menge war blitzschnell sicher, wer schuld war. Es war aussichtslos, zu erklären, dass der Bub schon vorher blutüberströmt und verletzt gewesen war, zumal es Wichtigeres gab: nämlich dafür zu sorgen, dass der verletzte Junge so schnell wie möglich ins Krankenhaus kam.

Zwei PKWs fuhren vorbei. Wahrscheinlich wollten sie das saubere Polster ihrer Wagensitze nicht verunreinigen. Der dritte Fahrer, ein Kleinlaster hielt schließlich an, lud den Verletzten ein und fuhr ihn zur Rettungsstation ins Krankenhaus.

Jetzt war bei mir am Autowrack die Lynchjustiz am Werk. Es war damals die Zeit, in der Halbstarke ihre überschüssige Kraft mit rasenden Automobilen ausprobierten. Ich hatte keine Chance, der Meute den wahren Sachverhalt darzustellen.

Bin ich ein linker Konservativer?

Zwei Polizisten, die herbeigerufen wurden, versuchten mich wenigstens anzuhören, was ihnen im allgemeinen Geschrei nur schwach gelang.

Dann kam mein Vater, alarmiert von Nachbarn, angeradelt und sah die Trümmer seines schönen Autos. Mein Vater jedoch glaubte mir sofort, nahm mich auf den Rücksitz des Fahrrads und verschwand aus der tobenden Menge.

Der blutende »Bub« wurde im Krankenhaus gerettet. Auch die Mutter hatten die Sanitäter auf den Operationstisch gelegt. Man suchte nach der Wunde, aus der das Blut gekommen sein musste, das das Gesicht der Mutter verschmiert hatte. Der armen Frau hatte es die Sprache verschlagen. Sie konnte nicht mehr erklären, dass das Blut von ihrem Sohn stammte.

Jahrzehnte später begrüßte mich nach einer Wahlversammlung in der Stadthalle von Rüsselsheim ein Koloss von einem Mann. Er war mir fremd. Es war der kleine blutende Bub von einst.

Ich habe in diesen Minuten nach dem Unfall eine Lektion fürs Leben gelernt: Wenn eine geifernde Meute ihr Urteil gefällt hat, hast du keine Chance zur Revision. Deshalb ist es gut, nicht so schnell zu urteilen. Selbst wenn der Augenschein klar scheint.

Der Konservative ist »bedacht«, wie es mein Vater es war, »trotz allem«. Er hatte sich durch den Tumult vom Vertrauen zu mir nicht abbringen lassen, und er vertraute dem, was ich ihm sagte.

Herr im eigenen Kopf bleiben

Der Konservative lässt sich durch keine Verlockung von der Überzeugung abbringen: Das Grundrecht der Freiheit auf Selbstbestimmung beruht darauf, dass wir Herr im eigenen Kopf bleiben können. Selbst die Fortschrittsverheißungen einer digitalen Welt, die sich anmaßt, mit Hilfe von Algorithmen über den Menschen mehr zu erfahren, als dieser von sich selber weiß, erschüttern den Konservativen nicht in seiner Überzeugung, dass zuerst der Mensch wissen muss, was er will und niemand ihm die Entscheidung abnehmen darf. Denn in letzter Instanz trägt der Mensch selbst Verantwortung für sein Leben.

Der Konservative ist ein Verantwortungsethiker. Er hält sich auch für die Folgen seiner Handlungen verantwortlich. Die Reichweite der Verantwortung reicht heute weiter als je zuvor, da unsere Entscheidungen dank des technisch wissenschaftlichen Fortschritts unabsehbarer, weitreichender und anhaltender sind als früher und sogar die von uns kalkulierbaren Zeitspannen übersteigen. Die Atomkraft können wir zwar technisch nutzbar machen, aber ihren Müll zu entsorgen sind wir immer noch nicht in der Lage. Er wird noch in tausend Jahren strahlen, wenn wir schon so lange verschwunden sind wie für uns heute unsere Vorfahren aus dem Mittelalter. Auch deshalb mussten wir aus der Atomenergie aussteigen, weil wir für die Entsorgung keine Lösung gefunden haben. Die Lösung der Probleme, die wir nicht zustande gebracht haben, dürfen wir nicht auf nachfolgende Generationen verschieben. »Nach mir die Sintflut«, das ist kein konservatives Motto.

So wie der Konservative die sozialistische Vergesellschaftung der Wirtschaft abgelehnt hat, so widersteht er der neoliberalen Versuchung einer Verwirtschaftung der Gesellschaft.

Der Konservative sperrt sich gegen eine plattgewalzte, veröffentlichte Gesellschaft ohne Rückzugsräume. Deshalb verteidigt er die vier Wände des Privaten, in die der Staat nur zur Not intervenieren darf.

Der Konservative hat eine angeborene Abneigung gegen Megalomanie. Im Größenwahnsinn sieht er den Wegbereiter der Anonymisierung der Gesellschaft. Der Konservative verteidigt daher den Wert der Familie. Die Familie schützt uns vor der totalen Veröffentlichung unseres Lebens und der Überwältigung durch die Bestimmung von außen. Sie ist eine der Bastionen, die uns vor dem Totalitarismus einer allzuständigen Macht schützt, die wie ein Krake alle erfasst.

Zu den elementaren Funktionen der Familie gehört die Kindererziehung. Sie ist das erste Recht und Pflicht der Eltern. Der Staat ist nur der Ersatzmann der Erziehung. Auch die Ehe ist nach der Überzeugung des Konservativen auf Dauer und nicht auf Transit angelegt. Der Konservative wendet sich gegen ein Scheidungsrecht, das die Trennung der Ehepartner zu einer fristlosen Kündigung, ohne jedweden Kündigungsschutz verkommen lässt. Die Ehe zählt für ihn zu den Institutionen, die unser Leben stabilisieren. Deshalb ist sie auf die Regelmäßigkeit angewiesen, welche die Voraussetzung von Verlässlichkeit ist.

Gleichheitsfanatismus

Der Konservative verteidigt das Prinzip der Gleichheit aller Menschen. Ihm widerstrebt jedoch ein Gleichheitsfanatismus, der in jeder Differenz eine Diffamierung vermutet und in jedem Unterschied eine Unterdrückung wittert. Der Konservative ist mehr über die tödliche Gleichmacherei empört, mit der Millionen von Menschen durch Krieg und Elend umgebracht werden als von der Genderfrage erregt, ob Transsexuelle einen Anspruch auf eine eigene Toilette besitzen.

Arbeit – das Lebenselixier

Der Mensch ist auf Arbeit angewiesen. Nur so konnte er die Schwäche seiner natürlichen Ausstattung kompensieren und überleben. Arbeit schafft die Möglichkeit der Selbsterfahrung. In der Überwindung der Widerstände wird der Mensch sich selbst »begreifbar«. In der Arbeit verbindet sich der Mensch mit anderen und schafft so eine Basis der wechselseitigen Anerkennung, welche die Quelle der Selbstachtung ist.

Arbeit ist mehr als Broterwerb. Deshalb sieht der Konservative in der Arbeitslosigkeit auch einen kulturellen Verlust und nicht nur wirtschaftliche Einbußen.

Die Arbeit wird ihr Gesicht verändern. Das Gewicht der körperlichen Belastung wird abnehmen. Die Arbeit bleibt aber immer eine Selbstüberwindung. Das unterscheidet sie vom Spiel. Aber an den Widerständen wachsen wir. Die Selbstüberwindung, die jede Arbeit uns abverlangt, ist Bestandteil unserer Selbstverwirklichung.

»Nichts ist dem Menschen so unerträglich, wie die völlige Untätigkeit, wie ohne Leidenschaften, ohne Geschäfte, ohne Zerstreuung, ohne Aufgabe zu sein. Dann spürt er seine Winzigkeit, seine Verlassenheit, sein Unzulänglichkeit, seine Abhängigkeit, seine Ohnmacht, seine Leere. Also gleich wird dem Grunde seine Seele die Langeweile entsteigen und die Düsternis, die Trauer, der Kummer, der Verdruss, die Verzweiflung«, schrieb Blaise Pascal, der große französische Mathematiker, Physiker und Religionsphilosoph schon vor 400 Jahren.

Albert Camus hielt Sisyphos für einen glücklichen Menschen, der sich von der Sinnlosigkeit der ewigen Wiederkehr des Gleichen nicht brechen ließ und den Fels immer wieder bergaufwärts wälzte, obwohl der Fels der Schwerkraft folgend immer wieder abwärts ins Tal rollte. Das ist der heroische Existenzialismus, der sich mit dem Dasein begnügt. Camus übersieht in seiner Bewunderung des heldenhaften Sisyphos, dass dieser seine Arbeit ohne jeden sozialen Bezug leistet. Hätte Sisyphos den Stein nach oben gewälzt, um auf dem Berggipfel ein Haus zu bauen, hätte ich das Glück von Sisyphos verstanden. So aber bleibt eine Anstrengung ohne Wert für andere und eine asoziale Vergeblichkeit. Das Ertragen von Sinnlosigkeit ergibt noch keinen Sinn.

Das Schlaraffenland – ein Schreckgespenst

Der Konservative widersteht der Sehnsucht nach der Rückkehr ins Paradies, weil er weiß, dass es dieses auf Erden nicht gibt. Für den Konservativen ist der Traum von einem Leben ohne Arbeit und ohne Ende keine Verlockung, sondern die Drohung der Langeweile. Ein solcher »Himmel auf Erden« wäre öde und fad.

Leben ohne Tod – das klingt wie eine Verheißung. Aber was wäre das für ein Leben? Ein Ziel ohne Zeitnot zu verfolgen, ist wie eine Klassenarbeit ohne die Klingel, die das Ende anzeigt. Ohne Not der Entscheidung wird selbst die Liebe reizlos. »Die oder keine, der oder keiner«, diese existenzielle Provokation der Liebe wäre im Schlaraffenland ohne Sinn. »Bekomme ich sie heute nicht, dann vielleicht in 10 Millionen Jahren«, wäre die fade Schlaraffenlandalternative. »Vita brevis«: die zeitliche Begrenzung verleiht unserem Leben die Würze des Einmaligen.

Cartier beneidet seinen Freund Fosca in Simone de Beauvoirs 1946 erschienenen Roman » Tous les hommes sont mortels«. Fosca ist durch die Einnahme eines Lebenselixiers vor dem Tod gefeit. »Wie gerne wäre ich unsterblich«, sagte Cartier, »dann würde ich ganz sicher die Durchfahrt nach China finden«, fügt er neidisch hinzu. »Nein«, erwiderte Fosca seinem Freund, »bald würdest du dich nicht mehr für China interessierten, du würdest dich für nichts mehr interessieren.«

Kein Abenteuer, keine Gefahr, kein Glück, keine Ideale würden das Leben begleiten. Alles verfiele in die Belanglosigkeit, aus welcher der Tod das Leben reißt.

Der verzweifelte unsterbliche Fosca beschreibt seine grausame grenzenlose Existenz: »Ich hatte nichts zu hoffen. Ich ging zur Tür hinaus … Ich konnte mein Leben nicht einsetzen. Ich konnte nicht mit ihnen lächeln, nie waren Tränen in meinen Augen, nie Feuer in meinem Herzen. Ein Mensch von irgendwoher, ohne Vergangenheit, ohne Zukunft und ohne Gegenwart. Ich wollte nichts, ich war niemand.«

Mit dem Verlust der Sterblichkeit verliert Fosca Vergangenheit, Gegenwart und Zukunft. Er versinkt in einem Zeitbrei, der seinem Leben Sinn und Zielgerichtetheit raubt. Nichts mehr ist einmalig. Auch die Liebe verliert ihren Kairos: jenen Augenblick, in dem sich alles entscheidet und der den Menschen zu einer ihm sonst unbekannten Ekstase treibt. Ohne Tod kann alles irgendwann geschehen oder auch nicht. »Sein oder Nichtsein« ist hier nicht die Frage, sondern: Sinn oder Sinnlosigkeit.

Der Tod ist der Prüfstein des Lebens. »Es gibt nur ein wirklich ernsthaftes philosophisches Problem: den Selbstmord«, behauptet Camus. »Die Entscheidung, ob das Leben sich lohne oder nicht, beantwortet die Grundfrage der Philosophie. Alles andere – ob die Welt drei Dimensionen oder der Geist neun oder zwölf Kategorien habe – kommt erst später.«

Der Tod gehört zum Leben: Memento mori. Ohne Tod verlöre der Mensch seine Individualität und Sozialität, und damit die Wahrheit seiner Existenz. Nicht nur die Lebensversicherung würde durch Unsterblichkeit ihre Daseinsberechtigung verlieren.

Den Konservativen schauert es vor der die Grenzenlosigkeit. Deshalb ist ihm das Schlaraffenland und sind ihm alle seine Dependancen, wie immer sie heißen, suspekt. Das Glück bleibt ein episodisches Vergnügen, wie Jean Paul bemerkt hat.

Wie die ewige Seligkeit sich anfühlt, weiß ich noch nicht. Das Schlaraffenland ist jedenfalls keine konservative Verlockung.

Ein Leben ohne Tod im Schlaraffenland, aber auch ein Leben ohne Herausforderung und Bewährungsproben auf Erden gehören nicht zu den Wünschen des Konservativen. Ohne Schmerzen würden wir Menschen früher und schneller sterben, weil kein Schmerz uns die Erkrankung melden würde. Die Funktion einer Schmerzwarnung könnte in einer technologisch perfekten Gesellschaft freilich durch eine Maschine erfüllt werden, an welche die Menschen angeschlossen wären. Von der maschinellen Einsatzzentrale könnten die Menschen über ihren Gesundheitszustand permanent auf dem Laufenden gehalten werden. Wenn von dieser Maschine dann auch noch die Therapie übernommen würde, wären wir aber nicht nur schmerzfrei, sondern auch »verantwortungslos«. Wer aber sind wir dann? Eine gut gekleidete Puppe? Vielleicht lernen die Kleider auch ohne Puppe zu laufen.

Der Konservative sucht in den menschlichen Begrenzungen des Lebens seinen Sinn und sein Glück. Und nicht zuletzt: Der Konservative ist der letzte Verteidiger der menschlichen Ungewissheiten gegen die Sicherheit einer Datengesellschaft, die vermeintlich alles und alle im Griff hat.

Auch in Unsicherheit handlungsfähig – erprobte Regeln

Die Rücksicht ist der Fundus, aus dem eine repressionsfreie Gesellschaft gespeist wird. Der Konservative verankert diese Utopie nicht in der abstrakten Höhe der Theorie, sondern sucht sich ihr in einer Alltagspraxis zu nähern, in der auch die Empathie des Menschen ihren Ort hat.

Schon Adam Smith sah in den moralischen Gefühlen die Hemmung der natürlichen Aggressionen.

Das hohe Sozialprinzip der Solidarität speist der Konservative aus den Quellen der natürlichen Neigung des Menschen zur Freundlichkeit. Die Höflichkeit ist das zarte Kind der Solidarität. Der Konservative ahnt, dass alle Prinzipien Hohlkörper bleiben, wenn sie nicht von entsprechender Gesinnung gefüllt werden.

Vor die Wahl zwischen Gut und Böse, zwischen richtig und falsch ist der Mensch seit Adam und Eva gestellt. Der Mensch muss sich entscheiden und das auch im Zustand fehlender Gewissheit. Dabei helfen zwei erprobte Vorfahrtsregeln:

1. Im Zweifel für das Bestehende.
Und:
2. Im Zweifel für die Benachteiligten.

An einer Kreuzung angekommen, geraten sich die beiden Vorfahrtsregeln bisweilen in die Quere. Dann gilt: Regel 2 hat Vorfahrt vor Regel 1.

Und so kann ich zu guter Letzt mich wieder mit meinen jugendlichen Idealen versöhnen. Das Erhalten ist ein Vorbehalt, das Verändern zugunsten der Benachteiligten, die in Not sind, ein Gebot. So schön wie das klingt ist leider die reale Alternative nicht immer. Bisweilen gerät man an die Zwickmühle, in der jeder Zug verkehrt ist. Dann hilft nur Güterabwägung, mit der das Schlimmste vermieden wird. In allerletzter Sekunde kommt das Gewissen zum Zuge. Man darf es nicht zu früh strapazieren.

Konservativ sein ist komplizierter als ich annahm. Um seine Hauptpassion zu erfüllen, nämlich zu bewahren, muss der Konservative, wenn es sein muss, auch an den Kämpfen der Veränderung teilnehmen. Um die Mutter Erde zu »bewahren«, muss die Klimapolitik verändert werden. Es gehört zur List einer konservativen Dialektik, dass ich um der Erhaltung willen für Veränderung kämpfen muss.

Wenn die Rettung von Menschen auf dem Spiel steht, erlaube ich mir im Notfall, auf die konservative Gelassenheit zu verzichten. Dann gönne ich mir die Wut und den Mut zum Eingreifen. In der Gelassenheit sammle ich die Kraft zum Mut für den Kampf um die Menschenrechte. Alles zu seiner Zeit: Gelassenheit, aber auch Leidenschaft und Wut. Rücksichtslosigkeit gegenüber der Erde und gegenüber dem Elend von Menschen kann man nicht gelassen und widerstandslos hinnehmen.

Bin ich jetzt so klug wie vorher, nämlich unsicher? In Unsicherheit handlungsfähig zu bleiben, ist eine konservative Tapferkeit.

Vielleicht bin ich ein linker Konservativer?

Wäre auch nicht schlecht!

4. Kapitel

Europa – mehr als ein Konzern

1. Was ist Europa?

Wem verdanken wir unseren »Frieden«?

Europa!

Das ist ein Frieden, der seit mehr als 72 Jahren anhält. So etwas hat Deutschland noch nie erlebt.

Ist Europa nur ein geografischer Begriff? Nein.

Ist Europa nur eine historische Erinnerung, die eine große Vergangenheit beschwört und sonst nichts mehr? Nein.

Ist Europa eine Zukunftshoffnung? Ja.

Nation und Nationalismus

Die Europäische Union ist die Antwort auf den Nationalismus, der die Völker dieses Kontinents in zwei Weltkriege trieb und zu einer tiefen europäischen Spaltung führte, die mitten durch Deutschland ging.

Der Rassismus, der Europa verunstaltete, war ein missratener Abkömmling auf dem Irrweg nationaler Übersteigerung, die unser Land in ein nationalsozialistisches Mördersystem und europäische Staaten in einen imperialistischen Kolonialismus führte.

Der neue Nationalismus ist ein Enkel des alten. Damals wie heute soll Abstammung die Grundlage des Staates sein.

Man braucht sich nur zu vergewissern, dass der Rhein von jeher eine »Völkermühle« (Zuckmayer) ist, an dessen Ufer sich über Jahrtausende die Völker mischten, um zu erkennen, dass die ethnische Identität der Nationen ungefähr so unvermischt rein ist, wie das Mixgetränk Red Bull. Germanen, Römer, Holländer, Schweizer, Franzosen, Preußen, Polen, Bayern schlossen, ohne auf ihre Herkunft zu achten, an den Ufern des Rheins den Bund fürs Leben. Das hat das Rheinland vor Inzucht bewahrt und wie alle Mischkessel zu einer kulturellen Blüte gebracht. Die Dome und Städte am Rhein geben davon Zeugnis. Kein »Kölner Dom« entstand in hinterwäldlerischen Dörfern, deren Einwohner über Generationen unter sich waren. Und weder der Speyrer Dom noch das Freiburger Münster standen auf einer isolierten einsamen Insel.

Das Geld – Mittel, nicht Zweck

Der monetäre Zusammenschluss Europas kann den wiedererwachten Nationalismus weder bändigen noch ersetzen. Dafür fehlt dem Euro-Europa die »Herzenswärme«, deren alle Ideen bedürfen, die Menschen bewegen. Ohne Emotion bleibt jede Idee kalt.

Die europäische Einigung entsprang nicht den Vorstellungen von planenden Konstrukteuren, sondern ist die Renaissance der besten Tradition Europas: der Idee von der Würde des Menschen, die von keinem »System« unterdrückt werden darf. So wenig die Zollunion schon Deutschland war, so wenig war die Europäische Wirtschaftsgemeinschaft schon Europa. Geld, Währung, Finanzen und Wirtschaft sollten nur die Mittel, noch nicht der Zweck der Einigung Europas sein. Der »Euro« ist nur das Vehikel der Einigung Europas – und noch nicht ihr Ziel. Inzwischen haben sich jedoch die wirtschaftlichen Mittel zu politischen Zwecken aufgeschwungen. Denn die Märkte regieren Europa. »Wettbewerbstätigkeit« scheint das höchste der politischen Gefühle zu sein. Wer das Kriterium »wettbewerbsfähig« erfüllt, ist Muster-Europäer. Wettbewerbsfähigkeit gibt sich als Schlüssel zur europäischen Einigung aus. Das ist eine Verengung Europas auf Ökonomie. Auch das Griechenland-Problem reduziert sich dann in der öffentlichen Debatte beispielsweise auf die Frage der Wettbewerbsfähigkeit. Und bei dem Wort Reform denken »Experten« darüber nach, wie man ans Geld der Rentner und Arbeitslosen kommt. Die Arbeitnehmer bringen ihr Portemonnaie in Sicherheit, wenn sie das Wort Reform hören. Vom Reformopfer griechischer Millionäre habe ich noch nichts gehört. So ist schon das große Wort »Reform« zu einem Synonym für den Abbau des Sozialstaats geworden.

Volle Kraft zurück

Der neue Nationalismus ist die fehlgeleitete Antwort auf die Heimatlosigkeit, die eine gesichts- und geschichtslose Geldwirtschaft ausgelöst hat. Die Geldfrage spaltet Europa in Nord und Süd. Die Nationalfrage trennt Ost und West. Diese beiden Konfliktlinien sind das neue Kreuz Europas.

Großbritannien fällt hundert Jahre zurück und träumt seinen alten Traum von einer Weltmacht, die als Commonwealth agiert. Die Vereinigten Staaten reanimieren die alten Vorstellungen von nationaler Autarkie. Putin hat Heimweh nach der Sowjetmacht. Die Chinesen versuchen das Reich der Mitte zu restaurieren. Überall das gleiche Kommando: »Volle Kraft zurück!« Die Weltgemeinschaft steht vor einem neuen nationalen Isolationismus.

Der Erfolg von Politikern wie Trump, Erdogan, Orban, Kaczynski ist das das Ergebnis der gestiegenen Nachfrage nach dem starken Mann, der uns die Unsicherheiten der Globalisierung vom Leib halten soll. So werden nationale Festungen gebaut, die durch ideologische Wassergräben voneinander getrennt sind. Je höher die Burgmauern und je tiefer die Wassergräben, umso mehr Geborgenheit wird den Eingeschlossenen suggeriert. Dieses Versprechen konnte schon in der Vergangenheit nicht gehalten werden. Im Zeitalter der Globalisierung der Finanz-

Was ist Europa?

wirtschaft, des weltweiten Klimawandels, des internationalen Terrorismus und der Digitalisierung der Technik wirken die nationalistischen Abwehraktionen wie der Versuch, mit einer Armbrust Raketen abschießen zu wollen.

Die Stärke einer großen Idee

Was ist die Kraft, die Europa zusammenhalten kann? Der Reichtum seiner Traditionen basiert auf der Stärke einer Idee, die Europa einzigartig macht, weil sie eine Frucht Europas ist: Die »Würde des Menschen«.

Der alte Begriff der Würde entstammt der Sphäre der Obrigkeit. Weder einem Banausen im alten Griechenland noch einem mittelalterlichen Bauern sprach man Würde zu. Würde war Haltung seiner privilegierten Träger und Anspruch auf ehrerbietige Achtung der Untertanen.

Der neuzeitliche Würdebegriff ist allgemeiner. Er umfasst alle Menschen. Würde ist gleichsam die Demokratisierung eines älteren Ehrbegriffes. Hinzu kommt, dass Würde nicht nur im Bereich der Umgangsformen der Ehre ihren Platz hatte und so dem Nimbus entsprach, welcher die Obrigkeit umgab, sondern sich zu einer fundamentalen Rechtsposition entwickelte, nämlich dem »Rechte auf Rechte« (Hannah Arendt). Es geht also um ein Recht, das nicht nur ausgewählten Menschen zusteht, sondern allen. Dieses Recht entspringt zwei Quellen: der christlichen Botschaft von der Gotteskindschaft aller Menschen, also deren Geschwisterlichkeit, und der aufklärenden Vernunft – ein Begriff, welcher die Autonomie des Menschen bezeichnet.

Immanuel Kants Programm heißt: Die Idee von »der Würde eines vernünftigen Wesens, das keinem Gesetz gehorcht als dem, das es sich zugleich selbst gibt«, ist auch die Bestimmung der Freiheit. Das ist der tiefere Sinn der Autonomie, von der Kant sagt, dass sie nur dem Menschen eigen ist.

Demnach ist die Freiheit nicht die Raserei eines von der Kette gelassenen wilden Tieres, sondern die Freiheit der Erfüllung der sittlichen Pflicht zur Selbstbestimmung des Menschen. Darin liegt der absolute Wert der Würde des Menschen. Sie ist unabdingbar, also mit nichts zu verrechnen. Alles, was sich verrechnen lässt, hat einen Preis. Die Würde des Menschen ist ohne Äquivalent.

»Im Reich der Zwecke hat alles entweder einen Preis oder eine Würde. Was einen Preis hat, an dessen Stelle kann auch etwas Anderes als Äquivalent gesetzt werden, was dagegen über alle Preise erhaben ist, mithin kein Äquivalent gestattet, das hat eine Würde.« Damit hat Immanuel Kant klargestellt, dass Würde auch nicht verhandelbar ist.

Die Pluralität europäischer Kultur ist kein zusammengewürfeltes beliebiges Vieles, sondern eine Vielheit, die in einer identitätsstiftenden Einheit gründet, welche ideeller Natur ist.

Die Würde des Menschen

Die Idee von der Würde des Menschen ist in der europäischen Geistesgeschichte keineswegs eine Idee, die sich immer von selbst verstand. Sie ist eher das Ergebnis eines historischen Verständigungsprozesses, der zwar in der Philosophie der Aufklärung, zu der die Philosophie Kants zählt, ihren Höhepunkt, aber keineswegs ihren Abschluss gefunden hat. Das Verständnis der Idee von der »Würde des Menschen« entfaltet sich erst, wenn man sich des langen Weges erinnert, auf dem über diese Idee gestritten wurde, einschließlich der Abirrungen und des oft gravierenden Gegensatzes, in dem sich Theorie und Praxis der Würde befanden. Zur Eigenart europäischer Geschichte gehört jedoch die immer wiederkehrende Bereitschaft, aus Irrtümern zu lernen und bei Verbrechen die Pflicht zur Wiedergutmachung einzufordern.

Aus den Versuchen, die Würde des Menschen immer tiefer zu verstehen (ein Prozess, der nie beendet sein wird), will ich drei herausgreifen, die sich auch als Quellen beschreiben lassen, auf denen die Diskussion bis zum heutigen Tage schöpft: die Antike; das Christentum und die Intuition, die uns als Menschen auszeichnet:

Die antike Philosophie

Die Idee von Würde des Menschen wird erst verständlich, wenn der Mensch selber als herausragend gesehen wird: als jemand, der alle Geschöpfe übertrifft. Die Würde entspringt der Einzigartigkeit des Menschen. Niemand spricht von der Würde eines Tieres oder eines Berges und wenn, dann nur in metaphorischem Sinn.

Die klassische Philosophie kannte den Begriff Würde noch nicht. In seiner Nähe wurde von Ehre, Wertschätzung, Ansehen gesprochen. Doch mit Platon gerät der Begriff der Seele des Menschen in den Fokus der philosophischen Betrachtung. In Platons »Phaeton« ist die Seele das, was herrscht und regiert. Demnach ist sie dem göttlichen Sein ähnlich. Aristoteles erwähnt in der Nikomachischen Ethik den Geist als »göttlich« oder nennt ihn »das Göttliche in uns«. Die Stoa verstärkt diese Ansichten, indem sie die Vernunft als Teil des kosmischen Logos begreift.

Der römische Politiker und Philosoph Cicero wird später diese metaphysische Erhöhung des Menschen ins Ethische wenden, indem er jenes Leben als würdevoll betrachtet, das den Tugenden des vernünftigen Menschen entspricht.

In Griechenland wie in Rom hatte jedoch das, was später mit Würde ausgezeichnet wurde, einen stark aristokratischen Zug. An Würde oder Ähnliches wurde nicht gedacht, wenn von Sklaven, Banausen (wie man abwertend Handwerker und Arbeiter nannte) etc. die Rede war.

Das Christentum als Quelle

Die Universalisierung der »Würdigung des Menschen« vollzog sich erst in der christlichen Theologie. »Alle Menschen sind

Kinder Gottes«, diese Verkündigung ist das eigentliche Fanal für die Gleichheit aller Menschen, auf welcher die Würde der Menschen basiert.

Der Gedanke der Erhöhung des Menschen zum Bild Gottes ist schon im biblischen Schöpfungsbericht der hebräischen Bibel enthalten: »Und Gott schuf den Menschen nach seinem Bild, nach dem Bilde Gottes schuf er ihn.«

Der Mensch ist nach dieser Tradition die Krone der Schöpfung und damit so einzigartig wie die Achtung, die deshalb jedem Menschen geschuldet wird.

Auf die Spitze mit der Achtung des Menschen treibt es das Neue Testament. Seine Botschaft: »Gott ist Mensch geworden.« Das ist die Rechtfertigung eines christlich fundierten Humanismus. Ich kenne keine stärkere Säkularisierung Gottes und keine höhere Vergöttlichung des Menschen, und mir ist keine vergleichbare Botschaft aus anderen Religionen und Kulturen bekannt.

Aus dem Bekenntnis zur Würde des Menschen folgt die Beachtung der Menschenrechte, die ihre Quelle darin besitzt, dass Gott den Menschen als sein Ebenbild erschuf. Friedrich Nietzsche, der Bote der Nachricht »Gott ist tot«, war klarsichtig genug festzustellen, »wenn man den christlichen Glauben aufgibt, zieht man sich damit das Recht zur christlichen Moral unter den Füßen weg«.

Das Christentum gehört zu Europa und deshalb gehört der Beitrag, den das Christentum zur Begründung, zum Verständnis der Würde des Menschen geleistet hat, zu unserer europäischen Identität.

Die Kraft der Intuition

Die Frage bleibt: Lässt nicht die Vielzahl der Definitionen der Würde des Menschen, welche gegensätzliche Deutungen zulässt – ist sie kontingent oder notwendig, absolut oder relativ,

Was ist Europa?

ein Status oder eine Eigenschaft? – auch die Zweifel wachsen, ob die Idee der Würde des Menschen die Menschheit je zu einem gleich gerichteten Handeln bewegen kann?

Ich nehme in den Turbulenzen dieser Geisteskämpfe Zuflucht zu Emotionen und angeborenen Neigungen, die den Menschen auszeichnen. Wir sind im Besitz von Spiegelneuronen, die uns befähigen, uns in den anderen hineinzuversetzen.

Es besteht kein Zweifel: Kein Mensch will leiden, keiner hungern, keiner möchte unterdrückt sein. So vertraue ich darauf, dass die durch Information und Kommunikation vereinte Menschheit sich rühren lässt vom Leid anderer und begreift, dass das angstverzerrte Gesicht gequälter Menschen ein Angriff auf die Würde des Menschen ist.

Ich gestehe, dass das Bild vom kleinen ertrunkenen Flüchtlingskind Aylan auf dem Sand des griechischen Meeresstrandes mein Nachdenken über die »Würde des Menschen« in Zeiten des Flüchtlingselends mehr bewegt hat, als die Betrachtungen des Immanuel Kant über die Einzigartigkeit der »Würde des Menschen«. Und das Bild des vor dem Feuer der Napalmbomben fliehenden Mädchens im Vietnam-Krieg hat mein Herz gegen den Krieg stärker aufgebracht als Kants Schrift »Vom ewigen Frieden«.

Ich gebe zu, dass meine Emotionen bisweilen elementarer von Abscheu bewegt werden, als von der Achtung. Es ist wie mit der negativen Theologie: Sie weiß besser Bescheid, über das, was Gott nicht ist, als die positive Theologie je sagen kann, wer Gott ist.

Die Verachtung der Menschenschinder ist die Rückseite des Mitleids. Und dieses ist ein besonderer Motivator, uns für die Würde der Verletzten, Verachteten und Unterdrückten einzusetzen, abseits aller Opportunitäten, und die Unterdrücker zu brandmarken.

Unsere Emotionen sind nicht vernunftlos. Sie sind geprägt durch die Kulturen, in denen wir leben. Wenn Europa lernt, der

Welt ein Beispiel des Erbarmens zu geben, wird die Idee von der Würde des Menschen einen Schritt näher zu ihrer globalen Beachtung kommen.

Immanuel Kant, der Philosoph der aufklärerischen Vernunft, war tief bewegt vom »bestirnten Himmel über mir« und dem »moralischen Gesetz in mir«.

Es trifft sich in Kants Bekenntnis das Bewusstsein von der erhabenen Macht der Natur mit der Achtung vor der Größe unserer moralischen Pflicht.

Ich nehme an, dass auch an der Quelle der Kant'schen Moralphilosophie eine Intuition stand. Die Vision vom »Himmel über« ihm lieferten ihm nicht die Astrophysiker und die Einsicht in das Sittengesetz nicht die Psychologen.

Die Macht der Vernunft

Was sind die spezifischen Eigenarten Europas? Sicher gehört dazu die Überzeugung, dass Handeln mit rechtfertigungsfähigen Gründen der Maßstab ist für vernünftiges Handeln. Sokrates oder die Sophisten personifizieren jeweils die europäische Alternative. Ist – wie Sokrates meint – das gute Leben ein vernünftiges Leben, weil es dafür gute Gründe gibt, die im Wesen des Menschen wurzeln? Oder geht es – das ist die Position der Sophisten – nur um ein erfolgreiches Leben, welches seinen Subjekten ein Maximum von Vorteilen verschafft? Um diese beiden Lebenspole: auf der einen Seite »gut«, auf der anderen »erfolgreich«, dreht sich europäische Geistesgeschichte immer wieder.

Auf der einen Seite sind normative Ziele, auf der anderen effiziente Mittel der Angelpunkt des Lebens. Dieser Kampf prägt die Eigenart Europas. Die Differenz zwischen Ziel und Mittel charakterisiert die europäische Philosophie in ihrem ständigen Streit zwischen Metaphysik und Faktizität und in dem permanenten Ringen von Vernunft und Opportunität.

Was ist Europa?

Als ein Ableger dieses Zwistes ist auch der Kampf zwischen Glaube und Wissenschaft zu sehen. Dass schließlich die Wissenschaft neben dem Glauben zur eigenständigen Orientierungsinstanz werden konnte, findet sich so in keiner anderen Kultur. Zu unseren (mühsam erlernten) Errungenschaften zählt: Keine Autorität ist über Kritik erhaben.

Die Vernünftigkeit treibt seit Platons Zeiten das europäische Denken an. Dass die Vernünftigkeit sich dabei fortgesetzt magischer oder ideologischer Verwirrungen entwinden und gegen Interessen wehren muss, gehört zur tragischen Konstitution der menschlichen Vernunft. Dass Menschen und ihre Staaten sich vor dem Gerichtshof der Vernunft rechtfertigen sollen, gehört jedoch zur Besonderheit europäischer Kultur.

Das Programm der Aufklärung war von der regulativen Idee inspiriert, dass ein vernünftiges, auf Dauer gestelltes öffentliches Räsonnement der Bürger die Grundlage einer freiheitlichen Gesellschaft ist, von der niemand ausgeschlossen werden darf.

Vernunft ist die Rechtfertigung der Gleichheit und gleichzeitig die Basis der Freiheit, welche die Würde des Menschen ausmacht und die europäische Kultur charakterisiert. Während in anderen Kulturen Institutionen, Sitten und Riten das Leben dominieren, ist es in Europa die Idee der Selbstbestimmung. Ursache ihrer Handlungen, nicht nur Ausführende von hergebrachten Vorgaben wollten die Europäer sein. Dieser Freiheitsimperativ hat der europäischen Kultur ihre fortgesetzte Nervosität und bleibende Unsicherheit verschafft, aber auch den Spaß an der Freiheit.

Andere Gesellschaften entlasten ihre Mitglieder, indem sie deren Leben in vorgegebene Bahnen einengen, die durch Traditionen abgesteckt werden. »Man weiß, was sich gehört«, und man handelt nach den ungeschriebenen Gesetzten der Tradition. Das Leben ist fest eingebettet in Gewohnheiten. Für jeden Schritt gibt es verbindliche Vorbilder. Das verschafft solchen Kulturen ein höheres Maß an Geborgenheit als in Europa üblich. Sie tragen die Last, in Verhaltenszwänge eingebettet zu sein, genießen nicht den »Spaß« an der Freiheit, der zur europäischen Lebensart zählt.

Religion und Wissenschaft

Das Reich der Vernunft war also nie ungefährdet und nie unbegrenzt. Die Kantische Erkenntnistheorie ist der gigantische Versuch, die Grenzen der Vernunft zu markieren, um so auch der Religion ihren Platz zu schaffen.

Das Verhältnis Vernunft und Glaube war nie spannungsfrei. In ihren besten Hervorbringungen waren beide darauf angelegt, sich gegenseitig von ihren wechselseitigen Pathologien zu reinigen.

Der Glaube muss die Vernunft vor der Überheblichkeit schützen, die letzten Dinge (das Ding an sich) erklären zu wollen. Und die Vernunft soll die Religion vor einem Irrationalismus schützen, der den Menschen die Selbstverantwortung raubt.

Glaube und Vernunft erfüllen jedoch nicht nur die therapeutische Funktion, ihre gegenseitigen Schwächen zu heilen, sondern sind auch eine wechselseitige Stütze ihrer jeweiligen spezifischen Funktionen. Glaube ist kein Geraune der Seele, dem die Worte fehlen, und Vernunft ist kein kaltes Geklappere der Logik.

In beiden sind Gefühl und Wissen als Material der jeweils spezifischen Formung durch die unterschiedliche Disziplin von Glaube und Vernunft enthalten. Am Anfang einer vernünftigen Herleitung von Wahrheit steht so gut wie immer ein Glaubenssatz, den die Vernunft reflektiert, und Glaube, der sich andererseits nicht in verständlichen Sätzen mitteilen kann, versinkt in purem Irrationalismus.

Die reformatorische Theologie ist nicht denkbar ohne den Beistand der Renaissance und ihres Humanismus. Und die moderne Wissenschaft, insbesondere die Kosmologie enthält große Aporien, vor denen das Wissen nicht nur aktuell, sondern prinzipiell kapitulieren muss.

Wissenschaftliche Thesen sind Hypothesen, die so lange gelten, bis sie falsifiziert sind. Berechtigterweise schränken wir ihre Darstellung ein mit der Bedingung »nach dem derzeitigen Stand« der Wissenschaft. Zur Erklärung einer und derselben Sache arbeitet die Wissenschaft sogar bisweilen mit zwei unterschiedlichen Annahmen, wie beispielsweise bei der Erklärung des Lichtes, das einmal als Welle und einmal als Partikel dargestellt wird.

Die Dominanz eines wissenschaftlichen Paradigmas gilt, solange wissenschaftliche Alternativen keine Anerkennung finden. Wissenschaftliche Wahrheiten gelten bis auf Weiteres. Die Newton'sche Mechanik wurde durch das Wissen über thermodynamische Vorgänge infrage gestellt, bis sich Einstein genötigt sah, die widerstreitenden älteren Theorien im Rahmen der allgemeinen und speziellen Relativitätstheorie zu überwinden.

Es kann in der Wissenschaftsgeschichte nicht ein Maß gefunden werden, durch welches die wissenschaftliche Erkenntnis sich im Unterschied zum Glauben absolut und entwicklungsfrei ausgeben könnte.

Der Dogmatismus des Positivismus ist für die Wissenschaft eine so große Gefahr, wie andererseits eine restlose Auflösung des Glaubens in Mystik die Religion ins Vernunftlose verflüchtigen würde.

Die wechselseitige Begrenzung und gegenseitige Stütze von Glaube und Vernunft ist die spezifische Differenz, welche die europäische Kultur von hinduistischer, buddhistischer und islamischer Kultur unterscheidet.

Das Ideal der Gerechtigkeit

Im Kern postuliert die Vorstellung von Gerechtigkeit, dass jeder Mensch den Anspruch »auf das Seine« hat (»suum cuique«).

Niemand darf von diesem Anspruch ausgeschlossen sein. Das ist die prinzipielle Fundierung der Gerechtigkeit. Gerechtigkeit ist nie exklusiv, sie setzt die wechselseitige Anerkennung des anderen voraus. Gerechtigkeit ist immer reziprok.

Dem Gleichheitsanspruch steht dabei das Prinzip der Differenzierung gegenüber. Das »Seine«, welches »jedem« zusteht, ist gleich und unterschiedlich. »Gleiches gleich und Ungleiches ungleich« behandeln macht die Gerechtigkeit zu einem »Sowohl-als-auch-Prinzip«, das Gleichheit mit Unterschied verbindet. Gerechtigkeit ist also eine spannungsgeladene Balance zwischen Gleichheit und Differenz.

Gerechtigkeit ist das Ergebnis eines mehr als zweitausendjährigen geistigen Ringens um die Antwort auf die Frage: Was ist ein gelungenes (gerechtes) Leben in einem gelungenen (gerechten) Staat?

Der gerechte Mensch ist das Subjekt der gerechten Gesellschaft, wie diese auch wiederum auf ihn zurückwirkt. Wir haben es hier also mit der dialektischen Beziehung zwischen Individuum und Gesellschaft zu tun.

Das ist der tiefere Sinn der aristotelischen Eudämonie, die nach einer gelungene Lebensführung entsprechend den Anforderungen und Grundsätzen einer philosophischen Ethik fragt: Das Glück des Menschen ist nicht Ergebnis eines Lotto-Spiels, sondern seiner Wesenserfüllung. Auch die Erfüllung von Lust ist noch nicht die Vollendung des Glücks, sonst wäre »der Ochse, der Trauben frisst« schon das Vorbild für menschliches Glücksstreben (Aristoteles).

Die europäische Geschichte ist bestimmt von einem zweifachen Kampf. Einerseits geht es um die gleiche Würde aller Menschen, einer Würde, auf die alle Menschen gleichen Anspruch haben. Andererseits geht es um die Entfaltung der unterschiedlichen Begabung der Menschen, die sich in der Vielfalt der Individualitäten ausdrückt. Dieser doppelte Zwiespalt zwischen Individualität und Sozialität und zwischen Gleichheit und Unterschied ist in keiner anderen Kultur so erbittert ausgetragen worden. Die Gerechtigkeit ist das Balanceprinzip des Zusammenlebens.

Universelle Geltung und Selbstzweifel

Europäische Werte standen immer unter dem Anspruch weltweiter Geltung. Europa war immer von dem Impuls angetrieben, seine Werte universell zu verbreiten. Im Unterschied zur Ausbreitung des Christentums im Römischen Reich war die Ausbreitung des Islams im Nahen Osten bis auf den Balkan und nach Nordafrika von Anfang an mit Gewalt verbunden. Die christliche Kultur war zwar ebenfalls von Missionsdrang getrieben. Doch der Missionsauftrag Jesu »Gehet hin zu allen Völkern!« war kein militärischer Marschbefehl. Die christliche Mission blieb dem jesuanischen Auftrag nicht immer treu. Die Kreuzzüge waren Beispiel einer missionarischen Verirrung und keineswegs nur friedlich. Dem militanten Imperialismus des Islams stand die Grausamkeit von Kreuzrittern nicht nach. Und die Missionierung Lateinamerikas ist mit dem Blut der Indios befleckt. Unter der Flagge des Islam brechen jedoch gegenwärtig gewaltige Vernichtungspotenziale in die moderne Welt ein. Der Islamische Staat, dessen terroristischen Imperialismus wir heute erleben, ist ein fanatischer Nachzügler vergangener Religionskriege. Heilige Kriege sind, von wem auch immer sie ausgehen, Verirrungen einer versuchten Weltbeglückung.

Entdeckerfreuden

Europa war in seinen besten Absichten neugierig auf die Welt. Europäer entdeckten die Welt, nicht die Welt Europa. Kein

Marco Polo kam aus China angereist. Kein Columbus schiffte sich von Amerika nach Europa ein. Kein Vasco da Gama suchte von Indien den Seeweg um Afrika herum nach Europa. Die Neugier trieb Europa in die Welt hinaus.

Europa ist aber auch der Kontinent, der immer von Selbstzweifeln geplagt wurde. Diese Fähigkeit, sich selbst in Frage zu stellen, ist der Grund für die Dynamik, die in keinem anderen Erdteil so zu finden war. Die Unsicherheiten in der Bestimmung dessen, was gut ist, sind auch der Grund eines Freiheitsverlangens, das sich die Lebensziele nicht extern von einer Obrigkeit vorgeben lassen, sondern selbst bestimmen will. Doch quälerische Selbstzweifel und ignorante Selbstgewissheit wechselten sich leider auch in Europa häufig ab oder standen bisweilen in einem kompensatorischen Verhältnis.

Einerseits könnte das Motto der europäischen Geistesgeschichte mit »Ich zweifle, also bin ich« überschrieben werden. Andererseits ist Europa der Lieferant von Ideologien, die mit absoluter Gewissheit das Gesetz der Geschichte erklären wollen und jeden, der dem widersteht, zur Seite räumen. Der Marxismus ist der Prototyp für diese Spezies von säkularer Weltbeglückung.

Machtbalance und Gewaltenteilung

Europas Geschichte ist ein zähes Ringen mit seinen zentrifugalen Kräften und seinen spannungsgeladenen Differenzen. Das Kunststück, das Einheit und Vielheit zusammenhält, heißt Gliederung: Dafür hat Europa horizontale und vertikale Gewaltenteilung »erfunden«. Sie sind europäische Eigengewächse. Die horizontale Gewaltenteilung gliedert staatliche Macht in Legislative, Exekutive und Judikative, die vertikal durch eine föderale Kompetenzverteilung ergänzt wird.

Zwei augenscheinlich dividierende Kräfte begegnen sich auf dem Weg der europäischen Geschichte. Die eine Gefahr besteht

Was ist Europa?

darin, dass Europa aufgrund der Vielheit seiner Traditionen und Kulturen in zusammenhanglose Einzelstücke zerfällt, die jede Einigung verhindern. Die zweite Gefahr entsteht in der entgegengesetzten Richtung der Vereinheitlichung, die jede Eigenart unterdrückt und zu einer konformistischen Nivellierung führt.

Die Verhinderung der Einheit führt zum Zerfall, der im Extremen in der Anarchie landet. Die Verhinderung der Vielheit führt zum Verlust von kulturellen Eigenheiten, die im Extremen zu Machtzusammenballungen führt.

Ein Mangel an Gemeinsamkeit führt in europäische Bedeutungslosigkeit. Ein Überschuss an Machtkonzentration führt zur Unterdrückung.

Für beide Bedrohungen entwickelte Europa kunstvolle Strukturen der Gegenwehr: Föderalismus und Subsidiarität. Der Föderalismus entfaltet die Vielheit der eigenständigen Kulturen, ohne den Zusammenhalt des Ganzen zu gefährden. Subsidiarität verlangt den Aufbau der politischen Ordnung von unten nach oben. Die jeweils kleinere Gemeinschaft hat Vorfahrt in der Kompetenzverteilung, für die freilich auch gilt, dass die größere Gemeinschaft die Aufgaben unternehmen muss, welche die kleinere nicht erfüllen kann.

Die Gewaltenteilung ist die europäische Antwort auf die freiheitsgefährdende Machtkonzentration. Die erste elementare Machtteilung brachte Europa durch die Trennung von Staat und Kirche zustande. Papst und Kaiser tragen je ein eigenes Schwert: das geistliche und das staatliche.

Europa fiel diese Entkoppelung beider Zuständigkeiten unsäglich schwer. Das Christentum hat diese jahrhundertelangen Lernprozesse hinter sich, der Islam noch vor sich. Es bleibt zu hoffen, dass er aus christlichen Fehlern lernt und die Trennung von Religion und Politik ohne Blutvergießen schafft.

Legislative, Exekutive, Judikative sind eigenständige Gewalten. Sie müssen sich gegenseitig in Schach halten. Macht, die durch keine Gegenmacht in Schranken gehalten wird, verführt zum Übermut der Mächtigen und wird schließlich zur Gefahr für die Freiheit.

Als eine weitere europäische »Erfindung« lässt sich die strikte Trennung von privat und öffentlich darstellen. Der Mensch wird in seiner freiheitlichen Selbstverwirklichung geschützt durch Rückzugsräume, in die freilich gegenwärtig der Staat zunehmend eindringt. Facebook betreibt weltweit einen systematischen Striptease. Die Entblößung des Menschen durch seine totale Veröffentlichung widerspricht aber grundsätzlich der europäischen Kultur, die Intimität als eine Quelle der Selbstachtung schätzt.

Beendet das Kompetenz-Wirrwarr

Innerhalb der Europäischen Gemeinschaft sind die institutionellen Kompetenzen in einem Schwebezustand, der die Zurechnung von Verantwortung erschwert. Zwischen Rat und Kommission verschwimmen die Zuständigkeiten, und das Parlament gerät in Gefahr, in den ungeklärten Kompetenzen zu versinken.

Ein gefährlicher Stolperstein für Europa ist die Schwäche der Exekutive: Die Kommission droht sich mangels gewichtiger Exekutivgewalt in der Geschäftigkeit eines Bürokratismus zu verlieren, der sich auf Nebensächlichkeiten konzentriert. Doch Richtlinieneifer der Kommission ersetzt nicht mangelnde politische Ordnungspolitik. Unterbeschäftigung mit Wichtigem schafft Überbeschäftigung mit Unwichtigem. Es gilt das alte Bürokratie-Gesetz: Wo ein Stuhl ist, sitzt ein »Sachbearbeiter« darauf, und wo ein Sachbearbeiter ist, werden die Sachen notfalls geschaffen. Wo es nicht genügend Sachen zu bearbeiten gibt, fällt nicht der Stuhl weg, sondern werden die fehlenden Sachen beschafft. Das ist das Gesetz der bürokratischen Selbstversorgung. Das ist keine Beschimpfung der Kommission, sondern eine Anklage gegen Einengung ihrer Kompetenzen.

Ein Schub zur Kompetenzerweiterung wäre die Einführung eines europäischen Finanzministers, wie es der neue französische Präsident Macron vorschlägt. Konsequenterweise muss ein Finanzminister auch Verantwortung für einen Etat haben, der vom Parlament aufgestellt wird. Wer A sagt, muss auch B sagen.

Der europäische Rat

Ich habe während 16 Jahren an europäischen Ratssitzungen der Arbeitsminister teilgenommen. Mir sind sie in bleibender Erinnerung als Zusammenkünfte von lähmender Höflichkeit. Erst lobt jeder jeden, dann lobt jeder sich selber und am Ende alle den Vorsitzenden. Zur Sache kamen wir meistens erst dann, wenn schon zwei Drittel der Zeit verstrichen waren. Der übliche europäische Zwang zum Konsens führt bisweilen zum pathetischen Nonsens.

Auch der europäische Rat muss zu einer entscheidungsfähigen Institution umgebaut werden. Der europäische Rat als die personelle Summe von 27 nationalen Staatschefs agiert wie eine Wach- und Schließgesellschaft, die sich vor wechselseitigem Einbruch schützt. Notwendig ist eine Reform, welche die unterschiedlichen nationalen Interessen in ein Gesamtkonzept integriert.

Stärkt das Machtzentrum Parlament

Das institutionelle Machtzentrum des politischen Europa muss das Parlament sein. Es spielt derzeit jedoch noch vorwiegend die Rolle eines räsonierenden Disputationsclubs, der viel zu sagen aber wenig zu entscheiden hat. Das Bundesverfassungsgericht hat dies auf frivole Weise bestätigt und daraus die Konsequenz gezogen, dass es keiner 5-Prozent-Grenze bei dem Einzug von Parteien ins europäische Parlament bedarf, weil das Parlament eine konsequenzarme Versammlung sei.

Geredet werden kann viel, und auch Papier ist geduldig. So können selbst eigenbrötlerische Kleingruppen die Entscheidungsfähigkeit des europäischen Parlaments nicht gefährden, weil es nach Meinung des Bundesverfassungsgerichtes nichts oder nur wenig zu entscheiden gibt.

Das Europäische Parlament wird sich seine Kompetenzen notfalls gegen nationale Egoismen selbst erobern müssen. Bei der Bestimmung des Kommissionspräsidenten hat es einen ersten freihändigen Versuch erfolgreich geschafft. Weiter so!

Der Kandidat der Parlamentsmehrheit soll der Kommissionspräsident werden. Das ist die richtige demokratische Rang- und Reihenfolge.

Wer vertritt eigentlich die vergemeinschafteten Interessen Europas? Dafür bietet doch vor allem ein Europäisches Parlament die Plattform. Denn seine Fraktionen gruppieren sich nicht um nationale Herkunft wie Rat und Kommission, sondern um ihre politischen Gesinnungen und Programme. Es ist der eigentliche politische Fundort des neuen Europa.

Es wäre ein Lernerlebnis besonderer Art, wenn griechische Sozialdemokraten einen deutschen Spitzenkandidaten mitwählen und skandinavische Konservative einen Luxemburger Christdemokraten zur Führungsfigur küren würden. Programmatische Übereinstimmung formieren die Fraktionen, nicht nationale Herkunft. Das löst nicht den Zusammenhang mit nationalen Parteien auf, von denen die Kandidaten schließlich vorgeschlagen wurden, darf aber einer herkunftsübergreifenden Fraktionsmeinung nicht im Wege stehen.

Das Europa-Parlament steht vor einer Mutprobe – und einer Alterative: Ein beherzter Schritt nach vorne oder klammheimliches Abfinden mit einer europäischen Clubatmosphäre. Wer diesen Weg nicht mitgehen will, muss zurückbleiben. So entstehen auch zwei Geschwindigkeiten. Jedes Land entscheidet, ob es zur Vor- oder Nachhut zählen will.

Meinungskämpfe sind Integrationhilfen

Wie anders sollen europäische Institutionen legitimiert werden als durch parlamentarische Debatten und die dazugehörigen Entscheidungen? Der Meinungsstreit ist die Voraussetzung dafür, dass ein Konsens erreicht wird. Die Debatte ist das Vehikel zur Bildung einer europäischen öffentlichen Meinung.

Für die Debatten des Europäischen Parlaments kann das Prinzip der Nichteinmischung in die Angelegenheiten anderer Staaten nicht gelten. Denn sonst könnte keine nationenübergreifende Fraktionsmeinung zustande kommen. Fraktionen sind Meinungsgemeinschaften und nicht ein Konsortium nationaler Interessen.

Dass Polen bei der Wahl des Ratspräsidenten seine Zustimmung mit der Begründung verweigert, dass der Kandidat als Pole die polnischen Interessen nicht ausreichend vertrete, ist entweder ein Missverständnis oder ein Verfall europäischer Sitten (oder beides). Der Ratspräsident soll ja das Miteinander der Mitgliedsstaaten organisieren. Er ist nicht »Gesandter« eines Landes.

An der Stellung des Parlamentes, an seiner »Machtbefugnis« entscheidet sich die Zukunft der europäischen Einigung. Die Zukunft der europäischen Einigung beginnt also mit der Aufwertung der europäischen Völkervertretung, die sich ihre europäische Exekutive schafft.

Wer ist Koch und wer ist Kellner: Das Parlament? Oder die Kommission? Oder der Rat nationaler Staatschefs?

Das Parlament darf sich jedenfalls die Butter nicht vom Brot nehmen lassen. Für die föderalen Interessen der Staaten reicht der Rat der Staatschefs, der später durch einen Rat der Regionen abgelöst werden kann. Die Einheit Europas wird durch das Parlament geschaffen und von der Kommission exekutiert.

Europa braucht große Projekte

Europa braucht große Projekte, wenn es die kleinliche Brüsseler Bürokratie austrocknen will. Das Ziel ist die Schaffung eines europäischen Bundesstaates mit Gewaltenteilung und föderalem Aufbau.

Ein europäisches Zwischenziel ist die Schaffung einer vertieften europäischen Wirtschafts- und Sozialordnung. Diese ist nur haltbar, wenn sie von der Rückbesinnung auf gemeinsame Ordnungsprinzipien getragen wird. Ohne gemeinsame europäische Leitideen gibt es keine europäische Wirtschafts- und Sozialordnung.

Eine europäische soziale Marktwirtschaft, die den Wohlstand aller europäischen Bürgerinnen und Bürger im Blick hat, befördert die weitergehende europäische Integration und ebnet dem europäischen Bundesstaat die Bahn.

Eine europäische Ordnungspolitik, die die Grundlagen der Wirtschafts- und Sozialpolitik umfasst, hat handfeste Konsequenzen. Sie verhindert, dass Steueroasen zu Fluchtburgen für Steuersünder werden, die sich ihren Heimatländern entzogen haben, um anschließend die maroden Banken der Zufluchtsländer mit dem Geld anständiger Steuerzahler aus den Fluchtländern zu retten. Der ehrliche Handwerksmeister im Schwabenland subventioniert so die Geldwaschanlage der russischen Mafia in Zypern.

Kein Schuldenabbau, auf den alle starren, verhindert diesen skandalösen Missbrauch Europas. Es helfen nur eine entschlos-

Was ist Europa?

sene gemeinsame sozialwirtschaftliche Ordnungspolitik und
ein Minister, der dafür zuständig ist. Es wäre der erste Erfolg für
eine neue gefestigte deutsch-französische Freundschaft, wenn
Deutschland an der Seite Frankreichs diese Tür des Fortschritts
öffnen würde!

Zu den Großprojekten Europas gehört auch eine europäische
Verteidigungsgemeinschaft. Eine europäische Verteidigungsgemeinschaft, die schon Adenauer als Vergemeinschaftung der
Sicherheitsinteressen Europas anstrebte, ist keine Clearingstelle
nationaler Generalstäbe, sondern Ausdruck gemeinsamer Si-
cherheitsverantwortung. Die nationalen Militärs unter europäisches Kommando zu stellen ist der härteste Frontalangriff
gegen den neuen Nationalismus.

Armeen waren das alte Erkennungssymbol des Nationalstaates und seines parademarschgeschützten Prestiges. Die europäische Verteidigungsgemeinschaft wäre eine eindrucksvolle
Todesnachricht vom Ende nationaler Marschmusik. Adenauers
rheinisches Naturell hat im Militarismus immer den Wegbereiter des aggressiven Nationalismus gesehen. »Nichts war mir
mein Leben lang so unsympathisch wie ein preußischer General«, bekannte Adenauer 1956.

Eine Europa-Armee würde das Gewicht Europas bei der globalen Krisenbewältigung stärken. Die nationalen Armeen europäischer Staaten haben auf die Ordnung der Welt ungefähr
jenen Einfluss, den früher der Feldschütz auf die Vertreibung
von Spatzen und die Verhinderung von Mundraub hatte.

Ich bin überzeugt: Das künftige »Europa« wird etwas Neues sein. Es wird sich von herkömmlichen Staatsformen unterscheiden und ein Bundesstaat eigner Art sein. Seine originelle
Formation wird sich nicht aus der Diskussion politologischer
Oberseminare ergeben, sondern aus dem Prozess der Entwick-

lung, die nicht ohne anspruchsvolle Ziele in Gang bleibt. Ohne Ziel kein Fortschritt.

»Ein undefinierbares Projekt« hat Delors einst Europa genannt, und er war der Kommissionspräsident, der den stärksten Integrationsschub zustande brachte. Das Unfertige, immer auf dem Weg Befindliche, gehört zum Charakter Europas.

Zwei Trends bestimmen die Zukunft

Zwei Trends werden die Zukunft bestimmen: Erstens der Zug ins Weite einer globalen Verantwortung. Und zweitens der Rückzug in die regionalen Identitäten. Dazwischen wird die Bedeutung des Nationalstaats schwinden.

Europa wird das Projekt zweier Gewaltenteilungen: die horizontale zwischen Legislative, Exekutive und Judikative und die vertikale, die subsidiärer Natur ist und in der die jeweils großen Institutionen nur Aufgaben übernehmen, welche die kleinen nicht lösen können.

Die Verfassungsdiskussion kam in Europa leider nicht ans Ziel. Was auf dem Hauptweg verhindert wurde, muss jetzt über tausend Neben- und Umwege nachgeholt werden. Eine aus vielen Teilen entstehende gemeinschaftsstiftende Identitätsbasis muss aufgebaut und gepflegt werden. Die durch Brexit und Flüchtlingsströme ausgelöste Krise könnte sich als »Kraft« erweisen, »die stets das Böse will und doch das Gute schafft«. Wie die Not beten lehrt, so zwingt die Krise über alle Schatten der bequemen Fortsetzung des Gewohnten zu springen. Die Zukunft Europas ist weder Exit noch Erbarmungslosigkeit.

Es gibt im Leben jedes Menschen wie im Leben der Gemeinschaft Augenblicke, in denen sich alles entscheidet. In der Liebe drücken sich solche Entscheidungs-Kompressionen in dem Ruf aus: »Die oder keine« / »Den oder keinen.« In der Politik entstehen Situationen, in denen gilt: »Jetzt oder nie!« Die alten

Griechen nannten eine solche außerordentliche Situation den »Kairos«: Es ist die existenzielle Herausforderung, zu bestehen oder zu versagen. Es sind Situationen, die so nicht wiederkehren, die man volkstümlich trivialisiert »verpasste Gelegenheit« nennt: wenn der Zug nämlich abgefahren ist und niemand ihn erreicht, auch wenn er hinterherläuft.

Alle Zeichen sprechen dafür, dass Europa vor einer historischen Entscheidung steht. Flüchten oder Standhalten ist die Alternative. Ergreifen wir die Chance der Vereinigung oder versagen wir im Rückzug in den Nationalismus?

Spätere Generationen werden besser beurteilen können als wir, ob unsere Generation versagt oder bestanden hat.

Wir brauchen den Streit um Europa

Demokratie braucht Streit. Ohne Alternativen gibt es nichts zu wählen. Großer demokratischer Streit hat die Bonner Republik gefestigt: Der Streit über Planwirtschaft oder Soziale Marktwirtschaft; der Streit über die Westbindung; der Streit über Ostpolitik und Wiedervereinigung; und schließlich der Streit über die Nachrüstung.

Ich erinnere mich an große parlamentarische Debatten, in denen es eine Lust war, dem Deutschen Bundestag anzugehören. Es lag nicht nur an den großen Rednern und ihren großen Leidenschaften. Nein, der Bundestag hatte große Themen zu verhandeln. Wenn Strauß wie ein Vulkan seine Metaphern ausspie, mit denen er den politischen Gegner wie mit glühender Lava überschüttete. Wenn Wehner wie ein alttestamentarischer Prophet seine Strafpredigten hielt und nach dem sechsten Nebensatz noch das Prädikat fand, das den Hauptsatz beendete. Wenn Bundeskanzler Kiesinger als Häuptling Silberzunge seine literarische Rhetorik glänzen ließ, wenn Willy Brandt als politischer Wegweiser raunte, wenn Heiner Geißler mit jesuitischer Schläue die Schwächen der Opposition bloßstellte oder Schmidt-Schnauze den hanseatischen Staatsmann mit seiner ätzenden Polemik aggressiv und nicht ohne Hochmut darstellte und Rainer Barzel druckreif seine eleganten Reden hielt. Gleichzeitig und zu allem platzten immer wieder Zwischenrufe wie Knallfrösche in den Saal und brachten »Leben in die Bude«. Wehner z. B. zertrümmerte eine Barzelsche Glanzrede mit einem Zwischenruf: » Alle tausend Worte Ölwechsel!«

Ich bedauere, dass das Parlament zu einem technokratischen Einerlei verkommt, in dem Experten »gut aufgestellt« sind und ihre Fachkenntnisse terminologisch in einem »nachhaltigen Zeitfenster« »fokussieren«, um zu »evaluieren«, was sie » ante rem« »implementiert« haben, so dass außer den Eingeweihten niemand mehr versteht, um was es geht. Nicht nur die Füße schlafen den Zuhörern ein. Das Parlament braucht große Debatten, in denen Schicksalsfragen Europas mit Leidenschaft so verhandelt werden, dass die Funken fliegen.

»Europa – vorwärts« oder »Nationalismus rückwärts« – ist eine historische Weggabelung, um die gestritten werden muss, dass die Fetzen fliegen. Der französische Staatspräsident Emmanuel Macron hat vorgemacht, dass man nicht mit Halbherzigkeit gewinnen kann, sondern nur frontal, mit voller Kraft voraus. Es ist wie beim Steilwandfahren: Du musst »Gas geben«, wenn dich der Druck der Zentrifugalkraft nicht verlassen soll. Sonst fällst du von der Wand.

Ich wünsche mir, dass der Streit über die Zukunft Europas wieder Marktplätze füllt. Dabei gebe ich zu, dass ich dabei in Gefahr gerate, sogar die empfohlene altersbedingte Gelassenheit zu verlassen. Ich kämpfe gern und jugendfrisch mit Leidenschaft für Europa. Es geht schließlich um die Zukunft – auch meiner Enkel.

2. Quo vadis, Europa?

Der Brexit ist beschlossen. Großbritannien macht die Tür zu.

Wir arbeiten weiter für Europa. » … und wenn die Welt morgen unterginge, würde ich heute noch mein Apfelbäumchen pflanzen«, soll einst Luther im Zeitalter der Reformation ausgerufen haben. Ist jetzt wieder eine Reformation fällig – eine politische allerdings?

Ungerührt läuft die Zeit weiter, »business as usual«. Als sei alles wie immer, obwohl doch vieles anders ist.

Das moderne »Inferno«

Die Zeltstadt »Idomeni« ist inzwischen aufgelöst. Was hat sich für die Flüchtlinge geändert? Die traurigen Bilder sind verschwunden. Die traurige Realität bleibt. Jetzt hausen die Flüchtlinge in den »anerkannten« Lagern Griechenlands. Ob anerkannt oder nicht: Lager bleibt Lager. Europa überlässt die »Verwahrung« der Flüchtlinge seinem schwächsten Mitglied: Griechenland, und die »Abwicklung« der Flüchtlingsfrage seinem unzuverlässigsten Partner: der Türkei.

»Idomeni« ist das »Inferno« in der modernen Variante von Dantes Höllenvision seiner »Göttlichen Komödie«.

500 Millionen Menschen der Europäischen Union sind nicht fähig, 100.000 Flüchtlinge solidarisch auf die Länder Europas zu verteilen. Gibt es ein peinlicheres Armutszeugnis für die europäischen Wohlstandsstaaten? »Idomeni«, – der Name wird als Schandfleck in die Geschichtsbücher der zivilisierten Völker eingehen.

244 Millionen Migranten zählte die UN im Jahr 2015 auf der Welt. Die Zahl der Menschen, die vor Krieg, Konflikten und Verfolgung fliehen, war noch nie so hoch wie heute. Ende 2015 waren nach UN-Angaben 65,3 Millionen Menschen welt-

weit auf der Flucht. Im Vergleich dazu waren es ein Jahr zuvor 59,5 Millionen Menschen, vor zehn Jahren 37,5 Millionen Menschen. Die Zahl der Heimatlosen steigt wie der Pegel einer Sturmflut. Kriegerische Konflikte, Naturkatastrophen, Hunger, Dürre gehören zu den Ursachen. Das sind die Fakten: Während statistisch im Jahr 2005 jeweils sechs Menschen pro Minute in die Flucht geschlagen wurden, erleiden heute 24 Menschen pro Minute dieses Schicksal. Wären alle Menschen auf der Flucht Bürgerinnen und Bürger eines einzigen Landes, wäre dies die 21.-größte Nation der Welt. 50 Prozent der Flüchtlinge weltweit sind Kinder.

Es ist eine Statistik des Grauens. Hinter den Zahlen verschwinden die Gesichter der Hungernden, Verwundeten, vom Tode Bedrohten. Aber jeder von ihnen ist ein Mensch. Wie genau die Zahlen sind, weiß niemand. Auf alle Fälle sind mehr Menschen von diesem Elend betroffen, als wir wissen. In der Türkei sind 80 Prozent der Flüchtlinge nicht registriert und in Syrien gibt es »keine Behörde«, die nicht Wichtigeres zu tun hätte, als zu zählen.

Die nächste Völkerwanderung kündigt sich aus Afrika an.

Die Not wächst weltweit, und die Bevölkerung ebenso. Die Flucht geht in alle Richtungen. Rette sich, wer kann. Die Fluchtgründe sind vielfältig: Elend. Gewalt. Chaos. Krieg.

Wer sich die Geschichten von Flüchtlingen anhört, die gefoltert oder deren Familien ermordet wurden, der muss sich über die Frivolität von satten Mitbürgern schämen, welche die Flüchtlinge für eine Art schamloser Touristen hält, die das schöne Deutschland besuchen, um es sich hier gut gehen zu lassen. Mich schaudert, wenn mir drei Brüder aus Rakka erzählen, wie sie fast täglich miterleben mussten, wie Menschen auf dem Lastwagen durch die Stadt gekarrt, an einer beliebigen

Stelle abgeladen und dann einer nach dem anderen auf offener Straße geköpft wurden. Die Grausamkeit wurde ins Unerträgliche gesteigert, weil die Passanten gezwungen wurden, stehen zu bleiben und sich das Schauspiel anzusehen. Einer der drei syrischen Brüder wurde tagelang gefoltert, weil er verbotenerweise Jeans getragen hatte. Mutter und Vater verkauften Hab und Gut und schickten die Buben auf die Flucht.

Die fett-feiste Ablehnung von Flüchtlingen ist unappetitlicher Wohlstandszynismus.

In Zentral-Afrika ist der Weg nach Norden teurer als in den Süden. So bilden die Flüchtlinge das Wohlstandsgefälle einer Klassengesellschaft ab. Wer Geld hat, sucht Europa. Die Mehrheit der Menschen aus der Subsahara ist nach Süden unterwegs. Auf der Nordroute hat sich ein Gewerbe von Schleppern und Fluchthelfern etabliert. 500.000 Flüchtlinge warten in Libyen auf den Sprung nach Europa. Folter und Sklaverei sind die Begleitmusik des Flüchtlingsschicksals.

Die Welt ist aus den Fugen.

Europa mauert sich ein und sperrt die Flüchtlinge aus. Das ist das programmatische Dementi seiner christlichen Herkunft. Europa muss Afrika helfen. Es hat lange genug mit der Ausbeutung Afrikas gute Geschäfte gemacht. Europa darf diesen Kontinent nicht im Chaos versinken lassen. Und Europa darf nicht tatenlos zusehen, wenn Flüchtlinge im Mittelmeer ersaufen.

Wo ist das christliche Abendland?

Der Protagonist der europäischen Kultur ist Faust. Er wollte erkennen »was die Welt im Innersten zusammenhält«. Ein anderer Protagonist ist der fliegende Holländer: Er lässt sich treiben, wohin die Wellen ihn treiben. Landen kann er nirgendwo. Was soll er also mit dem Innersten der Welt? Er muss auf der Außenhaut der wilden Erde, den Weltmeeren, überleben. Er teilt das

Schicksal der Flüchtlinge. Faust ist die tragische Figur des alten Europa. Die neue Leitfigur der globalen Welt ist der Flüchtling in einer Welt, die auseinanderdriftet. Vertrieben oder getrieben sind auf irgendeine Weise alle: Die Landbevölkerung in die Stadt. Die Arbeiter von Arbeitsplatz zu Arbeitsplatz. Die Ehepartner von alten zu neuen, und zu guter Letzt die Flüchtlinge über Berge und Meer und über alle Mauern, selbst über die, welche Trump bauen will. Der Untergrund der neuen Mauern ist der fett-feiste Boden des Wohlstandsegoismus. Und Millionen von flüchtenden Menschen verlieren den Boden unter den Füßen.

Die Frage ist: Wo ist das christliche Abendland? Man stelle sich vor, die jetzige polnische Regierung hätte vor 2017 Jahren in Ägypten amtiert. Dann gäbe es heute in Polen keine Wallfahrt zur »Schwarzen Madonna« von Tschenstochau, denn »Maria und Josef« und ihr neugeborener Sohn Jesus hätten in Ägypten keine Zuflucht gefunden, Jesus wäre im Herrschaftsgebiet des Herodes umgebracht worden, wie damals dort alle Kinder unter zwei Jahren.

Jesus war ein Flüchtling und die »Heilige Familie« eine Asylanten-Familie. Die Syrer auf der Flucht vor dem Islamischen Staat sind die Nachfolger des asylsuchenden Jesus und seiner Familie.

In der biblischen Gerichtsankündigung, die auch in polnischen Kirchen im Matthäusevangelium vorgelesen wird (Mt 25,43–45), heißt es: »Ich bin ein Fremdling gewesen und ihr habt mich nicht beherbergt. ... Wahrlich, ich sage Euch: Was ihr nicht getan habt einem unter diesen Geringsten, das habt ihr auch mir nicht getan. Und sie werden in die ewige Pein gehen. Aber die Gerechten in das ewige Leben.« Nächstenliebe nur für die eigene Verwandtschaft ist allgemein menschlich. Nächstenliebe für den Fremden in Not ist christlich. Der Samariter im

Evangelium fragte jedenfalls nicht nach Herkunft und Religion des Notleidenden, der unter die Räuber gefallen war.

Die neue Gretchenfrage

Lange Zeit nahm ich an, der »Euro« sei die Nagelprobe für das Gelingen der europäischen Einigung. Inzwischen weiß ich, dass die »Rettung der Flüchtlinge« unsere eigentliche, die säkularisierte Gretchenfrage ist. »Wie hältst Du es mit den Flüchtlingen?« Mit der Antwort auf diese Frage verbindet sich die Identifizierung dessen, was Europa im Kern ist: Ist Europa ein Geschäft oder ist Europa eine Heimstatt der Humanität?

Die Staatschefs Europas waren eifriger mit der Rettung des Euro beschäftigt als mit der Rettung der Flüchtlinge. Der Austritt Großbritanniens hat Europa mehr in Aufregung versetzt als der Ansturm der Flüchtlinge.

Wenn es um Geld und seine Sicherheit geht, ist Europa schnell. Der Europäische Rat trat, wenn's sein musste, über Nacht zusammen. Die europäischen Regierungschefs standen auf Abruf bereit. Bei Flüchtlingen lahmt das europäische Management. Regierungschefs, die nicht wollen, kommen einfach nicht. »Ein Meister hat ein Gesell gehabt, der hat zwar langsam gefeilt, dazu wenn's zum Essen gangen ist, da hat er gar grausam geeilt«, heißt es in einem alten Meisterspruch. Die Polen und Ungarn waren schnell, wenn aus europäischen Töpfen Subventionen verteilt wurden, und sind störrisch, wenn es um Solidaritätspflichten geht.

»Euro« ist Geld. Flüchtlinge sind Menschen. Was ist wichtiger?

Wenn das »Geld und das Geschäft« der Kitt ist, der Europa zusammenhält, dann hat der homo oeconomicus in Europa das Zepter ergriffen, dessen Maxime lautet: »Du sollst deinen Vorteil suchen!« Politisch umgemünzt und verallgemeinert war dies das Rettungsprogramm, welches der britische Premier Da-

Europa – mehr als ein Konzern

vid Cameron 2016 nach dem Brüsseler Gipfel, in dem es um
die Bleibebedingungen Großbritanniens ging, in seiner Heimat
verkündete. »Die EU ist ein Werkzeug, das wir benutzen können, um die Macht unseres Landes in der Welt zu fördern und
britisches Interesse voranzubringen«, verkündete er im Brexit-
Wahlkampf. »Die Nation zuerst« ist die Steigerung von »Ich
zuerst«.

Das heißt im Klartext: Europa ist nur so weit und so lange
gut, wie es Vorteile bringt. So verhindert man keinen Brexit
(quod erat demonstrandum). Mit dieser politischen Kosten-
Nutzen-Analyse gewinnt Europa nie die Herzen der Menschen.
Damit beschäftigt es bestenfalls seine Rechenkünstler. Ein- und
Austritt in die oder aus der Europäischen Union sind dann das
Ergebnis einer solchen permanenten geschäftlichen Kalkulati-
on. Keine Familie würde so überleben, noch nicht einmal ein
Kegelklub. Es ist also kein Wunder, dass Cameron verloren hat.
Buchhalter gestalten selten Geschichte.

Eine Weisheit von Aristoteles lautet: »Das Ganze ist mehr als die
Summe seiner Teile.« Deshalb ist die europäische Integration
auch kein Nullsummenspiel, bei dem die einen gewinnen, was
die anderen verlieren. In Europa gewinnen oder verlieren alle.
Denn wir sitzen längst in einem Boot, und wer es nicht weiß,
dem wird Donald Trump zeigen, woher der Sturm kommt.

Globale Friedensappelle sind Muster ohne Wert, wenn vor der
eigenen Tür Menschen »verrecken«. Wollen wir davor die Augen verschließen und uns in einer Festung einigeln? Soll Europa
sich mit Mauern umzäunen und sich vom Elend der Welt ab-
schirmen? Wie hoch muss eigentlich die Mauer werden, damit
sie unüberwindbar wird? Wie dicht soll die Grenze sein, damit
sich nirgendwo ein Schlupfloch findet? Wie lang wird der Zaun
sein, der nicht umgangen werden kann? Über Berg und Tal, an

allen Ufern, in Nord, Süd, West und Ost: Grenzbefestigung als Erkennungszeichen Europas. Der alten Chinesischen Mauer würde so – mit ein paar Jahrhunderten Verspätung – die europäische folgen, die allerdings so wenig dauerhaft sein würde, wie ihr chinesisches Vorbild es war. Denn auch die ist pausenlos durchlöchert worden und hat das chinesische Reich nicht vor Überfällen und Zerstörung gerettet.

Wie sichere Grenzen beschaffen sein müssen, wenn sie als unüberwindbar gelten sollen, darüber können DDR-Experten Auskunft geben. Von Minenfeldern, Schießbefehl und Bluthunden verstand die DDR viel. Aber selbst diese perfekten »Grenzsicherungsmaßnahmen« haben die DDR nicht vor Untergang bewahrt.

Als die Mauer fiel, liefen viele Tränen. Die Deutschen weinten aber nicht aus Trauer über den Mauerfall, sondern vor Freude.

Alles vergessen?

Es gehört zu den Paradoxien der Zeitgeschichte, dass ausgerechnet Staaten wie Polen und Ungarn am lautesten die Aussperrung der Flüchtlinge verlangen, die doch selbst noch vor ein paar Jahren erfahren haben, was es bedeutet, von Europa ausgesperrt zu sein, weil ein »Eiserner Vorhang« sie eingesperrt hatte. Alles vergessen?

Polen zerstört durch einen solchen nationalen Gedächtnisschwund die Erinnerung an Solidarność. Die Hoffnung und das Verlangen der Polen war die Heimkehr ihres Landes in ein freies Europa. Ich habe in den Zeiten des polnischen Kriegsrechtes an einigen konspirativen Treffen in Polen mit Walesa teilgenommen. Das »Ende vom Lied« unserer Treffen im Untergrund war immer das sehnliche Verlangen, immer wieder und wie im Refrain vorgetragen: »Europa rette uns!«

Alles vergessen?

Jetzt sind andere in Bedrängnis. Vergessen die Bedrängten von gestern die Bedrängten von heute? Jetzt negiert die neue polnische Regierung sogar den Gedenktag des 4. Juni. Es ist der Tag, an dem 1989 die ersten freien Wahlen im Nachkriegs-Polen abgehalten worden waren. Das war der demokratische Durchbruch. Der Solidarność-Mann Mazowiecki wurde der erste frei gewählte Ministerpräsident. Ich vertrat Deutschland bei seiner Amtseinführung und war, in Erinnerung an gemeinsame Konspiration gegen das kommunistische Unterdrückungssystem, der erste Besucher an seinem neuen Arbeitsplatz. Wir lagen uns in den Armen aus Freude über den Gewinn der Freiheit und nicht wegen eines nationalen Triumphs. Kaczynski, der ehemalige Solidarność-Kämpfer, hat auch dies vergessen. Nation ist ihm wichtiger als Demokratie. Das ist Verrat der alten Ideale von Solidarność.

Die Ungarn verordnen sich gegenwärtig offenbar selbst eine Amnesie, indem sie ihre Heldentat vergessen, mit der sie 1989 als erste den Stacheldraht, der den Ostblock einzäunte, durchrennten und so DDR-Bürgern die Flucht ermöglichten. Damals riskierte das Land sogar die Rache der Sowjetunion, die schon einmal, nämlich 1956, die ungarische Freiheitsbewegung mit Panzern niedergewalzt hatte. Diesmal, nämlich 2016 folgen die Ungarn dagegen einem nationalen Autismus und verraten so die besten Traditionen Europas, zu dem Ungarn gehört.

Ungarn war 1990 Fluchthelfer.

Ungarn ist 2017 Flüchtlingsfeind.

Das ist nicht nur ein Kontrastprogramm. Es ist eine nationale Verfallstragödie.

Der Nationalismus ist eine Festung, die keine Drehtür besitzt, sondern nur eine hochgezogene Zugbrücke. Hinter dieser sind alle Insassen geschützt – und gefangen.

Was sind das eigentlich für Leute, die wie Orban glauben, dass sie Flüchtlingsprobleme durch Zäune und Mauern lösen können? Sind sie dumm? Sind sie herzlos? Oder beides? Kann ihnen jemand erklären, dass bisher in der Geschichte Abschottung immer zum Niedergang der abschottenden Völker führte? Schmugglerbanden und Milizen zur Migrantenabwehr sind, das zeigt die Geschichte, die Vorboten des Untergangs eines Staates und die Folgen der Abschottung. Das Armutsproblem lässt sich nicht auf dem Rücken von Asylanten und Flüchtlingen lösen. Wer es bekämpfen will, muss die Ursachen beseitigen, auch jene, an denen die europäische Politik nicht unschuldig ist.

Einwanderungsgesetz

Und bei uns? Hierzulande wird nach einem Einwanderungsgesetz verlangt, das den Zustrom von außen lenken soll. Wie soll jedoch ein Einwanderungsgesetz den Flüchtlingsandrang mindern? Soll Lebensrettung als Selektion anhand unserer arbeitsmarktpolitischen Bedürfnisse organisiert werden?

Mit dieser arbeitsmarktorientierten Methode sammeln wir die Qualifizierten aus den Elendsländern ein und rauben damit diesen Ländern die Fachkräfte, auf die sie angewiesen sind, wenn sie mit eigner Kraft dem Elend entkommen wollen: Wir holen Ärzte aus Afrika, Krankenschwestern aus Asien, Informatiker aus Indien, Ingenieure aus Ägypten. Im Gegenzug leisten wir Entwicklungshilfe. Die Not, welche wir mit der linken Hand lindern, verschärfen wir zuvor mit der rechten.

Wir reservieren den Vorteil für uns: Mit dem Import der Qualifizierten sparen wir die eigenen Ausbildungskosten. Das ist Absicht. Wir lassen ausbilden und »sahnen« so die Tüchtigsten der zurückgebliebenen Länder ab. Früher beuteten die reichen Länder Europas die Bodenschätze ihrer Kolonien aus. Diesmal kassieren wir das »Humankapital« der armen Länder ab. Was dabei ist der prinzipielle Unterschied zum alten Sklavenmarkt? Damals reichte ein gesundes Gebiss als Ausweis für die Verwendbarkeit der Ware »Mensch«. Heute ist ein Diplom der Passierschein für die Einwanderung als Arbeitskraft.

Sollen die Ertrinkenden ihr Freischwimmerzeugnis vorweisen, bevor sie gerettet werden? Soll an der syrischen Grenze der Führerschein als Passierschein gelten? Es fliehen vor den Mördern des Islamischen Staates schließlich nicht nur Menschen mit beruflichen Befähigungsnachweisen.

Ein Einwanderungsgesetz kann Migration regeln, aber nicht die Zuflucht von Flüchtlingen. Für eine liberale Flüchtlingspolitik und gleichzeitig für eine restriktive Einwanderungspolitik zu plädieren, ist kein Widerspruch. Im ersten Fall geht es um Nothilfe und Lebensrettung, im zweiten Fall um Abwehr einer globalen Mobilisierung, die zur totalen Heimatlosigkeit führt. Eine liberale Einwanderungspolitik wäre die Anpassung an die kapitalistische Verflüchtigung der Arbeit, die den globalen Finanzmarkt flankiert, während eine restriktive Flüchtlingspolitik mit den humanitären Pflichten der Menschheit in Konflikt gerät.

Fluchtursachen beseitigen

Sicher ist: Das Elend der armen Länder wird durch gezielte, selektive Einwanderungspolitik der reichen Länder nicht gemildert, sondern vermehrt.

Das Armutsproblem wird nicht durch die totale Mobilmachung der Welt gelöst. Sollen etwa die Menschen hinter den Arbeitsplätzen herfliegen wie die Schwalben hinter der Sonne? Mobilmachung durch Migration ist ein Programm zur Herstellung von Heimatlosigkeit.

Eine dauerhafte Lösung der globalen Armutsprobleme kann nur durch eine verstärkte Anstrengung zur sozialen Gerechtigkeit geschaffen werden. Das ist eine Daueraufgabe. Die akute Antwort auf die Flüchtlingsfrage steht auf einem anderen Blatt. Sie ist Lebensrettung durch Erbarmen.

Quo vadis, Europa?

Die Ursachen der Flucht müssen beseitigt werden. Das ist ein oft wiederholtes Mantra. Als eine Gebetsmühle, die sich nur wortreich dreht, bewirkt es allerdings nichts.

In Abänderung des bereits erwähnten 11. Satzes über »Feuerbach« von Karl Marx könnte man sagen, die Europäer haben bisher die Welt nur beredet. »Es kömmt darauf an, sie zu verändern!«

»Was tun?«, fragte schon Lenin. Und der verstand etwas von radikaler Veränderung. Aufs Handeln kommt es an. Nicht aufs Reden. Wir haben keinen Mangel an »Besprechern«. Es fehlt an »Bearbeitern«. Ein paar »Handgriffe« würden fürs erste schon reichen, uns dem Ziel näher zu bringen.

Dazu gehören zwei Dinge: Rigoroses Verbot des Waffenhandels. Und rigorose Überwachung der Geldströme.

Der Islamische Staat schießt nicht mit Pfeil und Bogen. »Made in Germany« findet sich in seinem Waffenarsenal.

Wie kommen die Waffen dahin?

Der Islamische Staat schwimmt offenbar im Geld. Er verkauft Öl. Von wem an wen? Die Türkei soll Treibstoff und Waffen an den Islamischen Staat geliefert haben und ist dennoch Nato-Mitglied? Ist Erdogan ein Doppelagent? Und die Nato schizophren?

Geheimdienste, die nicht einmal Hemmungen haben, herauszufinden, was an Kanzlertelefonen besprochen wird, werden doch imstande sein, zu klären, wer mit den Massenmördern Geschäfte macht, und wer die Waffen in die Hände des Islamischen Staates bugsiert!

Eine Etage unter der »großen strategischen Globalpolitik« der Militärs liegt in der öffentlichen Aufmerksamkeit die Abwicklung perverser Handelspolitik. Europa liefert Tomatenmark nach Ghana. Die dortigen Tomatenbauern sind der Konkurrenz nicht gewachsen. Die arbeitslosen Tomatenbauern fliehen nach Italien, um mit Hungerlöhnen den Tomatenbau in Italien so billig zu machen, dass in ihrer Heimat niemand mehr Tomaten anbaut, weil er dies nicht so billig anbieten kann wie die italienischen Exporteure. So ist das Perpetuum mobile des Elends installiert.

Erbarmen!

Elend und Unrecht sind nicht über Nacht und vielleicht nie ganz aus der Welt zu schaffen. Deshalb ist neben der Systemveränderung auch akute Rettungshilfe notwendig: Gerechtigkeit und Erbarmen sind ein moralisches Geschwisterpaar. Erbarmen ist der Lückenbüßer der Gerechtigkeit. Es versucht die »blutenden« Wunden zu heilen, welche die Ungerechtigkeit schlägt. Es ist »Erste Nothilfe«.

Vielleicht verdankt Europa mehr der Gutmütigkeit eines von Franz von Assisi und seinesgleichen als der Macht manch eindrucksvoller Kaiser. Europas größte Katastrophen wurden nicht ausgelöst von äußeren Aggressionen wie dem Ansturm eines Attila, sondern eher von erbarmungslosen Führern, die es selbst hervorgebracht hat. Hitler ist dafür das abschreckendste Beispiel.

Für die chronischen Leiden einer Gesellschaft ist die Gerechtigkeit zuständig. Erbarmen ist immer akut. Es hat keine Wartezeit. Lebensrettung kann nicht vertagt werden. Erbarmen als Zufluchtsmöglichkeit für Bedrängte und Verfolgte ist eine christliche Pflicht. Zufluchtsort kann kein Land allein sein. Selbst Deutschland nicht. Dafür bedarf es einer gesamteuropäischen Anstrengung, die das Schlimmste verhindert. Bisher überlässt Europa die Aufnahme der Flüchtlinge weitgehend seinen »Spezialisten« Süditalien und Griechenland. »Lampedusa« und »Lesbos« stehen stellvertretend für Europas Verdrängungssymptom: »Augen zu!« und »Rette sich, wer kann!« heißen die Parolen für den Rest, und das ist die Mehrheit der europäischen Staaten.

Quo vadis, Europa?

Aber Europa ohne Erbarmen wäre ein erbärmliches Europa. Das Dubliner Abkommen, das die Asylanten den Grenzländern überlässt, schützt die warmen Wohnzimmer der wohlhabenden Länder Zentraleuropas, so wie einst die Schlossherren sich vor der Zudringlichkeit der Bettler durch den Bau von Armenhäuser vor den Schlossmauern schützten.

Europäisches Asylrecht

Natürlich brauchen wir auch ein europäisches Asylrecht. Eine europäische Asylgesetzgebung und die solidarische Aufnahmebereitschaft sind unabdingbar. Ohne Solidarität bleiben die Europäer ein Haufen zusammengewürfelter, nationaler Egoisten.

Solidarität beinhaltet Rechte und Pflichten. »Nehmen« ohne zu »Geben« ist »Rosinenpickerei«, mit der sich bekanntlich keine dauerhafte Gemeinsamkeit organisieren lässt. Deshalb sollen Staaten, die nicht helfen, auch keine europäischen Subventionen in Brüssel in Anspruch nehmen. Notfalls müssen die Staaten, die sich der europäischen Solidarität verweigern, auf dem weiteren Weg der europäischen Einigung zurückgelassen werden. Europa bedarf der Sanktionen gegen jene Staaten, die sich einem gemeinsamen europäischen Willen verweigern. Das Rechtsstaatsverfahren, das die Europäische Kommission zurzeit gegen Polen anstrengt, kann nicht zum Ziel kommen, wenn auch nur ein Staat außer dem betroffenen widerspricht. So hilft Orban Kaczynski aus der Patsche, auf dass dieser weiter Elementarrechte der Demokratie außer Kraft setzt. Im Gegenzug kann sich Orban auf Polen verlassen, wenn er macht, was er will, ohne Rücksicht auf Demokratie und Recht: »manus manum lavat.«

Deutschland muss mit gutem Beispiel vorangehen. Eine nationalistische Finanzpolitik, die europäischen Ausgleich verweigert, passt nicht zur europäischen Verantwortung Deutschlands. – Auf Dauer geht es uns besser, wenn es allen besser geht.

Letzte Meldung: Eine Wende bahnt sich an.

Lasst nicht alle Hoffnung fahren. »Europa« bewegt sich auf »Europa« zu. Früher als erwartet kommt ein Gegenwind gegen den bornierten Nationalismus auf.

In Österreich gewinnt ein Europäer die Bundespräsidentenwahl.

In den Niederlanden gewinnt ein Europäer die Parlamentswahl.

In Frankreich gewinnt ein Europäer den Kampf um das Präsidentenamt.

In Deutschland zerlegt die AfD sich eigenhändig in ihre Einzelbestandteile: ängstliche Bürger, zu spät gekommene Faschisten und verkalkte Reaktionäre.

Die Verhältnisse wechseln. Von Frankreich geht ein europäisches Erwachen aus, das die Ängstlichkeit in Deutschland beseitigt. Macron hat Le Pen nicht durch Zugeständnisse besiegt, sondern durch »Klare Kante Europa«. Wer miterlebt hat, wie der Wahlsieg Macrons von den Franzosen in Paris mit der Europa-Hymne gefeiert wurde, der muss ergriffen gewesen sein von einem neuen Frühling in Europa. Die Franzosen, ausgerechnet die Franzosen, die so inbrünstig ihre martialische Nationalhymne singen, feiern ihren Sieg über den Nationalismus mit der Musik, die von Beethoven stammt.

Wenn ich ein Sozialist wäre, würde ich darauf antworten: »Völker, hört die Signale!«

Trump mit seinem proklamierten isolationistischen »America first« ist ungewollt der beste Helfer gegen den wild gewordenen Nationalismus geworden. Denn jetzt wachen viele Menschen mit dem Schreck über den amerikanischen Präsidenten auf und sagen sich: »Nein, so verrückt wollen wir es nicht haben.« Donald Trump, der den Brexit bejubelt, der Putin, Erdogan und Le Pen bewundert, die Nato verspottet und Brüssel ins Lächerliche zieht, ein Präsident, der twitternd tobt, Richter beschimpft, als wild prügelnder Freistilringer posiert, Frauen in den Schritt fas-

Quo vadis, Europa?

sen will, seine Finanzverhältnisse geheim halten möchte, aber geschwätzig Staatsgeheimnisse an Russland ausplaudert, wie soll man mit einem solchen Menschen »Staat machen«? Es wird vielen immer klarer: Je mehr die Vereinigten Staaten taumeln, umso stabiler muss Europa sein.

Deutschland muss seine eigene Vergangenheitsbewältigung in die Zukunftsbewältigung einbringen, in der die Leiden der Vergangenheit sich nicht wiederholen. Um die verheerenden Folgen des Nationalismus am eigenen Leib zu erfahren, hat Deutschland erst das Tausendjährige Reich kennenlernen müssen, das freilich nur zwölf Jahre existierte. Es reicht. Eigentlich brauchen wir keinen Nachhilfeunterricht von außen. Der Nationalsozialismus hat den leidvollen Anschauungsunterricht bereits geliefert.

Wir haben es in Deutschland selber erfahren: Sein schönstes Gesicht zeigte Europa, wenn es vom Gebot der Nächstenliebe getrieben, erbarmungsvoll war. Gegen die Kraft des Erbarmens sind zu guter Letzt auch die Waffen des Fanatismus stumpf.

Die stärkste Niederlage, die der Islamische Staat bisher erlitten hat, wurde ihm nicht mit Kanonen und Raketen beigebracht, sondern von Hunderttausenden von deutschen Mitbürgerinnen und Mitbürgern, die Hunderttausende von verzweifelten Flüchtlingen freundlich empfangen und erbarmungsvoll aufgenommen haben.

Angela Merkel hat in einer Situation der humanitären Katastrophe mit der Öffnung der Grenzen für die Flüchtlinge den Islamischen Staat nicht nur gedemütigt, sondern ihm damit eine größere Niederlage bereitet, als die Generäle es je können werden. Ein Europa mit Erbarmen widerlegt jede Form von islamischem Fanatismus.

Es ist die Zeit für einen pragmatischen Idealismus, also für eine Politik, die an großen Ideen Maß nimmt, aber nie vergisst, dass zu ihrer Verwirklichung praktisches Handeln gehört.

Ich bin überzeugt: Europa entsteht neu durch eine Symbiose von Idealismus und Pragmatismus.

3. Nationalstaat – passé und ade

Die großen Probleme der Welt sind dem Nationalstaat längst über den Kopf gewachsen. Der Nationalstaat ist ein Ding von gestern. Seine Glanzzeit währte, gemessen an der Dauer europäischer Geschichte, nur eine kurze Zeitspanne. Er ist ein Durchreiseposten im historischen Transitraum. Zur Bewältigung der gewaltigen Herausforderungen unserer Zeit hat er zwischen wenig und nichts beigetragen. Der Nationalstaat hatte im langen Übergang vom Absolutismus zu bürgerlichen Verfassungen seine Verdienste. Doch aus dem Vorreiter der Geschichte ist ein Nachzügler geworden, was wieder einmal beweist, wie aus progressiven Ideen reaktionäre entstehen können.

Der globale Terrorismus lässt sich ebenso wenig mit nationalen Einheiten überwinden wie der globale Finanzkapitalismus national zu bändigen ist. Das Weltklima lässt sich so wenig durch ein Thermometer in Bad Krozingen messen, wie sich die Folgen seiner Veränderung national bestimmen lassen.

Der Andrang der Flüchtlinge zwingt Europa zum Abschied von nationaler Selbstgenügsamkeit. Deshalb sind die Flüchtlinge möglicherweise die hinterlistigen Geburtshelfer einer europäischen identitätsstiftenden Solidarität. Oder aber die Idee Europas scheitert an der Flüchtlingsfrage durch nationale Engstirnigkeiten endgültig.

Es bleibt sowieso nicht alles beim Alten. Die Zukunft wird nicht einfach die Fortsetzung der Gegenwart mit anderen Mitteln sein. Der Fortschritt mutet uns Umbruch zu und gibt sich nicht wie in normalen Zeiten mit Umwandlung zufrieden, und die Bewahrung der Schöpfung fordert von uns fundamentale Erhaltung, wo früher dekorative Restaurierung genügte.

Verlust ohne Reue

Was verlieren wir, wenn wir den Nationalstaat aufgeben? Blicken wir auf unser Land: Nur 74 Jahre existierte das Deutsche Reich, welches der Inbegriff des deutschen Nationalstaates war. Das entspricht ungefähr einer Zeit, die normalerweise ein Menschenleben währt. In dieser historisch kurzen Zeitspanne führten wir dreimal Krieg mit Frankreich: 1870–1871; 1914–1918; 1939–1945.

Generationen schlugen sich die Köpfe wegen nationaler Grenzen blutig. Millionen von Menschen verloren dabei ihr Leben. Dabei ging es z.B. um so banale Fragen, wie die, wo der Grenzstein zwischen Frankreich und Deutschland, rechts oder links von Elsass-Lothringen, in den Boden gegraben werde. Dreimal wurde der Grenzstein versetzt. Millionen von Franzosen und Deutschen verloren deshalb ihr Leben. Mein Vater setzte 1940 von Kappel am Oberrhein mit Schlauchbooten über den umkämpften Grenzfluss. Von zehn Booten kamen drei auf dem gegenüberliegenden Ufer an. Die anderen waren getroffen worden. Der Rhein war rot gefärbt vom Blut der erschossenen Soldaten. Bis an sein Lebensende erzählte mein Vater von diesen Minuten, welche die schlimmsten seines Lebens waren.

Warum sollten wir uns als Deutsche nach der Rückkehr zu einem solchen Irrsinn sehnen?

Frau Frangel und ihr nationales Opfer

Die Idiotie des Nationalismus ist mir nicht im Studium von Büchern und Theorien klar geworden. Die »Erleuchtung« hat mich als Kind wie ein Blitz getroffen.

Frau Frangel gewährte uns, meiner Mutter, meinem Bruder und mir, in der Kriegszeit Unterschlupf auf dem Lande (Vater war im Krieg). Wir waren vor dem täglichen Fliegeralarm und den Bombenangriffen aus der Stadt geflohen. Frau Frangel war gläubige Nationalsozialistin.

Ich sehe sie – Frau Frangel – noch vor mir als wäre es gestern gewesen, wie sie im halbdunklen Hausflur ihres Bauernhauses vor meiner Mutter stand, kerzengrade, die Haare streng nach hinten gekämmt und zum Knoten geflochten. Eine frisch gewaschene und gestärkte, bunte Kittelschürze hatte sie um den Leib geschnürt.

An der Wand hing links vom Eingang das Bild eines jungen Mannes in Soldatenuniform, der lachend in die Welt blickte. Ein schwarzer Trauerflor lief schräg über den oberen rechten Bildwinkel.

Mit trotzig erhobenem Kopf blickte Frau Frangel auf meine einen Kopf kleinere Mutter und zeigte mit der rechten Hand auf das Bild an der Wand. Dann sagte sie die Worte, die ich bis heute nicht vergessen kann: »Das ist mein Sohn Kurt. Ich bin stolz, ihn dem Führer geopfert zu haben.« Der Schreck fuhr mir in die kindlichen Knochen. Eine »Mama«, die stolz ist, dass ihr Kind geopfert wird, das kam mir vor, als begegnete ich einer leibhaftigen Hexe. Vom Führer verstand ich gar nichts, aber dass ein satanischer Irrsinn im Spiel war, das ahnte ich schon als neunjähriges Kind. Mich erinnerte Frau Frangel an die grausamste Geschichte des Alten Testaments, in der Abraham bereit war, seinen Sohn Isaak zu opfern.

Der Nationalismus versteht etwas von Macht, von Glanz und Gloria. Von Menschlichkeit hat er wenig Ahnung. Denn die Räson der Macht ist die alles entscheidende Triebfeder jedweder nationalistischer Politik.

Der ethnische Fanatismus ist leider keine Krankheit, die ausgestorben ist. Im Balkankrieg habe ich vor Ort den von der Kette gelassenen Vandalismus in den gerade neu entstehenden

Staaten hautnah erlebt. In Slowenien erzählte mir ein völlig ent-
nervter Feuerwehrmann, dass sein kroatischer Kommandant,
Nachbar seit ewigen Zeiten, eines friedlichen Sonntagmorgens
nicht wie gewohnt mit einer Weinflasche zum Frühschoppen
kam, um gemeinsam einen Schoppen zu trinken, sondern mit
dem Messer, um seinen slowenischen Feuerwehrkollegen den
Hals abzuschneiden. In Mostar erlebte ich, wie aus Stadtteilen,
die seit Jahrhunderten friedlich zwischen Moslems und Christen aufgeteilt waren, plötzlich wild aufeinander geschossen
wurde. Zielgenau, aber grundlos. Wie weit lässt sich eigentlich
die Idiotie des Nationalismus noch treiben? Er hat Millionen
Menschen auf dem Gewissen.

Warum sollte ich dem Nationalstaat nachtrauern? Er ist weder gottgegeben noch naturgewachsen.

Die Nationalstaaten Afrikas sind die Erfindung von Koloni-
alherren, welche die Grenzen ihrer Kolonialreiche mit Bleistift
und Lineal auf der Landkarte zogen, um die sich bis heute die
Machthaber streiten, die das Ausbeutungssystem ihrer kolonialen Vorfahren übernommen haben. Die »nationale Befreiung
vom dem kolonialen Joch« war weitgehend nur ein Personal-
austausch auf der Chefetage der Firma, die sich Staat nennt.
Die neuen Chefs sind so korrupt wie die alten machtgeil waren.
Diese Staatsmänner sind die Manager einer Firma, die sich zufällig Staat nennt, und die statt der res publica zu dienen der res
pecunia ihre Taschen füllt und das Geld einsackt, das dem Volk
gehört.

Der Krieg ist der Vater des Nationalstaates

In Europa gibt es keinen Nationalstaat, der nicht im Laufe seiner Geschichte teilweise oder ganz im Besitz eines Nachbarstaa-
tes gewesen ist oder sich umgekehrt auf Nachbarstaaten ausge-
dehnt, bisweilen sie auch ganz geschluckt hat.

Vor der französischen Revolution sind Kriege zwischen Nationalstaaten gar nicht denkbar, weil es Nationen bis dahin gar nicht gab, die den Krieg zum Volksgemetzel gemacht haben.

Europa wurde von Religionskriegen geschüttelt, von denen der Dreißigjährige Krieg zwischen 1618 und 1648 der blutigste war. Religion war nur ein Vorwand der Machtgier europäischer Herrschaftshäuser. Nach dem Westfälischen Frieden, mit dem die Verwüstungen dieses Krieges beendet wurden, trugen Fürsten, Könige und Kaiser ihre Intrigen, Machtgelüste und Interessengegensätze vorwiegend entweder mit Hilfe von strategischen Heiratsplänen (das war die friedliche Variante) oder mit Waffen und Gewalt aus. Sie hielten sich dafür meist bezahlte Söldner. Völker, die patriotisch ihr Vaterland verteidigen, sind eine Erfindung der französischen Revolution von 1789. In Deutschland machten sich die Fürsten den Patriotismus zunutze, den sie den Armeen Napoleons abgeguckt hatten, um ihre Herrschaft zu retten. Auf dem Wiener Kongress waren die Herrschaften wieder unter sich. Sie vereinbarten unter Fürst Metternichs Anleitung kunstvolle dynastische Kompromisse, in denen das Volk als Nation gar nicht vorkam. Infolgedessen waren ihre vergangenen Kriegsergebnisse, ob sie nun mit Siegen oder Niederlagen endeten, auch Nebensache, die man vergessen konnte. Das neuerwachte bürgerliche Selbstbewusstsein, vereint mit intellektuellen Eliten, hatte jedoch an den napoleonischen Erfahrungen so viel Gefallen gefunden, dass es, von einem nationalen Willen getragen, aufmüpfig wurde. Der Krieg war in Deutschland also ein Auslöser der nationalen Bewegung, die sich allerdings nicht aus den monarchischen Fesseln befreien konnte. Die Abgeordneten der Frankfurter Paulskirchen-Bewegung trugen dem preußischen König die Kaiserkrone an. Doch Kaiser von Volkes Gnaden wollte Friedrich Wilhelm IV. nicht sein, und so er lehnte pikiert ab. Für Nation und Kaisertitel wollte der Preuße seine schöne Königskrone nicht hergeben. Bismarck gelang es 1871 nach kriegerischem Vorspiel, die Nationalbewegung vor den preußischen Karren zu spannen.

»Die Kriege der Könige waren vorbei – die Kriege der Völker hatten begonnen«, so beschreibt P.R. Palmer den Gezeitenwechsel von der Monarchie zum republikanischen Nationalstaat der Weimarer Republik. Der eine Krieg war bösartig, der andere, der nationale Volkskrieg, aber fanatischer. Der Nationalstaat hat jedenfalls jene Kriegsenergien entfaltet, die zu Völkerschlachten in einem bis dahin unbekannten Ausmaß führten.

Preußen – die Hebamme des Deutschen Reiches

Mit »Blut und Eisen« schuf Bismarck die deutsche Einheit. Das von Bismarck inszenierte Deutsche Reich kam nur zustande, nachdem Österreich aus dem Deutschen Bund kriegerisch hinausbugsiert, Frankreich mit Hilfe der manipulierten Emser Depesche in den Krieg gelockt und der Widerstand Bayerns mit Bestechung aus dem Weg geräumt worden war, so dass Ludwig II. seine Traumschlösser bauen konnte. Um der nationalen Großmannssucht noch die Krone aufzusetzen, wurde die Kaiserproklamation im Spiegelsaal des Versailler Schlosses gefeiert und so mit der Demütigung Frankreichs verbunden, das zu diesem Zeitpunkt noch gar nicht besiegt war. Die Franzosen revanchierten sich, indem sie 48 Jahre später die Weltkriegsniederlage Deutschlands an gleicher Stelle zelebrierten.

Das gesamte Versailler Staatsschauspiel der Gründung des Deutschen Reiches mit einem widerwilligen Kaiser, dem Preußen lieber war als das Reich, gleicht eher einer Schmierenkomödie als einem Festakt. Ich sehe auf dem Bild der Geburt des deutschen Nationalstaates nur Militäruniformen und Orden und Ehrenzeichen auf fürstlichen Brüsten und Degen an prallen Hüften. Das Deutsche Reich war ein Fürstenbund, der das

Volk vor den Karren spannte, den sein preußischer Fuhrmann Bismarck lenken wollte.

Eine Erinnerung an Frau Lang,

Der Nationalstaat fand schließlich im Dritten Reich seinen hybriden Höhepunkt. Die Ideologie des Nationalsozialismus habe ich nie studiert. Doch mir reichen meine kindlichen Erlebnisse, um die Hässlichkeit des Nazi-Regimes zu erkennen. Hinterlistig rotteten sie die Juden aus. Vordergründig boten sie den Schein einer zivilisatorischen Normalität. Das Wasser kam aus dem Hahn, der Strom aus der Steckdose, Raketen aus der Kanone. Alles normal, alles modern – nach dem letzten Stand der Technik. Der Führer: ein Barbar, statt in Fellen gekleidet in strammer Uniform.

Frau Lang, die gute Frau aus dem Bekleidungsgeschäft bei uns »um die Ecke«, aus dem mein schönes »Matrosen-Anzügelche« stammte, und die immer ein Bonbon unter der Theke herzauberte, wenn meine Mutter an der Kasse bezahlte, war plötzlich verschwunden. »Sie haben sie abgeholt«, hörte ich meine Mutter beim sonntäglichen Frühstück zu meinem Vater sagen. Tatsächlich war sie nicht abgeholt worden. Da ihr Ehemann ein »arischer« Bürger und angesehener Geschäftsinhaber des ersten Hauses am Platze für Damen- und Herren-Oberbekleidung war und Frau Lang selbst sogar zum Katholizismus übergetreten war, gewährte man ihr das (für Konvertiten geltende) Privileg, dass ihr Mann sie einen Tag nach ihrem Geburtstag nach Darmstadt zur SS bringen und sie dort eigenhändig »abgeben« durfte. Nach dem Abschied hörte Herr Lang auf der Treppe, dass hinter der verschlossenen Tür der SS-Mann schrie: »Bleiben Sie stehen. Der Stuhl ist nicht für Juden, der ist für Menschen.« Das war das Letzte, was Herrn Lang über seine Frau zu Ohren kam. Ein paar Wochen später bekam er Ehering und Armbanduhr seiner Ehefrau mit dem kurzen förmlichen Begleitschreiben zurück: »Frau Lang ist verstorben.« Frau Lang hatte vorausahnend ihre Halskette mit Kreuz rechtzeitig an ihre Enkel verschenkt.

Herr Lang, ihr Ehemann, einst der Inbegriff von Akkuratesse, ruhender Mittelpunkt seines Bekleidungsgeschäftes, ein vornehmer Herr mit sorgsam gezogenem Mittelscheitel, umkreiste fortan mit wirrem Haar und stierem Blick unser Viertel. Er war verrückt geworden. Ehrfurchtsvoll gingen wir ihm aus dem Weg, wenn er frühmorgens unseren Schulweg kreuzte. Nachmittags auf unserem Heimweg war er immer noch »auf der Piste«. Der Mann war durchgedreht, und Hilfe für ihn gab es nicht mehr.

Wir wussten warum: Seine Frau, die Jüdin mit dem Stern auf der Jacke, war umgebracht worden. Nach dem Krieg sagten viele Erwachsene, sie hätten nicht gewusst, was Hitler mit den Juden gemacht habe.

Wir Kinder, wir wussten es.

Nationalstaat – ein spätes Kunststück der Macht

Nationalstaaten sind das Ergebnis von Kriegen, Intrigen, Heiraten, Propaganda, Erpressungen, Lug und Trug. Bisweilen dienten Nationalbewegungen der Emanzipation von der alten Obrigkeit, zeitweise aber auch lediglich dem Ersatz der alten durch die neuen autoritären Systeme.

An der Wiege des deutschen Nationalismus steht Völkerhass. Theodor Körner sprach 1813 im Kampf gegen Napoleon vom »Heiligen Krieg«: ein Begriff, den wir heute von den Dschihadisten kennen. Die nationale Wut gegen Napoleon war nicht nur berechtigter Widerstand gegen dessen Imperialismus, sondern zum Teil auch aus dumpfen antiwestlichen Gefühlen gespeist, aus der Furcht der Romantiker vor dem Verlust der Seele und dem Kommando der Ratio.

Maria Theresia machte mit Marie Antoinette »Außenpolitik«. Im Interesse der Donaumonarchie verkuppelte sie das arme Mädchen an den französischen Hof, wo sie die Kunststücke ihrer Mutter mit dem Tod auf dem Schafott der französischen Revolution büßte. Preußen belieferte den russischen Zarenthron, auf dem Nikolaus I, saß, mit einer preußischen Prinzessin. Deutsche Adelsgeschlechter versorgten bis in die jüngste Geschichte die englische Monarchie mit Nachschub. Griechenland – Spanien, Deutschland – Niederlande, Deutschland –Schweden, Frankreich – Dänemark: Der Heiratsmarkt des europäischen Adels machte vor keinem nationalen Schlagbaum Halt. Es wurde kreuz und quer geheiratet. Die Stammbäume der Fürstenhäuser sind jedenfalls kein Diagramm des Nationalismus. Napoleon schickte seinen Marschall Jean-Baptiste Bernadotte auf den schwedischen Königsthron, auf dem er als Karl XIV. Platz nahm. Seinen Bruder Jérôme brachte Napoleon als König von Westphalen unter, dessen erster Bibliothekar Jakob Grimm Mitstreiter der deutschen Nationalbewegung war. Schließlich versorgten die Wittelsbacher den neuen griechischen Nationalstaat, der gerade aus den Klauen des Osmanischen Reiches gerissen worden war, mit dem König Otto.

Vom nationalen Mythos, auf den sich die Romantiker beriefen, war nichts im Spiel, eher die Machtgelüste der Herrscher, die sich um Herkunft und Volk nicht scherten. Das Volk selbst war Bauer, Läufer, Turm und Springer auf dem Schachbrett der Macht. Mit Herkunft oder gar Rasse lässt sich jedenfalls keine europäische Staatenbildung erklären. Österreich-Ungarn war ein Vielvölkerstaat. Dänen gab es in Deutschland und Deutsche in Dänemark, Elsass-Lothringen wurde zwischen Deutschland und Frankreich hin- und hergeschoben. Südtirol war mal österreichisch und dann italienisch . Die Schotten, Waliser, Iren,

Engländer bilden das Vereinigte Königreich. Eher ist ein Flickenteppich »eintonig« als eine Nation »einfarbig«.

Die romantische Vorstellung von der einigenden Sprachmacht, die Völker zu Staaten einer Nation macht, war eher ein Wunsch als die Wirklichkeit. Wie steht es denn wirklich mit der »Spracheinheit Nation«?

Die Schweiz ist viersprachig. In Belgien spricht man drei Muttersprachen. An den Höfen europäischer Staaten redete man nicht immer in der Sprache der Völker, die vom Hof beherrscht wurden. Unter Josef I. unterhielt man sich am Wiener Hof italienisch, unter Karl VI. spanisch und in der Zeit Franz I. französisch. In Frankreich, der Vorhut des Nationalismus, parlierte die Oberschicht zur Zeit Karls IX. und Heinrich II. mehr spanisch und italienisch als französisch. In Sanssouci bevorzugte Friedrich, der große Preußenkönig, die französische Konversation. Die Sprache der Oberschicht, der Wissenschaft und der katholischen Hierarchie war selten eine Volkssprache. Unter Ludwig XIV. verbreitete sich die französische Sprache bei allen literarischen Liebhabern, welche die Übersetzung der alten Klassiker in französischer Sprache lasen.

Es gibt in Europa und der westlichen Welt im Übrigen keinen Staat, der nicht auch Flüchtlingsstaat gewesen ist. Der »Emporkömmling« Preußen erhielt seinen stärksten Vitalisierungsschub durch die aus Frankreich geflohenen Hugenotten. Die Vereinigten Staaten sind als Zufluchtsort der entflohenen verlorenen Söhne und Töchter Europas gegründet worden. Alle großen Kulturzentren der Erde sind einmal in ihrer Geschichte auch Fluchtburgen gewesen. Die großen Kulturstädte der Welt sind allesamt Völkermühlen, also von buntgemischter Herkunft ihrer Bewohner.

Der Staat wird sich von der Nation trennen müssen, wie sich die Religion von ihm trennte. Das eine wie das andere geht nicht ohne Verwerfungen und Rückschläge. In beiden Fällen handelt es sich um Prozesse der Modernisierung.

Die Demokratie verträgt auf Dauer keine Gewichtung ihrer Staatsbürger nach Religionszugehörigkeit und/oder Herkunft.

One man – one vote, ist die Grundrechenart der Demokratie. In der demokratischen Staatsbürgerschaft zählt der Einzelne nackt und bloß; nicht nach Rang, Geschlecht, Religion, Vermögen und Herkunft.

Die Geschichte Europas

Die längste Zeit seiner Geschichte kam Europa ohne Nationalstaat aus. Und es waren darunter große Kulturepochen.

Die Fiktion des ethnisch begründeten Nationalstaats begleitet jedenfalls nicht den Aufstieg Europas, sondern verbindet sich eher mit seinem Niedergang. Das ideologische Substrat des französischen Nationalismus waren die Gallier, das der Briten die Angelsachsen. In der Realität freilich sind beide Staaten nicht »reinrassig«, weil es so etwas bestenfalls vor der Eiszeit gab. Deutschland in der Mitte Europas ist ein besonderes Exemplar der bunten Völkervielfalt, die hier die Spuren des Durchmarsches in Form von Nachkommen hinterlassen hat. Rheinische Familiennamen sind das Protokoll einer Mischkultur. Die Einverleibung des Rheinlands durch die Preußen hat eine ganz eigene Kreuzung entstehen lassen. Und nicht zuletzt die Namen berühmter Fußballspieler des Ruhrpotts erinnern daran, dass im »Pütt« polnische Kumpels ihre Arbeit fanden, die ihren Frauen »deutsche« Kinder schenkten. Kwiatkowski, Szymaniak, Kuzorra, Tilkowski, Szepan und andere wurden von deutschen Fußballfans angebetet und einige brachten es sogar zu Nationalmannschaftsehren. Sicher ist: Die Idee einer ethnischen Identität des Nationalstaats stand von Anfang an im Gegensatz zu den gegebenen Verhältnissen und richtete auch deshalb viel Unheil

Nationalstaat – passé und ade

an. Der ethnische Nationalstaat ist eine Lebenslüge. Zu den besten Zeiten Europas gehören die Zeiten ohne Nationalstaat.

Das Imperium Romanum definierte seine Mitglieder nicht ethnisch, sondern bürgerrechtlich. Der Apostel Paulus war ein früher Global Player mit römischem Bürgerrecht. Zum Reich Karls des Großen gehörten Völker unterschiedlicher Herkunft, Sprache und Kultur. Seine »Regierungsbehörde«, sein »Hofstaat« war eine mobile Institution mit zusammengewürfeltem »multikulturellem« Personal, die als Kolonne durchs Land zog und keine Stammesgrenze akzeptierte, sie bisweilen auch blutig annullierte. Das Heilige Römische Reich deutscher Nation umfasste 300 Staaten und glich so eher einem zukünftigen Europäischen Bundesstaat als einem späteren Nationalstaat.

Friedrich II. war einer der bedeutenden Kaiser des römisch-deutschen Reiches. Er residierte jedoch mehr in Sizilien als in Deutschland und war mehr an arabischer Kultur als an deutscher Heimatkunde interessiert. Sein Großvater Friedrich Barbarossa war stärker außerhalb seines Herrschaftsgebietes engagiert als innerhalb. Er starb auf einem Kreuzzug in fernem Lande.

Im Reich Kaiser Karls V. ging die Sonne nie unter. Sein Reich war global, nicht national! Und die Südamerikaer sind durch den Nationalismus Bolivars nicht unbedingt glücklicher geworden.

Europäische Kultur jedenfalls ist kein nationales Eigengewächs. Die mittelalterliche Philosophie knüpfte an die antiken klassischen Denkschulen mit Hilfe arabischer Philosophen an. Averroes war der Übersetzer des Aristoteles, auf dessen philosophischem Fundament Thomas von Aquin sein grandioses scholastisches Denkgebäude aufbaute, auf dem wiederum ein Großteil der weltweit wirksamen katholischen Dogmatik beruht.

Der Inselstaat England war zeitweise Kontinentalmacht, die auf dem europäischen Festland ihre Dependancen besaß. Englische Könige wurden zeitweise gleich zweimal gekrönt, nämlich in Frankreich und England.

Shakespeare bediente sich griechischer, lateinischer und italienischer Motive in seinen Dramen. Seine großen Tragödien von Romeo und Julia bis zu Hamlet spielen nicht auf Handlungsplätzen seiner Heimat.

Am preußischen Hofe Friedrichs des Großen dinierte die Elite europäischer Kultur. Voltaire war längere Zeit zu Gast. Die Zarin Katharina die Große lud d'Albert als Privatlehrer nach Moskau ein und sponserte den verarmten Diderot.

Napoleon träumte von einer europäischen Friedensordnung, die er freilich mit militärischer Macht durchzusetzen versuchte. Seine Vorstellung von Reich und Verwaltung war europäisch-aufklärerischer Provenienz.

Von seinen Verwaltungs- und Rechtsreformen profitierte noch das Deutsche Reich. Der »Code Napoléon« ist eine Fundgrube des europäischen Rechts, der in vielen Staaten die Rechtsentwicklung nachhaltig, zum Teil bis heute beeinflusst hat

Die Besten unserer Landleute waren Europäer. Der Bonner Beethoven schuf seine großen Werke in Wien, das damals nicht im heutigen Sinn Ausland war. Mozart übte sein Gewerbe in einem mobilen musikalischen Familienbetrieb an den großen und kleinen Fürstenhöfen Europas aus. Viele seiner früheren Werke entstanden auf der Durchreise. Händel erlebte seine größten Triumphe in London. Goethe überwand poetische Trockenperioden auf einer Italienreise. Heine pendelte zwischen Paris und Düsseldorf, Marx wanderte notgedrungen von Trier über Bonn, Berlin, Köln, Paris nach London. Keiner von ihnen war ein Nationalist.

»Am deutschen Wesen soll die Welt genesen«, eine solche nationale Hybris wäre keinem von denen, die wir »Geistesgrößen« nennen, über die Lippen gekommen. Dieser wilhelminische

Satz ist der Inbegriff nationaler Borniertheit. Er konnte nur auf dem Mist des Nationalismus geboren werden.

Hitler, die Witzfigur eines rassenreinen Staates

Die mörderische Karikatur eines rassisch begründeten Nationalstaates lieferten schließlich die Nazis. Hitler, Göring und Goebbels gaben sich als die Anführer der muskelstarken, blauäugigen und blonden arischen Rasse. Diese Typen waren das fleischgewordene Dementi ihrer Rassenideologie und wären das beste Personal für die größte Lachnummer der Geschichte geworden, wenn sie nicht die größte Tragödie inszeniert hätten.

Auf die Spitze getrieben wurde der Nationalismus durch Hitler. In dieser Übersteigerung entfesselte er seine teuflischen Energien. Mit Liebe zum Volk und ähnlichen ehrbaren Gefühlen hatte der Hitler'sche fanatische Eroberungs- und Vernichtungswille nichts im Sinn. Seine abgründige Faszination bezog er eher aus dunklen destruktiven Todestrieben. Bereits 1941 quälten Hitler Untergangsahnungen, also zu einer Zeit, zu der er selbst dem Volk noch lauthals den sicheren Endsieg versprach: »Wenn das deutsche Volk einmal nicht mehr stark und opferbereit ist, sein Blut für seine Existenz einzusetzen, so soll es vergehen und von einer anderen stärkeren Macht vernichtet werden. Ich werde dem deutschen Volk keine Träne nachweinen.«

»Nach mir die Sintflut« ist der Abschiedsgruß der nationalsozialistischen Volksvergottung. Hitler selbst hat sich als Auserwählter empfunden. »Man bereut es hinterher, dass man so gut ist«, soll er in schizophrener Selbsterkenntnis am Ende im Führerbunker gesagt haben. Das Häufchen Asche, das von ihm im Bunker der Reichskanzlei übrig blieb, stiftete keine Reliquie. Hitler verschwand im Nichts der Geschichte.

Der Nationalsozialismus war das Finale des Nationalstaates. Vor der schwachen Weimarer Republik gebärdete sich das neue

Deutsche Reich auftrumpfend als Militärstaat. Das wilhelminische Reich wurde von einem der dümmsten Herrscher in seiner Geschichte regiert: Kaiser Wilhelm II. Die Weimarer Republik blieb ungeliebt und zerrissen zwischen Demokraten, Monarchisten, Faschisten und Kommunisten. Nach der Weimarer Republik erwies sich das Dritte Reich als wild gewordener Amokläufer Europas.

Mein »Damaskus«-Erlebnis

Mein europäisches »Damaskus«, das mir als 19-Jährigem, der die Hitler-Zeit erlebt hatte, die Augen öffnete, erlebte ich 1954 auf einer europäischen Jugend-Sternfahrt nach Den Haag. Hier begriff ich, dass es noch eine Zeit nach Hitler geben wird.

Wir – zusammengekarrt aus vielen Gegenden Deutschlands – kamen in dem alten Bus nach zwölf Stunden Fahrtzeit am Ziel an. Der Bus fuhr wie die »Bimmelbahn«, die immer wieder an vielen Stationen anhielt, um neue Fahrgäste aufzunehmen, selbst wenn gar keiner mehr in das vollgestopfte Gefährt passte. In Den Haag sprach Paul-Henri Spaak, einer der großen Europäer der ersten Stunde. Ich verstand kein Wort von seiner Rede, begriff aber alles, was er sagen wollte.

Rund um das Rednerpult hatten sich Veteranen aller »kriegführenden Länder« aufgereiht, Franzosen, Italiener, Briten, Dänen, Holländer … Es waren Typen unterschiedlichen Alters, ganz Junge und Uralte. Große, Kleine, Dicke, Dünne, Zerlumpte und Gutgekleidete. In einem jedoch waren die aufgestellten Zeitzeugen gleich: Jedem fehlte ein Körperteil: Arm, Bein, Auge …

Das war die eigentliche Kundgebung – ohne Worte.

Europa war der Kontinent der Kriegs-Krüppel und deren Quintessenz war nicht nationale Vergeltung, sondern europäische Versöhnung. Für nationale Rückspiele bestand keine Sehnsucht.

Für nationale Rache, welche Europa 150 Jahre in Blut getaucht hatte, gab es nicht eine Spur von Nachfrage.

Die kollektive Lehre aus der Vergangenheit, kurz und bündig formuliert, hieß: Nie mehr!

Die europäische Einigung ist die Konsequenz eines alten Ratschlages: Aus Fehlern lernen!

Morgens entschuldigten sich unsere Gasteltern, auf deren Sofa und Sesseln wir, zwei Deutsche, Otto Zink und ich, die Nacht in Den Haag verbracht hatten. Wofür? Für die nächtliche Ruhestörung. Der Mieter im Untergeschoss hatte die ganze Nacht an die Decke gestampft. Er wollte nicht, dass Deutsche in dem Haus schliefen, in dem er wohnte. Umsonst! Wir hatten erschöpft, aber wie in Abrahams Schoß die Nacht durchgeschnarcht. Wir lachten über den »Mann von unten« und hielten ihn für einen »Mann von gestern«. So sinnlos war seine Wut und sein Wiederstand, dachten wir und tranken fröhlich unseren Kaffee.

Wiedervereinigung Deutschlands

Mein elementares Wiedervereinigungserlebnis habe ich wenige Tage vor Weihnachten, am 19. Dezember 1989, in Dresden auf dem Platz vor den Trümmern der Frauenkirche gehabt. Ich war mit Helmut Kohl zu Konsultationen mit der neuen DDR-Regierung Modrow nach Dresden geflogen. Schon auf dem Flugplatz umsäumten uns auf Dächern und auf Balkonen Menschen, die wie aus dem Nichts gerufen uns freundlich mit den Fahnen Sachsens, des Landes, das es nach DDR-Vorstellungen gar nicht mehr gab, winkend empfingen. Mir gingen so banale Gedanken durch den Kopf: Woher haben die den Stoff, mit dem sie die Sachsen-Fahne zusammengenäht haben?

Vor dem Hotel wurde die Begrüßung lauter und näherte sich dem Jubel der spontan zusammengekommenen Menschenmenge.

Europa – mehr als ein Konzern

Unsere Gastgeber waren offensichtlich genauso überrascht wie wir und schwankten zwischen Hilflosigkeit und Regierungs-Autorität. Der Tag verlief zäh. Mein Gesprächspartner gab sich unwissend über die Struktur der vielen Renten-Sondersysteme der DDR. Ich hielt ihn für einen Betonkopf, der »mauert« und keine Information herausrücken will. Monate später tat ich ihm Abbitte. Er wusste es wirklich nicht. Das Privilegien-System des Sozialismus war verschachtelt und niemand hatte mehr den Gesamtüberblick. So wucherten die Sondersysteme, je nachdem, welche Personengruppe wieder einmal befriedet werden musste. Zuckerbrot und Peitsche waren DDR-Regierungsinstrumente. Die Renten-Sondersysteme gehörten zum Zuckerbrot. Unterdrückungssysteme kommen offensichtlich nicht ohne ein verschachteltes Geflecht von Vorteilen und Begünstigungen aus, die niemand ganz durchschauen darf, damit sich die Begünstigten als exklusiv privilegiert empfinden können.

63 Sonder- und Zusatzsysteme gab es in der DDR. Sonderregelung für Staatssicherheit, für Nationale Volksarmee, für die Parteien und gesellschaftlichen Organisationen, für die Gesellschaft für Sport und Technik, für den Staatsapparat, für die Generaldirektion der Kombinate, für die Zollbehörde, für Wissenschaftler, für Künstler etc. Von sozialistischer Gleichheit konnte dabei nicht die Rede sein. Zwischen DDR-Hungerrente und Privilegienrente klafften Welten. Wie sollten wir damit zurechtkommen? Die DDR-Funktionäre wussten es auch nicht.

Die Vertreter der Evangelischen Kirche, die wir am späten Nachmittag ins Hotel geladen hatten, machten den Eindruck von Beerdigungsgästen. Manche von ihnen hatten sich offenbar im Sozialismus heimisch eingerichtet und verspürten vermutlich Abschiedsschmerz. Von freudiger Erwartung war kein Funke zu spüren.

Nationalstaat – passé und ade

Ganz anders war es abends vor der Frauenkirche. Dort hatte sich ohne jede amtliche Einladung oder sonstige Organisation eine vieltausendköpfige Versammlung zusammengefunden. Der örtliche SED-Obere, Oberbürgermeister Berghofer, hatte sie genehmigt. Ein notdürftig zusammengenageltes Rednerpodium mit vier Behelfslautsprechern war aufgestellt. Ich stand mit fünf anderen Delegationsmitgliedern neben dem Rednerpult und sah in die Augen der Menschen. Ich ahnte, was in ihnen vorging. Helmut Kohl hielt eine der klügsten Reden seines Lebens mit ein paar Stichworten auf dem Hotelnotizblock als Vorlage.

Kein Ton eines nationalen Pathos, zu dem ich selber in Versuchung gewesen wäre. Er sprach an diesem Abend nur von den elementaren Bedürfnissen der Menschen, von der Freiheit zu reisen und zu reden: von ganz einfachen Freiheitsrechten und keiner Spur von nationaler Erhebung. Voller vorauseilender Befürchtungen hatten wir einen Posaunisten bestellt, der sofort nach Redeschluss »Nun danket alle Gott« intonieren sollte. Als Unheil schwante uns ein spontanes Anstimmen der bundesrepublikanischen Hymne, womöglich noch mit der ersten Strophe »Deutschland, Deutschland über alles«. Das hätte der Skepsis der Welt und der Furcht von Thatcher und Mitterand vor der Wiedervereinigung nur Wasser auf die Mühlen gegen ein erstarktes Deutschland gegeben und die Befürchtung von der Wiederauferstehung der deutschen Großmannssucht gestärkt. Gottseidank war unsere Befürchtung eines nationalen »overkill« völlig überflüssig.

Ein altes Mütterchen mit Täschchen im Arm bestieg rechtzeitig vor Redeschluss das Gerüst und sagte, so dass es jeder durch die noch offenen Mikrophone hören konnte und noch bevor der Posaunist sein Lied angestimmt hatte: »Herr Bundeskanzler, wir danken Ihnen.« Das war's! Schlichter geht's nicht mehr. Und das war gut so und Tausende klatschten in die Hände ohne auch nur eine nationale Parole zu rufen. Wie viel kollektive Klugheit auf Seiten der Zuhörer wie des Redners an diesem wichtigen Abend versammelt war, habe ich erst später begriffen.

Das Wiedervereinigungsverlangen entsprang weder dem Bedürfnis nach Bananen wie Otto Schily arrogant behauptet hatte, noch der Sehnsucht zur Rückkehr zum Bismarck-Reich. Die Wiedervereinigung war getrieben von dem elementaren Verlangen, jeder Bevormundung zu entkommen: Zu denken, was man wollte und zu sagen, was man dachte. »Sich seines eigenen Verstandes ohne Anleitung eines anderen zu bedienen«. (Immanuel Kant war, so gesehen, der geheime Antreiber der Wiedervereinigung.) Freiheit war ihr Treibstoff. Das entspricht den besten Traditionen der europäischen Aufklärung. Die deutsche Wiedervereinigung war nicht das Werk eines neu entfachten Nationalsozialismus. Menschen, die sich unter dem Brandenburger Tor 1989 in die Arme fallen, nicht Fürstenköpfe wie 1871 sind das Bild der neuen deutschen Einheit, das in Erinnerung bleibt. Die Wiedervereinigung ist die Erfüllung der unwahrscheinlichen Hoffnung Adenauers, über Freiheit zur Einheit zu kommen. Die Einheit unter der Bedingung, sich vom Westen und seiner Freiheitstradition zu lösen, hätte Adenauer schon 1952 von Stalin erhalten können. Adenauer bevorzugte den europäischen Umweg um die nationale Direktroute. So blieb es. Die Bundesrepublik Deutschland ist so europäisch, wie sie es hoffentlich immer bleibt.

Ein neuer Nationalismus wäre am Widerstand unserer europäischen Nachbarn gescheitert. Europa hat die Deutsche Einheit 1989 möglich gemacht. Das unterscheidet die Deutsche Einheit 1989 von jener von 1871. Die Polen sollten wissen, dass die Anerkennung der Oder-Neiße-Linie als neue Grenze Deutschlands der Beitrag zu einer neuen europäischen Friedensordnung ist, in der Grenzen ihre Bedeutung verlieren.

Zurück?

Das war 1990. Doch wie geht es heute weiter? Rund um uns und bei uns selbst geht das Gespenst eines neuen Nationalismus um: Großbritannien exerziert den Aufstand und praktiziert den Austritt. Die Erbitterung, mit der die Brexit-Befürworter agierten, ähnelte bedauerlicherweise mehr einem spätpubertären Trotz als dem weltoffenen Pragmatismus, von dem wir annahmen, dass er die Briten auszeichne.

In Polen, Österreich, Ungarn, Frankreich, den Niederlanden wächst offenbar eine neue Sehnsucht nach Wiederauferstehung der nationalen Selbstdarstellung. Hierzulande spielt die AfD mit dem nationalen Feuer und mobilisiert die alten primitiven Ressentiments gegen »Fremde«: Das hatten wir schon einmal. Damals waren es die Juden. Heute sind es die Muslime.

Doch diesmal gibt es kein Verständnis für den Marsch zurück in den Nationalstaat. Damals in Den Haag schimpfte der »Mann von unten« gegen Europa aus Verbitterung, was andere, wir, ihnen angetan hatten. Diesmal sind die Nationalisten nichts anderes als historische Nachzügler und ideologische Eigenbrötler, in Wahrheit sind sie alle kollektive Egoisten, die den Wohlstand national wie international nicht teilen wollen, den Europa sich auch durch Ausnutzung der Welt verschaffte. Ihre nationalen Phrasen sind nur die Tarnung ihrer bornierten Eigensüchtigkeit.

Noch kein Jota ihres Wohlstandes haben die Deutschen an ihre europäischen Partner abgeben müssen. Im Gegenteil, Deutschland hat an Europa bisher verdient. Und wenn der Wohlstand in Deutschland ungerecht verteilt ist, liegt das nicht an den Flüchtlingen.

Die Meilensteine der europäischen Einigung

Europäische Einigung war die Antwort einer mutigen Nachkriegsgeneration auf einen wild gewordenen Nationalismus.

Die ersten Schritte zur europäischen Einigung waren keine Trippelschritte. Das war Fortschritt mit Sieben-Meilen-Stiefeln. Nicht die Nostalgie des Nationalstaats, sondern die visionäre Hoffnung auf ein künftig vereintes Europa trieb die Völker an. Jetzt dagegen verharren wir in der Illusion einer vermeintlichen Realpolitik, die bei Licht betrachtet Gedächtnisschwund ist angesichts der Leiden, die der Nationalismus ausgelöst hat. Die Vorstellung, wir könnten unseren Wohlstand durch nationale Abschottung sichern, ist eine Lebenslüge.

Die Montanindustrie, welche seit eh und je das Rückgrat jeder nationalen Rüstungsindustrie war, wurde europäisiert. Der Agrarsektor, der oft Fundus der Blut- und Bodenideologien gewesen war, wurde in einen europäischen Agrarmarkt transformiert. Schließlich sollte sogar das Militär durch eine europäische Verteidigungsgemeinschaft zusammengeführt werden. Das Vorhaben scheiterte am nationalistischen Widerstand französischer Sozialisten, die Stalin zuliebe auf eine europäische Verteidigungsgemeinschaft verzichteten, auf dass dieser ihnen beim Rückzug aus Indochina zur nationalen Gesichtswahrung verhalf, indem er Ho Chi Min nur gestattete, bis zu einer Demarkationslinie am 17. Breitengrad vorzurücken.

Nationale Kurzsichtigkeit verhinderte europäische Weitsicht. – Damals wie heute!

Die Gründungsväter der Europäischen Vereinigung: De Gasperi, Schumann, Monnet und Adenauer waren allesamt Gegner des Nationalismus. Sie hatten jedenfalls mehr Mut zu Europa als viele Staatschefs, die heute die Politik Europas händeln und dabei wie Tarifpartner auf Vorteilsuche gehen. Es rettet Europa nur ein vergleichbarer Mut zum Aufbruch, den die Generation von 1945 hatte.

Mehr und weniger Europa

Mehr und weniger Europa: diese Paradoxie löst sich auf, wenn das Mehr und das Weniger auf unterschiedliche Ebenen verteilt werden.

Mehr Europa – für die globalen Fragen. Weniger Europa für die lokalen.

Wo die Essig- und Ölflaschen auf den Tischen europäischer Gasthäuser stehen und wie sie beschaffen sein sollen, geht »Europa« gar nichts an. Sie stehen in Bodegas anders als im Wirtshaus, und in Pubs nicht so wie in Tavernen. Das Bier wird schon in Düsseldorf anders ausgeschenkt als in Köln und das bayrische Bier unterscheidet sich vom italienischen wie Kraftbrühe von einer Wassersuppe. Die gewachsene Vielfalt, die unsere europäische Kultur prägt, darf nicht »kommissarisch« eingeebnet werden.

Die Gegenbewegung zu einer »europäischen« Globalisierung wird eine stärkere Regionalisierung sein. Sie folgt der neuen Suche nach heimatlicher Geborgenheit und politischer Überschaubarkeit.

Der Mensch ist nicht ein universelles Allerweltswesen, sondern in Zeit und Raum verortet und die Fähigkeit, uns zu Hause zu fühlen, ist nicht dehnbar wie ein Gummiband. Wie jeder Mensch ein Vorher und Nachher kennt, also in der Geschichte lebt, so lebt er auch immer mit anderen. Er besitzt Vorfahren, Nachkommen und ist auf Nachbarn angewiesen. Das einzelne Leben ist konkret und niemals unendlich. Jeder hat seinen Ort und seine Zeit, die er sich nicht ausgesucht hat. Der Mensch ist weder zeitlos noch ortlos.

Dem Rückzug ins überschaubare Regionale steht der Aufbruch in globale Verantwortung gegenüber. Diese beiden Tendenzen müssen in Balance gebracht werden.

Nach oben und unten!

Die Nationalstaaten müssen also einen doppelten Abzug organisieren. Sie werden Kompetenzen nach oben zu Europa und unten zu den Regionen abgeben müssen.

Dem Zug nach oben zur globalen Verantwortung entsprechen die europäischen Institutionen. Dabei ist das Europäische Parlament das Herzstück der künftigen Europäischen Republik.

Dem Trend zur regionalen Identifizierung entspricht die wachsende Bedeutung der Lokalpolitik. Wir sind sowohl Hessen, Bayern, Schwaben, Brandenburger, Tiroler, Basken, Sizilianer etc. als auch Europäer und Weltbürger.

Zwischen Europäisierung und Regionalisierung – dem größeren Europa und der kleineren Region – verliert der Nationalstaat seine Bedeutung. Er ist bestenfalls ein Scharnier, das entbehrlich wird.

Die Kommunen werden die eigentlichen politischen Biotope, in denen neue Lebensentwürfe und kreative Modelle des Zusammenlebens ausprobiert werden. Regionalisierung und Kommunalisierung geben der staatsbürgerlichen Partizipation neue Chancen, mit denen die demokratische Kultur revitalisiert wird. Sie sichern die Bodenhaftung Europas.

Die Bürgermeister werden wahrscheinlich in Zukunft für viele wichtiger als die nationalen Regierungschefs. Die großen urbanen Ballungszentren, in denen heute schon die Mehrheit der Weltbevölkerung lebt, werden nicht durch Herkunft definiert. Sie sind von der Bevölkerungszusammensetzung allesamt ethnische Mischkessel. Dort gibt es ja nicht nur das Problem der Parallelgesellschaften, sondern die Chance eines neuen Zusammenhalts. Der soziale Zusammenhalt in diesen urbanen Zivilisationen wird durch das Bewusstsein einer Schicksalsgemeinschaft gestiftet, die zusammen die Zukunft meistern muss.

Überall zeigt sich neues Leben jenseits des Nationalstaates.

Die Wirtschaft funktioniert global. Die Global Player gaben den Ton an. Auf die Staatsbürgerschaften sind im Sport nur noch die Nationalmannschaften angewiesen. Die großen Fußballclubs, die das Fußballvolk bei Laune halten und die Champions League im Betrieb, spielen längst mit bunt gemischten Mannschaften (und nur Frau von Storch und Herr Gauland stört das). Die Mannschaft wird durch das Ziel, Tore zu schießen, zusammengehalten, nicht durch die nationale Kennkarte.

Das kommunale Wahlrecht nimmt schon vielerorts die Entwicklung voraus. Es löst sich von der »blutmäßigen« Staatsbürgerschaft. Die Nationalwahlen dagegen verharren noch mit ihrem Wahlrecht weitgehend im alten Gehäuse des ius sanguinis. Denn das alte Staatsbürgerrecht folgt noch der Fiktion der Blutsverwandtschaft. Die Kommunen verstehen sich dagegen als Lebensgemeinschaften: Wer dauerhaft dort lebt, gehört dazu.

Meine Überzeugung ist: Die Erben des alten Nationalstaates werden die Regionen und der Europäische Bundesstaat sein. Der überkommene Nationalstaat wird bestenfalls eine gewisse Durchgangsfunktion erfüllen. Die »Musik« wird eine Etage über ihm, in Europa, und eine unter ihm, im Parterre der Regionen, gespielt.

Zu den überraschenden Paradoxien gehört: Je härter der Nationalstaat aufstampft, desto lebendiger werden die heimatlichen Regionen. Schottland drängt darauf, sich selbstständig zu machen, weil England national auftrumpft. Je stärker die spanischen Nationalisten die Zügel spannen, umso mehr bocken die katalanischen Regionalisten. Die nationalen Zentralisten sind die ungewollten Lebensspender der Regionalisten.

Das Kleine wird groß!

Der politische Prozess begleitet den technologischen. Die globale Digitalisierung folgt einer Entwicklung, in der große Räume und Distanzen ihre Bedeutung verlieren, weil sie in Echtzeit überwunden werden können. Das Kleine wird virtuell groß.

Doch die Orte des eigentlichen Lebens bleiben die überschaubaren Lebensgemeinschaften, die offen zur Weltgesellschaft sind, mit denen sie in einer oszillierenden Kommunikation stehen.

Der Begriff Heimat erlebt eine Renaissance, allerdings nach einer entscheidenden Metamorphose. Er ist nicht mehr mit dem Geburtsort identisch. Aber Heimat bleibt wie Kindheit ein Sehnsuchtsbegriff für Geborgenheit und Überschaubarkeit. Nach Hause kann man in vielen Orten der Welt kommen. Daheim ist man nur mit Vertrauten und Vertrautem.

Es wird das Kunststück einer postnationalen Politik sein, die beiden Trends Globalisierung und Regionalisierung, den Zug ins Weite und den Rückzug ins Nahe, in eine neue Balance zu bringen.

Die Zukunft der Europäischen Union liegt also quer zu der einfachen Alternative: mehr oder weniger Europa. Beides wird notwendig. Die Europäische Union wird einerseits mächtiger, andererseits magerer. Sie darf nicht alle Entscheidungen an sich ziehen. Sie muss sich beschränken auf Kerngebiete, die sie kraftvoll ordnet. Europa ist weder der Motor der Bürokratisierung noch der Mentor der neoliberalen Deregulierung, die Ordnung ins Nichts überführt. Von der Europäischen Zentrale wird weniger Detailregelung erwartet. Die »Europa-Gurke« und ihren einheitlichen Krümmungsradius gibt es so wenig wie eine europäische Einheitsgaststätte mit uniformen Essig- und Ölflaschen.

Islam – Bedrohung oder Weckruf?

Auch die Weltreligionen werden sich auf ein ökumenisches Miteinander einstellen müssen, oder sie fallen als Störenfriede

Nationalstaat – passé und ade

und Quertreiber aus der Entwicklung und versteinern zu Relikten der Vergangenheit. Im Zeitalter der Globalisierung entspricht jedenfalls religiöse Abschottung ungefähr dem Versuch, beim Schwimmen trocken zu bleiben.

Solange Fitnessstudios am Sonntag mehr frequentiert werden als Kirchen, können die christlichen Kirchgänger gar nicht von den Besuchern der Moscheen bedrängt werden, denn wo nichts drin ist, kann auch nichts bedroht werden. Europa wird nur dann von fremden Kulturen gefährdet, wenn es seiner eigenen Identität verlustig zu gehen droht.

Es gibt eine Art von Liberalität, die eine besondere Form der Feigheit ist, das eigene Profil zu zeigen und alles gleich gut zu finden. Die Feigheit verbindet sich mit der Bequemlichkeit, jede Kontroverse zu umgehen und dies für Toleranz auszugeben.

Michel Houellebecqs provozierender Roman »Unterwerfung« beschreibt eine europäische Verzagtheit, die in Anpassung ihre Rettung sucht. Emmanuel Macron setzt auf ein Gegenmodell: Er beweist den Mut zur europäischen Eigenart, zu der Christentum und Aufklärung, Religion und Vernunft zählen.

Das Miteinander selbstbewusster Kulturen und Religionen ist Entfaltung und nicht Beschränkung der Koexistenz der Menschen. Pluralismus ist Reichtum und nicht Verarmung. Symphonie ist klangvoller als Monotonie, die Symphonie verlangt das Zusammenspiel eigensinniger Instrumente. Sie ist kein Geräusch, in dem ein Ton dominiert. Die Koexistenz von Christentum und Islam setzt wechselseitigen Respekt voraus und fordert nicht Unterwerfung einer Seite durch die andere. Soviel Freiraum die Muslime in Europa besitzen, so viel Duldung der Christen erwarte ich auch in muslimischen Ländern.

Europa wird sich bei diesem globalen Konzert auf seine besten Stimmen zurückbesinnen müssen. Zu seinen Fundamenten gehören die folgenden Prinzipien:

> *»Würde eines jeden Menschen«;*
> *»Freiheit der Meinung, der Rede und der Religion«;*
> *»Macht steht unter der Herrschaft des Rechtes«;*
> *»Vor dem Gesetz sind alle gleich«;*
> *»Frauen und Männer sind gleichberechtigt«;*
> *»Trennung von Staat und Kirche«;*
> *»Gerechtigkeit und Erbarmen«.*

Das sind die Maximen eines europäischen Humanismus, dem religiöse Vielfalt nicht im Wege steht, solange die Vielheit nicht die Grundideen Europas in Frage stellt.

Vielheit und Einheit stehen in einem Spannungsverhältnis und besitzen jeweils eigene Grenzen.

Ich schätze die europäische Kultur und möchte sie gegen keine andere der Welt austauschen. Europa hat mehr zu bieten als nur ein hohes Sozialprodukt, um das uns die Welt beneidet. Meine Vorliebe für Europa speist sich aus dem Lebensgefühl der Freiheit. Ich will mein Leben selbst führen und nicht an der Hand von Obrigkeiten, selbst wenn diese sich klug und gut gerieren.

Auch kein Chip im Gehirn soll für mich entscheiden. Ich will selbst denken. »Selbstdenken!« ist der Imperativ der europäischen Aufklärung.

Was heißt Leitkultur?

Verschleiern kann sich z. B. jeder und jede, wo und wann er oder sie will. Zum Dulden des Andersseins des Anderen gehört Toleranz, die wir durch Bildung einüben müssen. Die Toleranz öffnet uns Horizonte jenseits unserer engen Existenz. Wenn der Schleier jedoch Zustimmung zur Scharia signalisiert, dann dulden wir ihn nicht. Scharia gilt bei uns nicht. Bei uns werden Diebe keine Hände abgehackt und kein Mensch ausgepeitscht oder geköpft. Frauen sind nicht das Eigentum ihrer Männer. Diese Einsichten gehören zu den elementaren Bedingungen der Humanität, wie wir sie verstehen. Die Toleranz hat ihre Grenzen bei den unverzichtbaren Menschenrechten.

Toleranz verlangt nicht Unterwerfung. Der Islam darf sich durch westliche Duldsamkeit nicht in einem Überlegenheitsbewusstsein bestätigt sehen, das es ihm gestatten würde, gegen eine liberale Moschee wie z. B. die Berliner Ibn Ruschd-Goethe-Moschee zu intervenieren. Unter dem Schutz der vom Grundgesetz geschützten Religionsfreiheit sind Religionskriege verboten.

Es wäre eine Ironie der Geschichte, wenn muslimische Flüchtlinge hierzulande eine Gewaltkultur verbreiten, der sie unter Lebensgefahr entflohen sind, um im Westen Zuflucht zu finden. Achtung beruht auf Gegenseitigkeit. Und die Achtung unserer westlichen freiheitlichen Lebenskultur ist eine Integrationsbedingung.

Zu Minderwertigkeitskomplexen hat die westliche Zivilisation keinen Grund, sowenig wie zu Hochmut. An der Innovation unseres Kulturkreises partizipieren auch alle islamischen Länder. Von der Ölpumpe, mit der das Öl aus der Erde geholt wird, bis zu den Teleskopen, die den Kosmos erkunden oder bis zu den Erkenntnissen der Krebstherapie und der Gen-Forschung reichen die Errungenschaften, die auf dem Boden unserer westlichen Zivilisation gewachsen sind.

Die deutsche Leitkultur ist eine europäische. Sie lässt aktiv einen weiten Spielraum menschlicher Eigensinnigkeiten, aber markiert auch die Grenzen der Toleranz. Leitkultur fußt nicht nur auf Verfassung und auf Recht, sondern auch auf Sitten und Traditionen. Kultur ist keine auf Recht und Gesetz beschränkte Verhaltensregel. In die Kultur gehen die Üblichkeiten ein, an die wir uns in Jahrhunderten gewöhnt haben, ohne sie zu kodifizieren. Die ungeschriebenen Regeln entlasten unser Verhalten, so dass wir uns nicht permanent entscheiden müssen. Institutionen und Gewohnheiten wirken wie Hosenträger. Sie entlasten unsere Hände für Wichtigeres als Hosen festzuhalten. Zu den »Üblichkeiten« unserer Kultur zählen die christlichen Traditionen, Bräuche und Sitten, an die wir uns gewöhnt haben, weil sie unser Zusammenleben über Jahrhunderte geformt haben und auf deren Substanz wir auch aus säkularen Gründen nicht verzichten wollen.

Weihnachten, Ostern, Pfingsten sind Erinnerungen an das christliche Erbe Europas. Das soll so bleiben. Ich will nicht in einem Europa mit kollektiven Gedächtnisstörungen leben.

Was Toleranz meint

Christen und Muslime sollten aus leidvollen Erfahrungen klüger geworden sein und sich auf friedliche Koexistenz einlassen. Dabei werden beide Religionen lernfähig sein müssen. Beim Islam muss dazu allerdings erst die Bereitschaft zur Selbstkritik wachsen, für die wir auch in Europa Jahrhunderte brauchten, um sie zu lernen.

Es geht um Koexistenz, nicht um Unterwerfung: Es gilt die Goldene Regel »Was Du nicht willst, dass man Dir tu, das füge auch keinem anderen zu«. Die Goldene Regel ist ein universelles Gesetz, es gilt gegenseitig. Wer bei uns Moscheen bauen will, muss christliche Kirchen in seiner Heimat zulassen. Wenn die Saudis 600 Moscheen in Deutschland bauen wollen, ist es nicht zu viel verlangt, wenn in Riad wenigstens eine christliche Kirche steht.

Ein unerfülltes Versprechen

Die Völker Europas müssen sich entscheiden. Auf zwei Hochzeiten gleichzeitig zu tanzen, gelingt niemandem. Man kann nicht nationale Souveränität behaupten und gleichzeitig an der

Globalisierung der Ökonomie teilhaben wollen. Und man kann ebensowenig ökonomische Integration ohne politische Vereinigung Europas wollen.

Der sture Nationalismus führt zu einem doppelten Dilemma: einem politischen und einem wirtschaftlichen. Politisch und ökonomisch ist der Nationalismus ein Rückzugs- und Abbruchprojekt ohne große Zukunft, ohne eine Vision, die unsere Herzen bewegt.

Der Weg in den Nationalismus ist eine Sackgasse.

Die Welt häutet sich. Zurück bleibt die verdorrte hohle Haut des Nationalismus.

Europa wird aus der Renaissance von Freiheit, Gleichheit und Brüderlichkeit sich neu formieren. Das Alte braucht zum Überleben Erneuerung und vielleicht auch mehr Aufregung für eine gute Sache, die den politischen Kreislauf bewegt.

Das Versprechen der Französischen Revolution »Freiheit, Gleichheit, Brüderlichkeit« ist noch nicht erfüllt.

5. Kapitel

Was blüht den Kindern?

1. Das Glück der Kindheit

Im Rückblick vergoldet sich im Alter oft die Kindheit. Auch, wenn die Verklärung im Spiel ist, so bleiben kostbare Erinnerungen in meinem Gedächtnis, die mir niemand rauben kann, weil ich sie sorgsam hüte. Es gab Momente, in denen ich mich in völliger Übereinstimmung mit dem Leben befand. Das waren die Momente großen Glücks.

Tri Tra Trallala

Auf einer Insel der Seligen kampierte ich immer, wenn Vater sonntags mit mir im Bett lag. Dann vollzog sich mit ritueller Sicherheit eine autogene Verwandlung, die uns beide erfasste. Wir wurden Brüderchen und Schwesterchen. Vater war das »Briderche«, ich das »Schwestersche«.

Es ging los mit dem gemeinsamen Lied »Tri Tra Trallala. Wir gehen in den Wald«. Dann wurde es ganz still. Dann schmiegte sich mein Vater an mich und flüsterte »Schwesterchen, wir haben uns verlaufen und es wird dunkel im Wald. Komm, lass uns hinter den Baum ins Laub legen.« Er zitterte, ich fror. Ich schloss die Augen, es wurde dunkel. Doch ich blinzelte und sah durch den dünnen Spalt der Augenlider, wie mein Vater mit seiner rechten Hand zu wedeln begann, sich damit meinem Gesicht näherte und mein erstarrtes Gesicht leise und sanft streichelte. Vater sprach jetzt mit heller Stimme: »Ich bin der Heilige Schutzengel und behüte Euch. Damit Euch die wilden Tiere nicht fressen, verwandele ich Dich in einen Schwabbel-

Das Glück der Kindheit

pilz«. Jetzt fuhr der Engel in Gestalt von Vaters Hand über sein eigenes Gesicht und sprach: »Dich verzaubere ich in einen Steinpilz«. Der Engel hob sich wieder in die Luft, woher er gekommen war und wedelte über mir (mit Vaters rechter Hand). »Auf Wiedersehn« rief der Engel. »Auf Wiedersehn« antwortete ich. »Dummkopf, Pilze können doch nicht reden«, zischte Vater. Die Antwort ließ ich jedoch auch beim nächsten Mal nicht aus. Und Vater zischte immer wieder, um mich erbost zu korrigieren. Das gehörte zum Programm und gab dem Spiel das Siegel der Ernsthaftigkeit.

Kaum war der Engel entflohen, wurde es auch schon rabenschwarze Nacht. »Komm, Schwesterchen, rücke näher zu mir, damit wir uns gegenseitig wärmen.« (Diesmal hatte Vater vergessen, dass wir Pilze waren.) Ich ließ es ungerügt, denn ich war in so großer Furcht, dass es mir die Sprache verschlagen hatte.

Nun trat Vaters Hand in verwandelter Funktion in Aktion. Eben noch Engel. Jetzt Wolfsmaul. Der Wolf öffnete das Maul (vier Finger hoben sich nebeneinander gleichmäßig an, der Daumen blieb unten. Der Wolf knurrte bedrohlich. »Ich habe Hunger, sehr großen Hunger«. Nach ein paar Schritten dann: »Ich rieche Menschenfleisch.« Das Wolfsmaul schnappte zu.

Der Wolf näherte sich uns. Dann war er plötzlich nahe an meinem Gesicht. Zu allem Unglück schnupperte das Wolfsmaul noch an mir herum, dann öffnete der Wolf das Maul (jedesmal glaubte ich mein letztes Stündchen gekommen) und biss zu. Doch er schüttelte sich und ekelte sich, winselnd jammerte er: »Pfui Teufel, der Pilz ist ja ein Schwabbelpilz. Der ist ja schrecklich verdorben.«

Der Engel-Trick hatte funktioniert. Als verfaulter Schwabbelpilz blieb ich ungenießbar und deshalb am Leben.

Als der Wolf sich wieder beruhigt hatte, wandelte er sich mit neuen Kräften dem anderen Pilz zu. Das Wasser lief ihm wieder

Was blüht den Kindern?

im Mund zusammen, so schön und appetitlich sah der Steinpilz aus. Und wieder dasselbe Wolfsgetue, abwechselnd knurren und dann bellen.

Dann kam der schreckliche Biss und ein Schrei: «Mein Zahn, mein Zahn! Das ist ja ein Steinpilz». Der Engel hatte das mit dem Steinpilz nicht biologisch, sondern physikalisch gemeint.

Jetzt war auch mein Vater gerettet. Wie schrecklich wäre es auch gewesen, wenn ich allein als angebissener Schwabbelpilz im dunklen Wald überlebt hätte.

Der Wolf trottete weinend davon. Wir waren gerettet! Es war aber immer noch Nacht. Also mussten wir auf den Sonnenaufgang warten. Doch von Schlafen keine Spur. Wir machten kein Auge zu. Dann endlich nach langer Zeit kam das Morgenrot und die ersten Strahlen der Sonne wärmten uns.

Da kam auch schon der Heilige Engel angeschwebt und rief »Guten Morgen, ihr Kinder (Du darfst nicht antworten. Wir sind noch Pilze.) »Ich verwandle Euch wieder in Kinder« (und Vaters rechte Hand, die Allzweckwaffe, die frei war, weil seine linke mich umschlang, fummelte mir wieder übers Gesicht.) Schwupp, der Engel hatte mich wieder in die Menschengestalt zurückverwandelt und gleich danach entpuppte sich der Steinpilz als das »Bridersche«.

»Jetzt aber nach Hause. Eure Eltern suchen Euch!« befahl der gute Engel uns. Und er hob ab. (Jetzt kannst Du Danke rufen, denn Du bist ja wieder Mensch. – Das Spiel verlangt hohe Konzentration.)

»Halt! Halt, lieber Schutzengel!«, schrie das Briderchen. (Jetzt wurde jetzt auch meine Mutter im Bett nebenan wach.)

»Wir kennen den Heimweg nicht!«, rief ich ziemlich hilflos.

»Immer geradeaus. Dann liegt ein Baum quer über dem Weg, den müsst ihr überspringen. Kurz darauf geht's links ab. Nach 500 Metern kommt ein Kackhäuschen. Das müsst Ihr dreimal

Das Glück der Kindheit

umrunden und danach dem Schild folgen auf dem ›Rüsselsheim‹ steht. Bald seht Ihr das rote Dach eures Elternhauses.
Und jetzt ab! Und nie mehr allein in den Wald!«

Wir schworen es dem Engel hoch und heilig. Der Engel flog
davon, und wir machten uns fröhlich singend auf den Heimweg
»Tri Tra Trallala. Wir gehen wieder heim«. (Dazu bewegten wir
unter der Decke die Beine im Schritttempo.)

Jetzt kam der Baum. Wir nahmen mit kurzem, schnellen
Trippeln (unter der Decke) Anlauf, hoben den Hintern, ließen
ihn plumpsen und waren jenseits des Baumes.

Es ging weiter mit Tri Tra Trullala bis das Briderchen rief:
»Achtung, Kackhäuschen!« Mutter, die sich bis dahin abspra-
chegemäß still verhalten hatte, rief jetzt: »Christian, das muss
doch nicht sein« (sie meinte das Wort Kackhäuschen). Christian ließ das böse Wort manchmal wegfallen und manchmal
nicht. Ob es gerufen oder verschwiegen, hing davon ab, wie der
jeweilige Gemütszustand und die dazugehörigen Beziehungen
zwischen Vater und Mutter aktuell waren. Das gab dem Heimweg jedes Mal noch ein zusätzliches Spannungselement.

Dann sahen wir das rote Dach unseres Elternhauses und kamen an unsere Haustür. »Schwesterche, klingel Du«. Ich drückte in der Luft eine imaginäre Klingel. (Vater imitierte dazu den
Klingelton). Mutter öffnete die Tür. »Da seid Ihr ja, Ihr guten
Kinder. Wo wart Ihr?« »Wir waren im Wald.« Mutter sagte:
»Kommt herein, wir essen Kuchen und Kaffee.« Es fiel kein böses Wort. Niemand erkundigte sich nach unserem Abenteuer.

Tri Tra Trallala, wir waren wieder Papa, Mama und Kind.

Und nichts, aber auch gar nichts konnte an diesem Sonntag
schiefgehen. Ich fühlte mich geborgen. Und wenn mich jemand
fragen würde, wie ich mir »Abrahams Schoß« als biblisches
Sinnbild der himmlischen Geborgenheit vorstelle, würde ich
ihm antworten: »Wie sonntags bei Mama und Papa im Bett«.

Was blüht den Kindern?

2. Das Unglück der Kinder

Sage mir, wie es den Kindern geht, und ich sage dir die Zukunft der Gesellschaft voraus, in der sie leben. Das könnte eine prognostische Faustformel sein.

Meine Futurologie ist ganz einfach. Kinder antizipieren die Zukunft. Die Kinder von heute sind die Erwachsenen von morgen.

»Tri Tra Trallala« und »Hölle«, »Kinderglück« und »Kindernot« sind Nachbarn in der einen Welt. Die Idyllen unserer Kindheit stillen die Sehnsucht nach einer besseren Welt, die uns, wenn wir Glück haben, ein Leben lang begleitet. Mit der Hoffnung darauf überwinden wir die Schrecken der Zeit. Doch auch die Schrecken der Kindheit schütteln wir uns nicht aus den Erwachsenenkleidern. Sie stecken uns in den Knochen und sind der Stoff der Ängste, die uns nie verlassen. In der Kindheit wird nicht nur über die Kindheit entschieden. Das Kinderglück auf Erden wird durch das Kinderunglück in der Welt kontrastiert.

Ich habe das Elend der Kinderausbeutung erlebt, nicht in Büchern, sondern von Angesicht zu Angesicht.

Fortschritt, Fun und Ferkelei

Im Dreiländereck Brasilien – Argentinien – Paraguay sind die Schizophrenien der Moderne zu besichtigen. Technischer Fortschritt, Touristenvergnügen und Kinderelend bilden eine unheilige Trinität.

IPATU ist das größte Kraftwerk der Welt. Es verkörpert die Rekordleistung des technischen Fortschritts. Es ist der neuzeitliche Versuch, den Gigantismus der Pharaonen nachzuahmen. Eine ganze Landschaft wurde umgepflügt und eine neue erfunden. Kilometerlang breitet sich das gigantische Bauwerk aus und zähmt die urwüchsige Kraft der Natur. Die Besucher kom-

Das Unglück der Kinder

men aus dem Staunen über die Wunder der modernen Technik nicht mehr heraus.

In nächster Nachbarschaft zum Wasserwerk liegt der größte Wasserfall der Erde, jedenfalls was die Wassermassen betrifft, die er verschlingt. Iguazu ist das touristische Highlight jeder Südamerikareise. Bewunderer aus aller Herren Länder zieht es an. Luxuriöse Hotels säumen das Naturwunder.

Frischfleisch auf dem Kinderstrich

Technik und Vergnügen gehen die Symbiose von Megalomanie und Fun ein. Und ein »Mordsspaß« liegt ganz in der Nähe. Zwischen den Städten Iquazu und Cíudad del Este verläuft der Grenzfluss Rio Parana. Hier an der Grenze macht der Teufel sein Geschäft.

Kinder werden auf den Strich geschickt. Die Truckfahrer vertreiben sich die Zeit des Wartens an der Grenze mit dem Leid der Kinder.

Auch Touristen bedienen sich des »kindlichen Frischfleisches«. (Regen Sie sich nicht über das Wort auf, sondern über das Verbrechen, das es bezeichnet.) Kinder, welche es nicht mit Sex geschafft haben, das Geld für ihre Familien zu beschaffen, verdingen sich als schwimmende Drogenboten, die den Grenzfluss überqueren. Und hier und da, fast täglich, werden ein paar ihnen von den Strudeln im Parana verschluckt.

Der »Mordsspaß« ist mordsgefährlich. Kinder, die nicht spuren, werden von ihren »Arbeitgebern« auf Linie gebracht, notfalls mit dem Revolver. In den fünf Tagen, in denen ich dort war, wurden drei ermordete Kinder aufgefunden. Den Stadtplan der beiden Megastädte haben Hilfswerke mit hunderten von kleinen Stecknadeln übersät, an den die Stellen markiert sind, an denen Kinder ihre Leben verloren haben. Dieser Stadtplan von Cíudad del Este und Iguazu sieht aus als habe er die Pocken.

Blinde Kuh

Die Prospekte vom Wasserwerk und von der Tourismus-Attraktion des Wasserfalls sind in Vierfarbdruck mit glücklichen Menschen bestückt. Vom Unglück der Kinder gibt es keine Bilder. Es findet im Dunkeln statt und wo es sich im Hellen ereignet, schließt das Establishment die Augen.

Ich habe einen »schönen Abend« mit deutschen Farmern verbracht, die es dort in Paraguay zu Geld gebracht haben. »Nein, Kinderarbeit gibt es hier nicht. Kinderprostitution – nie davon gehört, nie gesehen.« Es hätte gereicht, wenn sie mit halb offenen Augen durch ihre Stadt gefahren wären, um den Skandal zu erkennen. Mich erregt die feiste Ignoranz, welche vom Leid der Kinder nichts wissen will. Sie spielen Blinde Kuh.

ILO – die größte Palaver-Organisation der Welt

Die Internationale Arbeitsorganisation (ILO) in Genf, eine UN-Institution, an der die Staaten, die Gewerkschaften und die Arbeitgeber beteiligt sind, weiß alles – und tut wenig. Sie veröffentlichen dickleibige Untersuchungen, die niemand liest, aber ganze Expertenkompanien ernähren.

In Cíudad del Este unterhält die ILO ein Projekt, mit dem Kinder aus der Prostitution in die Schule geholt werden: 15 bis 20 Plätze, das ist 15- bis 20-mal »Glück gehabt«. Aber es ist noch nicht einmal ein Tropfen auf einen heißen Stein. Die »befreiten« Kinder werden über Nacht durch neue geknebelte Kinder ersetzt. Die Nachfrage ist unersättlich und das Angebot reichlich, der Nachschub unbegrenzt.

Es helfen keine »guten Werke«, so gut gemeint sie auch sind. Nur Verurteilung und Gefängnis macht den »Bossen« das Geschäft kaputt. Nur, wer bringt die Verbrecher in den Knast? Wo kein Kläger, da kein Richter, und sollte jemand den Mut zur Anzeige haben, so fallen alle Zeugen und der Kläger spätestens

Das Unglück der Kinder

bei Prozessbeginn um. Es genügt oft, erzählt mir ein mutiger Anwalt, den Colt zuvor den Klägern auf den Tisch gelegt zu haben, um ohne Worte die Drohung spüren zu lassen. Niemand bricht das Schweigen. Es sei denn, er wäre todessüchtig. Diese lautlose Sprache verstehen selbst die Kinder.

Wenn die Staatsmacht nicht eingreift, ist der Krieg für die Kinder verloren. Was macht die Internationale Arbeitsorganisation (ILO)? Sie unterhält eine Auslandvertretung in Paraguays Hauptstadt Asuncion und schreibt von dort Berichte, vor allem Berichte.

Ihr gut bezahlter Lateinamerika-Direktor reist jährlich zum Staatsbesuch an und ... diniert mit den Ministern. Nachdem er gut gegessen hat und wahrscheinlich ein Memorandum der ILO mit gesetzten Worten überreicht hat, reist er wieder zurück in sein bequemes Hauptquartier.

Die Internationale Arbeitsorganisation ist die größte denkbare Palaver-Organisation, die ich erlebt habe. Ihre Spezialität sind Meetings, Konferenzen, Kongresse. Vor einiger Zeit veröffentlichte die ILO ein gut bebildertes Prospekt mit der Nachricht »Das Ende der Kinderarbeit ist in Sicht«. Die Verfasser leiden an gravierenden Sehstörungen.

1997 verabschiedete die ILO eine Konvention gegen die »schlimmsten Formen der Kinderarbeit«. Ich war ein Antreiber beim Zustandekommen dieser Konvention. Den Kampf um ihr Zustandekommen hätte ich mir sparen können. Außer Papier bedrucken und Spesen nichts gewesen.

Kinder-Sex-Tourismus ist ein boomendes Geschäft auf der Welt. Neue Absatzmärkte im Nahen und Fernen Osten, Afrika und Lateinamerika blühen als Attraktionen des globalen Tourismus auf.

Afrika lässt Kindersoldaten morden. Mit Drogen präpariert sind die Kinder hemmungslose Tötungsmaschinen. Sie haben nichts anderes gelernt.

Als ich mein Regierungsamt beendet hatte, suchte ich mir als »Altersbeschäftigung« eine Aufgabe als Reisender für die ILO. Ich wollte nicht die Drucksachen lesen, sondern die Realitäten sehen. Schon nach wenigen Reisen wurde ich entlassen. Meine Evaluationen stimmten nicht mit den eigenen ILO-Recherchen überein, war die Begründung. Wo die Differenzen lagen, blieb trotz Nachfrage das Betriebsgeheimnis der ILO.

Petersburg

Nur einige Beispiele meiner »Evaluation« will ich nennen:

In Petersburg sitzt ein wohlbestallter ILO-Repräsentant. Ich besuchte ihn und bat ihn, mit mir zum ILO-Projekt zu fahren. Damit hatte er offenbar nicht gerechnet. Er war wie immer vorbereitet auf ein Meeting mit Power Point. Auf der ungewohnten Fahrt zum Tatort ließ er das Auto anhalten, um von Passanten zu fragen, wo das Projekt zu finden sei. Das brachte mich auf den verwegenen Gedanken, dass er noch nie dort war. Wahrscheinlich, weil er in der Zeit, seine ausführlichen Berichte über die Projekterfolge schreiben oder gar zuvor noch erfinden musste.

Kolumbien

In Kolumbien berichtet mir morgens zum Frühstück die ILO-Vertreterin von dem großen Erfolg ihrer ILO-Aktivitäten. Die Quote der Kinderarbeit sei von 32,7 % auf 29,2 % abgesunken. Ich bat höflich um die Beendigung des Berichtes. Auf die erstaunte Frage »Warum?« sagte ich, »Weil ich heute Nacht um 2 Uhr auf dem Großmarkt vor Bogota war und »keine Sau weiß«, wie viele Kinder dort schuften. Ich sah die unzähligen kindlichen Nachtschwärmer nur mit schweren Lasten zwischen den Ständen herumhuschen. Ich weiß nicht wie viele. Die ILO aber kennt sogar die Prozentzahlen der Kinderbeschäftigung bis hinter das Komma in ganz Kolumbien.

Das Unglück der Kinder

General Potemkin war ein Wahrheits-Fanatiker, wenn das die Realität ist, was die ILO erzählt.

Rabat und anderswo

In Rabat, der Hauptstadt von Marokko, begrüßte mich der zuständige Minister freudestrahlend mit der Nachricht, dass gestern das Parlament der ILO-Konvention gegen Kinderarbeit zugestimmt habe. Auf meine Frage, wie viele Inspektoren die Einhaltung der Kinderarbeit kontrollieren, antwortete er verlegen, »drei«. Es bedarf keiner besonderen Begabung für Mathematik, um einschätzen zu können, wie oft der Staat einen Betrieb kontrolliert. Ich schätze, alle 500 Jahre. Allein in Fez wären Hunderte von Kontrolleuren notwendig, um in den Höhlen der Teppichweber oder in den stinkenden Gerbereien die Kinder aufzuspüren, die dort gequält werden.

Im Libanon fand ich einen verdienten alten Minister aus dem Nachbarland, der in Beirut als ILO-Repräsentant seinen Lebensabend verbringt und sich ein lukratives Zubrot zur Pension verdient.

In Kambodscha war ich für Care unterwegs. Wir besuchten eine Textilfabrik. Der freundliche Chef aus China versicherte mir, dass in seinem Unternehmen keine Kinder beschäftigt seien. Einige Gebäude durften wir leider wegen Umbauarbeiten nicht betreten. Das machte mich neugierig.

Ich blieb bis zur Mittagspause auf der Straße vor der Textilfabrik stehen. Und siehe da, eine Kinderschar verließ pünktlich um 12 Uhr das Werksportal, um sich im Freien zu erfrischen.

Ich bat den ILO-Vertreter um Untersuchung der Angaben.

Nach einem Jahr erhielt ich eine dicke Untersuchungsakte mit eindrucksvollen Listen und Diagrammen. Tatsächlich hatte die ILO in der Fabrik eine gutdotierte Befragung der Kinder nach ihrem Geburtstag durchgeführt. Keines war jünger als 16 Jahre alt. Alles prima!

Wie naiv muss ein Funktionär sein, um anzunehmen, ein Kind würde ihm sein wahres Alter sagen, wenn es in Gefahr ist, mit der Wahrheit seinen Arbeitsplatz zu verlieren.

Indien und Bangladesch

Xertifix ist eine Organisation, die sich um indische Kinder in Steinbrüchen kümmert. Die Steinmetze in Deutschland hatten behauptet, sie beziehen ihre indischen Steine aus Steinbrüchen, in denen keine Kinder arbeiten. Diese Behauptung stützte sich auf den Besuch einer offiziellen Delegation vor Ort.

Auf dieser Spur war ich unterwegs. Wenn wir am oberen Rand eines Steinbruchs erschienen, verschwanden die Kinder schneller als wir unten im Steinbruch angekommen waren. Ein Kind erwischten wir. Es habe seinem Vater das Essen gebracht, war die Ausflucht. Ein Blick auf die Innenseite seiner harten Kinderhände genügte, um zu wissen, was die bittere Wahrheit war.

Der Besitzer des Steinbruchs stand plötzlich wie aus dem Boden gestampft vor mir. Ich baute mich zu einer wütenden Rede auf. Der Mann hörte mich, zu meinem Erstaunen, ruhig an.

Als ich ans Ende meiner erregten Schimpf-Kanonade angekommen war, antwortete er gelassen: »Ich bin nicht Euer Sozialarbeiter. Du musst das Euren Importeuren erzählen, was Du mir vorwirfst. Wenn es so billig sein soll, was Eure Kunden wollen, dann geht das nur mit Kindern. Wenn Ihr bereit seid, mehr zu bezahlen, arbeite ich gerne ohne Kinder«.

1:0 für Indien!

Und im benachbarten Bangladesch? In Dhaka lief mir ein Handelsvertreter über den Weg, der mir glückstrahlend erzählte,

Das Unglück der Kinder

dass seine Firma demnächst in China arbeiten lässt. Dort sei die Produktion noch billiger (wahrscheinlich mit noch weniger Brandschutz als in Bangladesch, wo wenig später 100 Textilarbeiterinnen verbrannten).

Trauriges Happening

Zu guter Letzt noch eine Geschichte aus meiner »guten« Internationalen Arbeitsorganisation. Zur Feier der »Konvention gegen die schlimmsten Formen der Kinderarbeit« wurden 1997 Kindermärsche aus allen Erdteilen nach Genf auf den Weg gebracht. In Genf angekommen; stürmten die Kinder wie vorgesehen die Beratung der Vollversammlung der ILO. Die Sitzung wurde unterbrochen, bis die Kinder auch auf den Plätzen neben den Delegierten saßen.

Es begann eine Sonderveranstaltung. Ich hielt die »Festrede«. Es folgte ein Bericht von 5 Kindern aus 5 Erdteilen. Es war mucksmäuschenstill im Saal. Die Kinder erzählten ihre Leidensgeschichten. Ein Kind nach dem anderen. Es waren Horrorgeschichten.

Dann kam der indische Junge an die Reihe. Seine Eltern hatten ihn, um der Schuldenfalle zu entkommen, an einen Unternehmer verkauft. Er erzählte von den Qualen der »Schuldknechtschaft«, der er entflohen war. Doch mitten in seiner Erzählung brach die Übersetzungsanlage zusammen. Der Junge sprach Hindi. Er war keiner anderen Sprache mächtig. Was tun? Blitzschnell kam mir der Einfall, dass der Präsident der indischen Arbeitgeber, der als Repräsentant aller Arbeitgeber auf dem Podium saß, die Übersetzung von Hindu ins Englische übernehmen könne.

So geschah es. Alle waren erleichtert; nur der Präsident bald nicht mehr. Schweißperlen traten ihm auf die Stirn als er stockend übersetzen musste, was der Junge erzählte. Dieser war mit 5 anderen Buben nachts von der Stätte seiner Qualen abgehauen. Am Zaun entdeckten sie, dass der fünfte Flüchtling fehlte. »Ich eilte zurück ... und wurde gefasst« trug der Junge zitternd durch die Erinnerung vor. Was dann geschah musste der Präsident gar nicht mehr übersetzen. Der Junge hob sein Hemd und zeigte die Brandmale auf seiner Brust. Er war mit einer glühenden Stange geschlagen worden.

Viele haben später behauptet, der Ausfall der Übertragungsanlage sei ein Trick von mir gewesen. Ich schwöre, es war ein technischer Defekt. Wie das?

Wahrscheinlich hat sich den Trick mit dem Ausfall der amtlichen Übersetzungsanlage der liebe Gott ausgedacht.

3. Die Enteignung der Kindheit

Die Wissensgesellschaft gilt als der globale Inbegriff des Fortschritts. In der Wissensgesellschaft findet der homo sapiens scheinbar sein Paradies. Wissen wird in der Schule gelehrt. Wissensvermittlung ist Schulung. Die Schule ist die Kirche der Modernität, die Lehrer sind ihre Priester. Die Liturgie der neuen Religion ist der Unterricht, ihr Ritus das Curriculum. Schule ist die allerseligmachende Erlösung aus der Dummheit des Menschengeschlechts: extra scolam nulla salus.

Die Kardinäle der Wissensgesellschaft, deren Missionsstation die Schule ist, überschätzen allerdings das Problemlösungspotential des Wissens. Die großen Bedrohungen der Menschheit wie Krieg, Hunger und Umweltzerstörung sind nicht die Folgen von Wissensdefiziten, sondern eher Mangelerscheinungen von Moral und gutem Willen. Trump ist nicht dumm, nur geschäftstüchtig und geltungssüchtig.

Wissen allein löst keine Probleme, zumal auch das Wissen keine Antwort auf alle Probleme hat. Selbst die exakteste unter allen exakten Wissenschaften, die Mathematik, kennt Aufgaben, die sie nicht lösen kann. »Bildung ist das, was übrig bleibt, wenn du vergessen hast, was du gelernt hast«, stellte der geniale Physiker Heisenberg fest. Es bleiben die »Einstellungen«, und die sind moralischer Natur.

Schulmeister Praxis

Das neue schulische Unfehlbarkeitsdogma ist eher eine Anmaßung, die sich als eine pädagogische Realitätsbeschreibung ausgibt.

Das meiste, was ich gelernt habe, habe ich nicht in der Schule gelernt. Reden und Singen, Arbeiten und Spielen, allgemeines Verhalten: Essen, Trinken, Lieben und Trauern verdanke ich außerschulisch erworbenen Kenntnissen und Fähigkeiten. Die Techniken guckte ich mir »im Vorbeigehen« bei anderen ab.

Schreiben und Lesen und Rechnen sind dagegen wahrscheinlich stärker schulvermittelt. Obwohl bei Licht betrachtet selbst diese Kenntnisse mehr durch externe Nutzung als durch interne Schulung trainiert wurden. Die Praxis ist eben der bevorzugte Schulmeister des Lebens. Das wusste schon der alte Aristoteles.

So wie mir erging es vermutlich vielen Kindern. Meine erfolgreichsten Lehrer waren Mama und Papa, Oma, Opa, Tanten, Onkel, nicht zu vergessen, und vor allem Freunde, Spielkameraden und –kumpanen, Nachbarn, Cliquen. Auf der »Straße« wurde mir mehr beigebracht, als in den Klassenräumen, in denen ich – Gottseidank – nur Teile meiner Kindheit verbrachte.

Meinen stärksten Lernschub erhielt ich allerdings in der Werkzeugmacher-Lehre bei Opel; nicht in der dortigen Berufsschule, sondern an der Werkbank und zwar durch meine Lehrgesellen, die sich von den schulischen Lehrern dadurch unterschieden, dass sie mir keine Theorien vorstellten, die ich entschlüsseln musste, sondern mir das Erlebnis ermöglichten,

Was blüht den Kindern?

»mit- und nachzumachen«, was sie mir vorgemacht hatten. Lernen durch Mitarbeit ist das pädagogische Erfolgsgeheimnis der dualen Bildung, in der sich Betrieb und Berufsschule die pädagogischen Aufgaben teilen.

Die deutsche Spezialität der dualen Berufsausbildung wird inzwischen in der ganzen Welt nachgeahmt. Sie kombiniert Theorie in der Berufsschule mit Praxis im Betrieb. Die allgemeinbildenden Schulen und Fachhochschulen können sich davon ein Stück zur Nachahmung abschneiden.

Meine theoretischen Kenntnisse wurden durch praktische Fertigkeiten eingeübt. Werkstoffkunde erfuhr ich beim Feilen, Sägen, Bohren, Hobeln, Schmieden nachhaltiger als an den Wandtafeln der Berufsschule. Nicht ohne Grund hat der theoretische »Begriff« sein sprachliches Vorbild im An- und Umfassen, dem Begreifen.

Die berufliche Lehre war für mich die Fortsetzung des familiären »Curriculums« mit anderen Mitteln am anderen Ort, aber mit gleicher Methode, nämlich Lernen im Ernstfall des Lebens.

Ganz anders sind meine schulischen Lernerlebnisse. Ihre Erfolge wurden abgepackt und mit Noten versehen. Die Lehrlingserfolge bestanden dagegen vor allem in der Erfahrung, dass es klappte, was ich mit anderen probierte, um es nachher zu produzieren. Freilich war die Theorie nicht nutz- und sinnlos. Theorie begleitet die Praxis, geht ihr voran oder erklärt, was nachher praktiziert wird. Theorie verkürzt das Ausprobieren, weil sie Umwege erspart und Abwege versperrt, und sogar hier und da neue Wege öffnet.

3.000 Jahre hat das chinesische Mandarinen-System allgemeine Bildung und berufliche Eignungsprüfung streng voneinander institutionell und auch zeitlich getrennt. Wir knüpfen Berufszugang weitgehend an benotete Schul- und Hochschulzertifikate. Wer das Abitur mit Note 1 macht, ist quasi verpflichtet, Medizin zu studieren, auch wenn ihn Menschen gar nicht interessieren.

Die Enteignung der Kindheit

Ein Dampfkesselüberwacher hat möglicherweise in seinem Studium niemals etwas mit komplizierten Druckverhältnissen in komplizierten Dampfkesseln zu tun gehabt, dafür aber ein Ingenieur-Diplom erhalten, das ihn zur Dampfkesselüberwachung berechtigt. Das Diplom reicht. Es ist das berufliche Passepartout.

Die Lebenspraxis hat sich – Gott sei Dank – längst Umgehungswege um das Zugangsmonopol Diplom gesucht.

Lernen durch Erprobung verliert jedoch leicht sein Lehrmaterial in Zeiten, in denen sich die Produkte schnell abnutzen und fortwährend durch neue ersetzt werden. Erhaltung durch Wiederherstellung lohnt nicht mehr. Die heutigen Produkte sind der Müll von morgen. Früher war die Reparatur eines defekten Motors auch ein Lernerlebnis für den Autoschlosser. »Gewusst wo«, war sowohl eine theoretische wie praktische Aufgabe. Heute wechselt er die Ersatzteile aus, die ihm ein Elektrogerät als defekt meldet und ist vor allem Ersatzteile-Monteur. Wir wissen mehr von weniger. Trotz Spezialisierung heuchelt die Schule das Lernziel der potentiellen Allwissenheit vor.

»Ist es aber weder nötig noch möglich, dass ein Kind alles lernt, was ein Erwachsener wissen muss?«, fragte schon vor mehr als zwei Jahrhunderten Jean-Jacques Rousseau. Die Aussichtslosigkeit eines solchen Versuchs hat sich verschärft.

In einer Gesellschaft, in der Wissen schnell veraltet, wirkt das Vorhaben, alles Wissen, das zukünftig gebraucht wird, in die kleinen Köpfe der Kinder zu trichtern, eigentlich wie der Versuch, Eis auf Vorrat in der Sahara zu lagern.

Die lebenslange Schulbank

Der Verlegenheit, dass das gestern Gelernte schon heute überlebt und das im 1. Semester übermittelte Wissen schon im 7. Semester obsolet ist, versuchen sich die Bildungsexperten zu entziehen, indem sie unter dem Motto: »Lebenslang lernen« sich anschicken, auch die Alten auf die Schulbank zu setzen. Das ganze Leben wird so zur Ganztagsschule.

Die Rente schließt sich dann fugenlos an die verlängerte Kindheit an. Der Ruhestand ist das Auslaufmodell der Lebensschule oder die letzten Schulferien. Die Verschulung des Lebens entspricht einer schleichender Regression der Gesellschaft, in der alle länger leben, aber niemand mehr alt werden will. Alle wollen Kinder bleiben. Die Gesellschaft flüchtet in die kindliche Idylle, um sich die Zumutungen der Wirklichkeit vom Hals zu halten. Die Utopie einer goldenen Kindheit verlangt nach einer lebenslangen pubertären schulischen Wohlfühlphase. Das ist gut für die Stellenpläne der Schulverwaltung, aber schlecht für das praktische Leben, das seine Lösungen nicht nur einem Wissensspeicher entnimmt, sondern aus einem erlebnisreichen Fundus von erfahrungsgesättigten Grundeinstellungen, die man Bildung nennen könnte.

Bildung, die lehrt, was wichtig ist, wird wichtiger als Wissen, das gesammelt ist. Wissbegier kann vom Computer leichter befriedigt werden. Es geht aber um die Herstellung einer Rangfolge des Wertvollen. Und die ist das Ergebnis von Bildung.

Der schulische Imperialismus

Die Schule entwickelt zusehends einen ehrgeizigen Expansionsdrang, für alles zuständig zu sein, was das Leben an Aufgaben den zukünftigen Erwachsenen später abfordern könnte. Deshalb weitet sich der schulische Lehrplan ständig aus. Denn die moderne Schule traut sich anscheinend zu, die zukünftige Gesellschaft sowohl ab- als auch auszubilden. Für diese Anmaßung muss sie freilich zuvor die ganze Kinderzeit beschlagnahmen.

Inzwischen ist die Schule nicht nur zuständig für ihre eigenen traditionellen Felder, sondern bietet zudem allerlei prophylaktische Lebenshilfen an, so u. a. für Verkehrserziehung,

Die Enteignung der Kindheit

Ernährungskunde, Medienpädagogik, Kommunikationstechniken, Umweltschutz inklusive Entsorgungsfragen, Verbraucherberatung, Integrationskurse, Erste Hilfe, Tourismusprojekte, Projekte je nach Vorliebe und Vorrat des Schulkollegiums, etc. Die Schule saugt auf diese Weise alle Aktivitäten auf, die früher außerhalb von ihr, nämlich in Familie, Vereinen, und unter Freunden initiiert wurden. So trocknet der Raum zwischen Individuum und Staat aus und wird von der Schule neu kultiviert. In diesem Zwischenraum war aber von jeher der Widerstand gegen totalitär verordnete Vereinnahmung lokalisiert. Deshalb haben alle Diktatoren versucht, diese intermediären Widerstandsnester aus dem Weg zu räumen, um ihr Feld so zu planieren, dass es von der konturlosen Masse und deren Bewegungen besetzt werden konnte. In diesem Ehrgeiz unterschied sich Robespierre nicht von Hitler und Stalin.

Die Eliminierung aller gesellschaftlichen Eigenwilligkeiten, die nicht ins System passen, wird jetzt von der Schule betrieben. Dazu bedarf es permanenter Lehrerkonferenzen, Meetings, Evaluierungen, Planungsausschüssen etc., welche der Schule jedwede pädagogische Spontaneität austreiben, so dass am Ende nur genormte Absolventen das schulische Ziel erreichen. Didaktische Schulung und pädagogische Strategiekonferenzen nehmen inzwischen mehr Lehrerzeit in Anspruch als die eigentliche pädagogische Lehrzeit.

Die moderne Schule versucht für alles alle Antworten vorzuhalten. So wird die Schule am Ende ihrer Perfektionierung schließlich einem überwachten antiseptischen Brutkasten gleichen, in dem Küken ausgebrütet werden, um nach der schulischen Brutzeit als verbrauchsfertige und gebrauchsfähige Erwachsene ins Berufsleben abgeliefert zu werden.

Dabei befindet sich die Schule in einer merkwürdigen Zwitterstellung. Sie übernimmt einerseits von der Familie die letzten

Reste der praktischen Lebensvorbereitung der Kinder, transportiert jedoch andererseits diese Aufgaben in ein lebensfernes theoretisches Trainingsgelände ohne Berührung mit dem Ernstfall, in dem die familiäre Erziehung einst ihr Heimspiel hatte. Die Schule ist deshalb nicht der Ersatz für die Familie, sondern ihr Erbe.

Die pädagogische Bewusstseinsspaltung des Schulbetriebes führt zu einer Verhaltensunsicherheit der Lehrer. Was sind sie? Maschinist im Lernbetrieb bzw. Lehrzielvermittler oder alles zusammen, aber nicht Bildungsträger. Das Turbo-Abitur, das in acht Jahren geschafft werden soll, verschärft den Schulstress, der kompensatorisch eine Bespaßung des Schulbetriebes mit sich zieht. Kochen auf dem Herd, kochen im Freien, Musik- und Theatergruppen, Häkeln für Anfänger, Meditation für Fortgeschrittene, Ballett und mehr ist im Event-Angebot. Was der Lernstress mit der einen Hand nimmt, soll die Unterhaltungspädagogik mit der anderen geben. Das Ergebnis ähnelt dem Tanzunterricht, in dem ein Tanzpartner den Walzer links herum tanzt, der andere rechts und das in der Hoffnung, dass sie sich nicht auf die Füße treten.

Der pädagogisch-industrielle Komplex

Die Schule hat ihr pädagogisches Notariat fest installiert, dass die Laufbahnchancen exklusiv verteilt sind. Ohne Schulzeugnis keine Berufsreife. Ohne Examen keine Karriereaussichten. Die Schule ist das Laufbahnstellwerk.

Der Schule entkommt niemand: Das Zuckerbrot der Berufskarriere und die Peitsche der allgemeinen Schulpflicht sorgen dafür. Neuere Ambitionen wollen auch noch das Alter verschulen.

Da die Universität zwischenzeitlich im Rahmen des Bologna-Prozesses ebenfalls in einen Dressurbetrieb mit überwachtem Ablauf verwandelt und mit den dazu eingebauten Berechtigungsschienen in die allgemeine Pädagogisierung des Lebens integriert worden ist, bildet die Schule, zusammen mit der Universität nach ihr und dem Kindergarten und –hort vor ihr, den neuen stabilen pädagogischen industriellen Komplex. Ich habe ein Semester den Klaus Hemmerle-Lehrstuhl an der Technischen Hochschule in Aachen verwaltet. Es traf mich der Schock. Von dem Abenteuer, die Welt zu verstehen, die verrücktesten Sachen kennenzulernen, von denen ich wusste, dass sie im späteren Leben nie nutzen werden, war nichts mehr zu spüren. Es ging nur um Scheine im genau getakteten Studienplan. Die Neugier, die mich an die Universität getrieben hatte, und die Lust an der Wahrheitssuche waren unbekannt verzogen. Das ist nicht die Schuld der Studenten.

Es geht nicht darum, die Schule abzuschaffen, sondern ihre professionell pädagogische Omnipotenz zu demontieren und die Erwartungen an die Schule zu relativieren.

Mein alter finnischer Freund Matti, Schulmeister in nordkarelischen Wäldern, gab mir als Antwort auf die Frage, warum ausgerechnet Finnland scheinbar abonnierter Pisa-Sieger sei: »Kleine Klassen, gutbezahlte Lehrer!« Ob's stimmt? Manchmal sind die Lösungen eben ganz einfach. Der Lehrer meiner Zwergschule, in der acht Jahrgänge in einer Klasse vereint waren, richtete sich, wie ich nachträglich vermute, nicht nach Lehrplänen. Sein pädagogisches Betriebsgeheimnis: Er hatte Zeit – Zeit für jeden Einzelnen. Der bedauernswerte moderne Schüler ist die weiße Maus im Schullabor.

Die Enteignung der Kindheit

Kindheit und Schule sind eine Liaison eingegangen, die zu keiner Zeit so fest war wie heute. Die Schule hält die Kindheit klammerhart im Griff. Die Schule verwaltet die Kindheit. Diese Unterwerfung der Kindheit durch die Schule als dem alles allumfassenden Ort, in der Kindheit stattfindet, kulminiert in der Ganztagsschule.

Für eine nicht reglementierte Zeit bleiben nach diesem »totalitären« Schulkonzept lediglich die Nacht und der kümmerliche Rest zwischen Tag und Nacht.

Frühmorgens ziehen die Kinder noch halb ausgeschlafen in die Schule und kommen spätnachmittags müde und ausgelaugt in den familiären Rest- und Rastplatz zurück. (Zur Not wird hier noch Nachhilfe untergebracht.) Kinder sind auf diese Weise immer in einen außengesteuerten Betrieb total eingespannt. Selbstgesuchte Liebhabereien und eigene Beschäftigungen finden keine Zeit mehr und keinen Raum. So werden die Kinder frühzeitig für den Rhythmus der Erwerbsgesellschaft abgerichtet, in dem ihre Mutter und Vater schon voll eingespannt sind. So fügt sich eines zum anderen. Für Nachschub an konfektionierten Kinder ist gesorgt.

Um jegliches Ausscheren aus schulischer Allzuständigkeit zu vermeiden, bieten die Schulen jetzt auch Ferienbetreuung an. Ferien, mein Paradies, nach dem ich mich einerseits in trüben Schulstunden sehnte und meine Vorfreude auf Schule, die mich andererseits regelmäßig gegen Ende jeder Ferienzeit erfasste, sind längst durch die schulische Rundumbetreuung untergepflügt. Die Schule taucht wie der pädagogische Igel immer am Ende der Furche auf, in welche der kindliche Hase rennt. Ferien sind keine schulischen Auszeiten mehr, sondern eine etwas andere Schulzeit. Die Ferienbetreuungsregelung kommt freilich auch den Wünschen der berufstätigen Eltern entgegen, die zu ihren stärkeren Berufslasten nicht noch Erziehungsaufgaben im Urlaub schultern können.

Das verlorene Abenteuer der Kindheit

Von der Kindheit als dem Raum und einer Zeit der abenteuerlichen Erkundung der Welt und ihrer Geheimnisse zusammen mit Spielkameraden und Cliquen und Verschworenen, dazu noch auf eigene Gefahr, bleibt wenig übrig; bestenfalls Erinnerungsfetzen, z. B. an das von Mutter und/oder Vater organisierte Event eines Kindergeburtstages, zu dem zuvor handverlesene Einladungen verschickt worden sind. Dort wird dann für ein paar Stunden das wilde Leben der Kindheit von der Leine gelassen, freilich nicht ohne später die mitgebrachten Geschenke zu taxieren, denn sie liefern das Richtmaß für Gegengeschenke im jeweiligen Rückspiel. So werden Kindergeburtstage zu todernsten Prestigeveranstaltungen.

Die Magie einer Kindheit, von der Rousseau als freie Entwicklungszeit in »Emile« träumt, ist im Getriebe der professionellen Schulmaschine und ihrem vor- und nach- und beigelagerten Räderwerk längst zerrieben. Die Fantasie hat sich aus dem Land der überraschungsfreien Kindheit zurückgezogen. Sie würde auch stören.

Die Allzuständigkeit der pädagogischen Experten
Wo noch offene Stellen im professionellen schulischen System sind, da tauchen alsbald die Erziehungsexperten als mobile Einsatzreserve der staatlichen Schulaufsicht auf und entmündigen die letzten Überbleibsel der familiären Kompetenz. Die Erziehungsexperten definieren die Erziehungsprobleme und sie lösen auch die so definierten Erziehungsprobleme, und was sie als solche nicht definiert haben, sind auch keine Erziehungsprobleme.

Nur wenige Eltern getrauen sich noch, schwierige Erziehungsentscheidungen zu fällen, ohne zuvor Expertenrat herangezogen oder in ausführlichem Studium von Erziehungsliteratur Nachhilfe gesucht zu haben. Die Idealkonstellation der pädagogischen Expertokratie besteht darin, dass die 40-jährige Mutter sich von der ledigen 20-jährigen Erziehungsberaterin sagen lässt, wie sie ihr fünftes Kind erziehen soll.

Probleme von Schulkindern, die es von altersher gab, wie beispielsweise Unaufmerksamkeit, Geschwätzigkeit, Flegeleien sind inzwischen mit anspruchsvollen aber unverständlichen Fachtermini belegt, die einerseits den Erziehungsamateuren Respekt einflößen, andererseits die Objekte so stigmatisieren, dass sie den Erziehungsprofis neue Beschäftigungsfelder eröffnen. Der »Flegel« war noch ertragbar. Der »Zappelphilipp« stand noch unter Aufsicht der Eltern. Das Kind mit ADS (»Aufmerksamkeits-Defizit-Syndrom«) ist jedoch ein Objekt der höheren Experten-Therapie und als solches stigmatisiert.

Das neue Engagement der Eltern

Elternangst und pädagogische Allmacht kommen sich in der neuen Kompetenzverteilung zwischen Öffentlichkeit und Privatsphäre so nahe, dass die letztere verdampft.

Da die Schule mit Zeugnis und Schulabschluss die Eintrittsbillets in die Karrieren verteilt, kämpfen Eltern verzweifelt um das Maximum der Schulerziehung für ihre Kinder. »So viel Schule wie möglich«, ist die vorweggenommene Bedingung für Berufserfolg. Die Schule wird für alle Kinder alles: Mutter, Vater, Freundschaft, Verein, Kirche …

Ganztagsschule, schulische Ferienbetreuung, Kinderhort und Kindertagesstätte entpuppen sich als die klammheimlichen Instrumente der Enteignung der Kindheit und der verborgenen Machtergreifung der öffentlichen Konditionierung der Kinder für ihre spätere wirtschaftliche Verwertung.

So ist beiden geholfen, den Eltern dank ihrer Vorsorge für den Lebenslauf ihrer Kinder und der Wirtschaft für ihren Bedarf an maximaler Arbeitskräftevorsorge.

Aber warum müssen eigentlich alle Kinder gescheit sein? Und auch wissensschwache Schüler können zu klugen Erwachsenen reifen.

Schule im Wettbewerb

Das Schulsystem selbst hat sich unter der Hand in vorauseilendem Gehorsam gegenüber dem neoliberalen Mainstream an die Gepflogenheiten des Marktes assimiliert.

Die »unsichtbare Hand« des Marktes soll auch in der Schulerziehung die maximale Bedürfnisbefriedigung gewähren. Der »Wille des Marktes«, von dem die Neoliberalen reden, hat nun auch die Schule erreicht.

Da die Schulen um das unter demografischen Bedingungen knapper werdende Schülergut konkurrieren müssen, passen sich die Schulen den Konsumentenwünschen der nachfragenden Eltern an, die ihre Kinder in die Schule schicken, der guten Zeugnisse wegen, die sie von den guten Schulen erwarten. Eine gute Schule ist nämlich eine Schule, die gute Noten vergibt.

Als Lockangebote dient den Schulen eine attraktive Unterhaltungskultur, mit deren Hilfe sie konsumentenkonform auf ihr außergewöhnliches Unterhaltungsprogramm aufmerksam machen, das beispielsweise gemeinsame Übernachtung von Lehrer und Schülern im Klassenraum anbietet. Das und anderes sind Freizeitspäße, die früher Eltern, Jugendgruppen, Vereinen vorbehalten waren. Jetzt dienen sie der Schüler-Kundenwerbung und nehmen überdies den Eltern noch Teile der üblichen Kinderspiele ab.

Die Eltern selbst kompensieren ihre familiären Verlustgefühle, die ihnen durch Allzuständigkeit der Schule zugefügt worden sind, durch intensive Formen der Begleitung der schulischen Laufbahn ihrer Kinder. Die elterlichen Sprechstunden, mit rechtlichem Anspruch auf eine schulamtliche Mindestberatungszeit, degenerieren vielerorts zu pädagogischen Tarifverhandlungen über Noten, Stoff- und Unterrichtsgestaltung, in welchen die Eltern die Rollen von Funktionären einer Schülergewerkschaft einnehmen. Da von der Note die Zukunft der

Kinder abhängt, wird zur Not der Rechtsanwalt zu Hilfe geholt, wenn nicht zuvor schon ein um Schülerzahlen und Schulprestige besorgter Schulleiter die weiße Fahne gehisst hat.

Der pädagogische Raum der Schule wird zum erweiterten Kampffeld von Rechtsauseinandersetzungen. Die Verrechtlichung der Schule folgt die Verrechtlichung aller Lebensbereiche von der Medizin über die Familie bis zum Straßenverkehr. Verrechtlichung dient der Flankierung der Verwirtschaftung der Gesellschaft. Beides entspringt der Verflüchtigung eines ungeschriebenen Ethos der Uneigennützigkeit, welche ein zwangloses Miteinander von Menschen ermöglicht.

Die Schule wird zum eigentlichen Kriegsfall des Elterneinsatzes. Früher hofften Eltern, dass aus ihren Kindern »etwas wird«. Heute erwarten Eltern von der Schule, dass sie aus ihren Kindern »was macht«.

Die spezifische Differenz zwischen früherer Hoffnung und moderner Erwartung liegt im Maß der Zieloffenheit von Erziehung. Erwartung ist auf das Ergebnis der Erziehung fixiert. Hoffnung ist so offen wie die Bildung, die sich innerhalb einer Bandbreite der Erfüllung vollzieht. Reife ist kein Rechtsanspruch und etwas ganz anderes als das, was sich heute als Notendurchschnitt im sogenannten Reifezeugnis ausdrückt.

Gut wofür?

Ehe und Familie sind die großen Stabilisatoren der Evolution. Selbst den Katastrophen der Natur und in den revolutionären Umbrüchen hielt der familiäre Kern des Zusammenlebens stand. Weder Robespierre, noch Hitler, Stalin, Mao, Pol Pot schafften es, die Familien zu eliminieren, so sehr sie sich auch darum bemühten.

Ehe und Familie haben alle Frontalangriffe überlebt. Bedrohlicher als die gewaltsamen Versuche von gestern sind mögli-

Die Enteignung der Kindheit

cherweise die lautlosen Unterminierungen von heute. Entfunktionalisierung durch Outsourcing lässt von Ehe und Familie nur noch eine ausgelaugte Hülle übrig. Ohne die Freude an eigenen Kindern hat sich ihre »Sache von selbst erledigt«.

Für was aber sollen Ehe und Familie gut sein?

Für die Menschheit!

Damit diese nicht in die Einsamkeit lauter verlassener Individuen zerfällt, die dann von den großen Manipulateuren der Massen im Gleichschritt am Gängelband geführt wird.

6. Kapitel

Kampf um den Sozialstaat

1. Von der Sozialversicherung zur Fürsorge?

Als ein »System von beeindruckender Stabilität« erschien den Verfassern der »Sozialenquete 1966« das soziale Sicherungssystem der Bundesrepublik Deutschland. Seither hat dieses System manche Veränderung erfahren. Es wurde an-, um-, aus- und abgebaut, so dass im Tempo der Veränderung möglicherweise die Systemfrage völlig aus dem Blick geriet. Manchen Reformern ergeht es wie Waldarbeitern, die »vor lauter Bäumen den Wald nicht mehr sehen«. Reformbewegungen, die gleichzeitig vorwärts, rückwärts und seitwärts drängen, geraten jedenfalls leicht in Gefahr, in eine ständige schlingernde Kreisbewegung zu münden. Die ist bekanntlich eine versteckte Variante des Stillstandes.

Wer dieser Gefahr begegnen will, sucht Orientierung an verlässlichen Prinzipien der Sozialpolitik, also an Verhaltensregeln, die nicht lediglich ein von »Kostensenkung« und »Wettbewerbsfähigkeit« getriebenes Management von Ausgaben und Einnahmen zum Lernziel erklären. Nur so ist zu vermeiden, dass das Sozialsystem auf die schiefe Bahn prinzipienloser Geschäftigkeit gerät.

Grundregeln prinzipieller Sozialpolitik

Eine prinzipielle Sozialpolitik folgt Grundregeln, die im menschlichen Sozialverhalten angelegt sind. Die Auswahl und Kombination solcher Grundregeln formt die Gesellschaft.

Solidarität ist Ausdruck unserer anthropologischen Konstitution. Wir sind das schwächste unter allen vergleichbaren Lebewesen. Bei Geburt sind wir noch gar nicht fertig. Der Mensch ist, biologisch gesehen, eine Frühgeburt, sagt der Anthropologe Adolf Portmann. Mit einer verhaltenssteuernden Instinktsicherung sind wir ungenügend ausgestattet und deshalb elementar existenzgefährdet. Wir bedürfen einer zweiten Natur. Das ist die von Menschen eingerichtete Kultur. Von der Wiege bis zur Bahre sind wir auf andere angewiesen.

Solidarität – Das Prinzip der Gegenseitigkeit

Solidarität ist das Fundament des menschlichen Zusammenhaltes.

Zwei Solidaritätsformen begleiten die Entwicklung der Gesellschaft:

Die familiäre Solidarität ist der Grund, aus dem die Maxime »Der Stärkere hilft dem Schwachen« entnommen ist. Die familiäre Solidarität ist eine elementare Überlebensbedingung der Menschheit. Ohne dass die Starken die Schwachen stützen, wäre die Menschheit ausgestorben. Wir wären schon in der Eiszeit verhungert und erfroren.

Die zweite Solidaritätsform entspricht dem Gebot der Gegenseitigkeit: »Wie Du mir, so ich Dir«. Diese Regel begleitet die Entwicklung der Menschheit von Anfang an. Gegenseitigkeit ist tief in unsere anthropologische Grundausstattung eingeprägt.

Auf dem Pfad der Gegenseitigkeit entwickelte sich unsere Zivilisation. Unsere Sprachfähigkeit, die uns über die Tierwelt erhebt, ist dialogischer Natur. In unserer Sprache ist das Bedürfnis der Resonanz so eingebaut, wie die Erwartung der Antwort auf jede Frage. – Resonanz ist eine konstitutive Bedingung unserer Existenz, ohne die wir verkümmern würden. Die Äquivalenz ist ein Maßstab der Resonanz.

Das alttestamentarische Gebot: »Auge um Auge, Zahn um Zahn« ist die Zähmung der blinden Rachsucht durch Äquivalenz, welche das Gleichmaß von Tat und Strafe bestimmt.

Der kategorische Imperativ

Der von Immanuel Kant formulierte kategorische Imperativ ist die moralische Sublimierung der Goldenen Regel, nach der man entsprechend den Gesetzen der Gegenseitigkeit niemand etwas zufügen soll, was man selber nicht will. Kant fügt der Goldenen Regel den kategorischen Imperativ hinzu, der ihre Verallgemeinerungsfähigkeit für eine allgemeine Gesetzgebung zur unbedingten Voraussetzung ihrer Geltung macht. So entprivatisierte Kant die Goldene Regel und bewahrte sie davor, von individuellen Launen und Eigenheiten abhängig zu werden. Ungeeignet für den kategorischen Imperativ wäre z. B. die Zumutung von Schmerzen, die der Masochist als Lust empfindet, weil diese Schmerzen nicht alle wollen können.

Bevor das Prinzip der allgemeinen Reziprozität die Philosophie eroberte, war es eine als Tauschprinzip den Alltag bestimmende Regel. Unsere Vorfahren überwanden mit Hilfe des Tauschprinzips ihrer Heiratssitten die engen Grenzen der Sippe und entgingen so der Degeneration durch Inzest. Das Tauschprinzip ist also schon früh in der Geschichte der Menschheit ein fortschrittlicher Regulator.

Die entfaltete Marktwirtschaft erhebt die Gegenseitigkeit sogar zur Elementarregel der Wirtschaft. Gegenüber der familiären hauswirtschaftlichen Selbstversorgung ist die Marktwirtschaft ein emanzipativer Sprung aus der Enge der familiären Hauswirtschaft zur Öffentlichkeit der Tauschwirtschaft auf dem Markt.

Fürsorge und Versicherung

Auch im modernen sozialen Sicherungssystem sind die beiden solidarischen Grundregeln enthalten, nämlich die familiäre Solidarität, in welcher der Starke für den Schwachen eintritt und die reziproke Solidarität der Sozialversicherung, in welcher in der Regel gilt: Leistung für Beitrag.

Beide Solidaritätsformen unterscheiden sich in ihrer modernen Umsetzung bereits in der Aufbringung der Mittel. Fürsorge wird mit Steuern finanziert, Versicherung mit Beiträgen. Wobei die Privatversicherung ihre Beiträge an der Höhe des Risikos misst, die Sozialversicherung an der Leistungsfähigkeit des Versicherten, die vom Lohn bestimmt wird.

Die Differenz zwischen Fürsorge und Sozialhilfe setzt sich im Modus der Verteilung fort. Sozialhilfe organisiert eine interpersonelle Umverteilung zwischen Starken und Schwachen. Die Sozialversicherung ist ein genossenschaftlicher Risikoverbund. In der Rentenversicherung findet die Umverteilung intertemporal zwischen den Generationen statt. Wie die Jungen die Alten versorgen, in dem Maße erhalten die Jungen einen Anspruch an die nachfolgende Generation.

Es handelt sich bei dieser Umverteilung um eine doppelte Gegenseitigkeit. Einerseits ist sie gekennzeichnet durch eine Umlage: als organisierte soziale Gegenseitigkeit der Generationen. Andererseits berücksichtigt sie auch den individuellen Aspekt der Gegenseitigkeit: mit der Anbindung der Rente an den Beitrag.

Die Rentenversicherung ist eine geniale Verknüpfung von Eigen- und Mitverantwortung mit Hilfe von individueller und sozialer Gegenseitigkeit. Sie verknüpft die Interessen von Alt und Jung mit der Gegenseitigkeitsregel der Generationen.

Gerechtigkeit und Barmherzigkeit

Die Institutionen »Fürsorge« und »Versicherung« stehen in einem analogen Verhältnis zu den Prinzipien Barmherzigkeit und Gerechtigkeit.

Barmherzigkeit fragt nicht nach Gründen. Sie will Abhilfe schaffen. Sie ist auf die Heilung der Wunden fixiert, also final orientiert. Der Samariter suchte nicht nach den Ursachen der Hilfsbedürftigkeit. Rettung in Not war der Auslöser seiner fürsorglichen Sozialhilfe.

Die Sozialhilfe hat sich freilich im modernen Sozialstaat von dem spontanen Almosencharakter mittelalterlicher Armenpolitik befreit. Sie entspringt heute dem Rechtsanspruch auf menschwürdige Existenz und ist von der Gutmütigkeit barmherziger Menschen unabhängig.

Gerechtigkeit entfaltet sich im Miteinander der Beziehungen zwischen den Einzelnen sowie zwischen diesen und der Allgemeinheit. Die Gerechtigkeit ist dem Grunde nach kausaler Natur. Rechte lösen in der Gegenseitigkeit Pflichten aus, und Pflichten sind umgekehrt mit Rechten verknüpft. Bürger und Staat und Bürger untereinander stehen im Wechselspiel von Rechten und Pflichten, Geben und Nehmen.

Gerechtigkeit misst jedem das Seine zu. Das »Zustehende« ist der Grund der Gerechtigkeit. Das Zustehende geht über das Notwendige hinaus. Gerechtigkeit ist nicht aufs »Überleben« fixiert, sondern aufs »angemessene Leben«.

Sozialhilfe und Sozialversicherung sind getrennte Systeme, wie Barmherzigkeit und Gerechtigkeit unterschiedliche Prinzipien sind. Beide ergänzen sich und sind aufeinander angewiesen. Weil die Gerechtigkeit nie so perfekt ist wie ihre Idee, bedarf sie des Beistandes ihrer Schwester Barmherzigkeit. Barmherzigkeit ist das Zugeständnis an die unvollkommene Welt.

Fürsorge oder Sozialversicherung?

Wer hat den Vorrang? Kennzeichnend für die Art des Sozialstaates ist die Antwort auf die Frage: Ist die Fürsorge das allgemeine Instrument der sozialen Sicherheit und die Sozialversicherung die Zugabe? Oder ist Sozialversicherung die Basis der Sicherheit und die Fürsorge nur das letzte Auffangnetz für jene, die von der Sozialversicherung nicht oder nur ungenügend erreicht wurden?

Im Fürsorgefall wirkt der Staat kompensatorisch, indem er die Mängel ausgleicht, welche Armut ausgelöst hat. Sozialversicherung ist dagegen emanzipatorischer Natur. Sie versucht Armut durch solidarische Selbsthilfe in Form genossenschaftlicher gegenseitiger Vorsorge erst gar nicht entstehen zu lassen.

Sozialhilfe ist nachträglich. Sozialversicherung ist vorsorglich.

Sozialversicherung bindet ihre Leistungen an beitragsfundierte Ansprüche, also an Gegenseitigkeit. Das Grundprinzip der Rentenversicherung ist deshalb leistungsgerechte Differenzierung. Rente ist ein konkretisiertes Gegenprogramm gegen Gleichmacherei. Die Rente ist kein Almosen, sondern Alterslohn für Lebensleistung. Sie entspricht dem Prinzip der Leistungsgerechtigkeit. Die Rente ist selbstverdient.

Selbsterworbene Ansprüche oder zugewiesene Hilfen machen also einen prinzipiellen Unterschied zwischen Sozialversicherung und Emanzipation auf der einen Seite und Sozialhilfe und Kompensation auf der anderen Seite deutlich.

Die sozialpolitische Vergesslichkeit

Historische Fundierung und systematische Orientierung der Sozialpolitik geraten inzwischen allerdings unbemerkt in Vergessenheit. Die aktuellen sozialpolitischen Diskussionen verwandeln sich zusehends in ein Getümmel, in dem das Neueste der jeweils letzte Schrei ist, auf den alle warten. Erfahrung und Erinnerung an bewährte Prinzipien stören offensichtlich. Wer aber nicht in Systemen denkt, denkt auch nicht systematisch.

Fürsorge und Versicherung tauschen Schritt für Schritt den Platz des Vorranges. Das ist ein Systemwechsel: Der Sozialstaat zieht sich auf die Armutsbekämpfung zurück. Die neue Sozialpolitik ist ein Programm des resignativen Rückzuges und die Verabschiedung von ihren emanzipativen Elementen. Die Veränderung geschieht nicht abrupt, sondern sukzessiv und auf scheinbar harmlosen Umwegen. So entsteht ein anderer Sozialstaat als der auf Gegenseitigkeit fundierte. Es geht um einen schleichenden Prinzipienwechsel.

Das Abstandsgebot

Der Streit um die Höhe des für notwendig erachteten Altersversicherungsniveaus begleitet die Rentenversicherung von Anfang an. Wenn jedoch mit Hilfe des in der Riester-Rentengesetzgebung festgesetzten Beitragshöchstsatzes das allgemeine gesetzliche Rentenniveau in die Nähe des Sozialhilfeniveaus oder gar unter dies gerät, ist das keine Rentenreform, sondern eine Rentenrevolution, in der die Rentenversicherung sich selbst abschafft. Warum »Rente« nach Arbeit und mit Beitrag, wenn die Leistung der »Sozialhilfe ohne Arbeit und Beitrag« höher ist als »Rente mit Arbeit und Beitrag«? Warum soll jemand arbeiten, wenn er ohne Arbeit besser gesichert ist als ohne Anstrengung der Arbeit?

Das Abstandsgebot von Sozialversicherung und Sozialfürsorge (Hartz IV!) bewahrt das Leistungsprinzip, das in der Sozialversicherung gilt, davor, vom Fürsorgeprinzip verdrängt zu werden. Mit der Verdrängung schwindet die Leistungsgerechtigkeit aus dem Sozialsystem.

Die zwei Hebel der Rentenversicherung

Rentenniveausenkung und Festsetzung eines Beitragshöchstsatzes sind die beiden Hebel der Rentenversicherung. Sie sind allerdings auch die möglichen Instrumente ihrer Zerstörung. Es gibt für beide ein Zuhoch und ein Zuniedrig, die in einem korrespondierenden Verhältnis stehen.

Bis zur sog. Riester-Rente war in der gesetzlichen Rentenversicherung das erstrebte Rentenniveau der Fixpunkt, um den gestritten wurde. Jetzt ist es der Beitragshöchstsatz, um den das Rentensystem kreist, und das Rentenniveau ist demnach die abhängige Variable. Unabhängige und abhängige Variablen tauschen also ihre Plätze. Das Rentenniveau ist jetzt der Variabilität ausgesetzt. Das ist ein lautloser Paradigmenwechsel. Von nun an kann niemand genau angeben, wo das zukünftige Rentenniveau endgültig landet, irgendwo im »Unterirdischen«. Das ist das Ende einer kalkulierbaren Rentensicherheit. Und es ist neben der Niveauabsenkung der zweite frontale Schlag gegen die Rentensicherheit.

Die Behauptung, ein Beitragshöchstsatz müsse mit Rücksicht auf die Beitragslast der Jungen begrenzt werden, erweist sich in der aktuellen Diskussion als ein Scheinargument, denn die Beitragszahler werden zukünftig eine höhere Gesamtlast der gesetzlichen und privaten Riester-Beiträge schultern müssen, als ihnen das alte System zugemutet hätte. Der Grund liegt in dem Wegfall des Arbeitgeberbeitrags zur Riester-Rente und den erheblich höheren Verwaltungskosten der Privatversicherung. Ganz abgesehen davon, dass die kapitalgedeckte Privatversicherung den zunehmenden Verwirrungen des globalen Finanzmarktes ausgesetzt ist und ihr realer Wert bei statischen Leistungen durch Inflation gemindert wird.

Die paradoxe Quintessenz der Riester-Reform: höhere Gesamtbeiträge und niedrige Gesamtrenten.

Die Flickschusterei

Jetzt macht die SPD die halbe Kehre. Das Rentenniveau erhält eine Untergrenze. Das ist zwar zu niedrig für einen anständigen Abstand zur Sozialhilfe. Aber immerhin: Die Rente kann nicht »ins Unterirdische« absacken. Doch dann macht die SPD mitten in der Kurve halt und legt den Rückwärtsgang ein, indem sie auch eine Beitragshöchstgrenze fixiert: 22 Prozent. Beide Fixpunkte können jedoch nicht gleichzeitig gelten. Nur einer von beiden Haltepunkten kann feststehen. Entweder die Beitragshöchstgrenze oder das Rentenniveau. Der jeweils andere Punkt ist die abhängige Variable. Wenn die Beitragshöchstgrenze erreicht ist, kann die weitere Steigerung des Beitrags nur durch Absenkung des Rentenniveaus verhindert werden. Umgekehrt gilt, wenn die Rentenniveausenkung unter der Mindestgrenze zu sinken droht, muss der Beitrag erhöht werden, um das Absinken zu vermeiden.

Die SPD macht also in der Rentenpolitik den Versuch, ein Auto zu erfinden, in dem Benzinverbrauch und Motorleistung unabhängig voneinander funktionieren. Man kann nicht die Benzinzufuhr drosseln und die Motorleistung steigern, so wenig es sinnvoll wäre, mit schwächerem Motor mehr Benzin zu verbrauchen.

Dem Dilemma dadurch aus dem Weg zu gehen, dass ein stärkerer staatlicher Zuschuss die Balance herstellt, bringt der Rentenversicherung nicht mehr Sicherheit, weil niemand vorhersagen kann, ob der Staat dafür ausreichende Steuereinnahmen abzweigen kann und will.

Für die Rentensicherheit ist es am besten, wenn die Rentenversicherung ihre Probleme selbst löst. Wenn die 4 Prozent Riester-Rentenbetrag in die Rentenkasse fließen, wo sie hingehören, sind viele Sicherheitsprobleme auf einen Schlag gelöst.

Man muss nur bereit sein, die Riester-Rente als Fehler zuzugeben. Das fällt halt jedem schwer, auch Parteien.

Es gibt Fehler, die kann man nicht an den Wirkungen reparieren. Da hilft nur, wenn man die Ursachen beseitigt. Den Fehler der Riester-Rente kann man so wenig korrigieren wie das falsch zugeknöpfte Hemd am sechsten Knopf. Man muss alle falschen Knöpfe aufmachen und den ersten wieder richtig zuknöpfen.

Jenseits von Euro und Cent

Die Rente besitzt nicht nur eine materielle, quantitative Dimension, sondern auch eine ideelle, qualitative.

Es macht nämlich einen mentalen Unterschied aus, ob das Altersgeld selbst verdient oder das Ergebnis obrigkeitlicher Zuwendung ist. Zwischen staatlicher Grundsicherung einerseits und Lohn-Rente andererseits klaffen Welten. Rente ist selbsterarbeitet und keine »Fremdleistung«. Staatsrenten sind dagegen eine Art von sozialer Subvention.

In der Bismarckschen Sozialgesetzgebung steckte eine originär pädagogische Absicht. Mit der Äquivalenz von Beitrag und Rente sollte das Selbstbewusstsein der Arbeiter gestärkt werden. Orthodoxe sozialistische Gegner witterten damals in der Beitragsrente das Palliativ, welches das Proletariat vom Klassenkampf ablenken würde. Neoliberale attackierten später die gesetzliche Rente als das Ruhekissen des Versorgungsstaates. So zeigt sich eine überraschende Konvergenz der Extreme. Beide entlarven sich als Gegner der Subsidiarität, nämlich einer genossenschaftlichen Regelung durch die Sozialversicherung, die eine Form der solidarischen Selbsthilfe ist. Die einen wollen privatisieren, die anderen verstaatlichen. Gemeinsam nehmen sie die Rentenversicherung in die Klemme.

Zwischen Privatisierung und staatlicher Vormundschaft

Die Bismarcksche Sozialgesetzgebung stellte die Weichen des Sozialstaates, der sich zwischen angelsächsischer Selbstversorgungsideologie und skandinavischer Staatsversorgungsvorliebe entwickeln sollte.

Die Sozialversicherung entspricht dem Prinzip subsidiärer Solidarität. Sie steht also zwischen Privatisierung und Verstaatlichung des Sozialsystems. Subsidiarität ist ihr spezifisches Prinzip, das sie von der Verstaatlichung trennt.

In dieses Konzept, das Gegenseitigkeit mit sozialem Ausgleich verbindet, zog Bismarck die Arbeitgeber ein, die einen eigenen Arbeitgeberbeitrag zahlen mussten. Der Arbeitgeberbeitrag sollte »Ersatz für die durch Arbeit verminderte Arbeitskraft« (Bismarck) sein, für welche die Unternehmen Mitverantwortung tragen. Jedenfalls signalisiert der Arbeitgeberbeitrag die Mitverantwortung der Arbeitgeber für den Sozialstaat. Er ist auch eine Gegenleistung der Arbeitgeber, dass sie durch die Sozialversicherung von Lasten befreit werden, die früher die Betriebe oder Innungen trugen. Erst mit Einführung der Sozialversicherung war eine unternehmerische Wirtschaft möglich, die sich am Gewinn orientiert und im Wettbewerb besteht.

Es war ein kluger Schritt, die Sozialversicherung der Selbstverwaltung der Kontrahenten »Gewerkschaft« und »Arbeitgeber« zu übertragen. In der Sozialversicherung übernahmen die »Klassenfeinde« so gemeinsame Verantwortung. Dort lernten sie sich kennen und schätzen. Die Arbeitgeber erfuhren so, dass die Gewerkschafter auch mit Messer und Gabel essen können und die Gewerkschafter, dass die Kapitalisten keine Menschenfresser sind. Man gewöhnte sich durch »Bekanntschaft« aneinander. »Kontakt schafft Sympathie«, das ist eine alte Faustregel des zivilisierten Umgangs.

Die Sozialversicherung ist eine Grundschule der Partnerschaft, die Tarifautonomie und Mitbestimmung ermöglichte und uns den Klassenkampf ersparte. Ohne Bismarck kein Erhard. Ohne Sozialstaat keine soziale Marktwirtschaft.

Die Klientel des Führsorgestaats wächst

Riester-Rente und die Einschränkung der Arbeitslosenversicherung mindert die solidarische Selbstständigkeit der Arbeitnehmer und überführt das Sozialsystem in die Huld des Fürsorgestaates, dessen Klientel auf diesem Weg wächst. Bedürftigkeitsprüfung und -nachweise werden deshalb zukünftig der permanente Begleiter der gläsernen Bittsteller sein. Die Armen werden auf Antrag besänftigt.

»Bist Du reich oder bist Du arm?«, wird die ständige Frage des neuen Fürsorgestaates. So entwickelt sich der Sozialstaat zur allgemeinen »Bedürfnisprüfungsanstalt«. Die neue Kennkarte des Sozialstaates wird das ausgefüllte Formular sein, in dem die Lebens- und Einkommensverhältnisse umfassend dargestellt werden müssen.

Im Verlust der Verselbständigung, welche durch die eigenständige beitragsbezogene Leistung aufgebaut wurde, wird der Abstieg von der Sozialversicherung zur Fürsorge offenbar.

Keine private Versicherung stellt z. B. nach einem Brandschaden die Frage, ob eine Ausweichwohnung zur Verfügung steht. Keine Kraftfahrzeugversicherung käme auf den Gedanken, nach dem Fahrrad zu fragen, mit dem man eventuell nach dem Autounfall weiterfahren könne. Es zählt in der Versicherung allein die Vorleistung durch Beiträge. Die Fürsorge verlangt dagegen zu Recht die Klärung der Bedürftigkeit. Die Versicherung kann sich dagegen zu Recht mit der Klärung der Beitragsfrage begnügen. Jetzt degeneriert aber Sozialversicherung zusehends zur nachgeahmten Fürsorge.

Die Sozialversicherung war der Wegbereiter für die Emanzipation der Arbeitnehmer. Sozialversicherung wird schwächer, Sozialhilfe stärker, das ist der Rückwärtsgang der Riester-/ Hartz-Reformer. Der alte Obrigkeitsstaat in der Maske des Wohltäters tritt wieder aus den Kulissen. Das Stück, das gespielt wird, heißt: Kompensation statt Emanzipation. Durch fürsorgliche Kompensation des Mangels sollen die Notleidenden besänftigt werden.

Doch die Rolle bittstellender Arbeitnehmer widerspricht der Selbstachtung der Arbeitnehmer. Ihr Selbstbewusstsein wollte

Bismarck stärken. Jetzt geht es »vorwärts hinter Bismarck zurück«.

Und dazu kommt: Der Sozialstaat, welcher die Gegenseitigkeit von Leistung und Gegenleistung immer weiter eliminiert,
wird den Staat stärker in die Rolle des Umverteilers zwischen
oben und unten drängen, indem er Aufgaben übernimmt, die
bisher vornehmlich dem staatlichen Finanzsystem (z.B. durch
Steuern) übertragen waren. So erhöht sich das sozialstaatliche
Konfliktpotential.

Das große Rentenkuddelmuddel

Die Reparaturkolonnen eilen ins Rentenhaus. Doch wenn das
Fundament unterminiert ist, helfen keine Dachdecker und
auch keine Installateure. Im Eifer des Gefechtes gerät die neue
Sozialpolitik ins Unübersichtliche. Im Dunkel des Rentenkud-
delmuddels wird bald niemand mehr erkennen, aus welcher
Quelle sein Alterseinkommen fließt. »Solidarrente« wie »Lebensleistungsrente« bieten die gleiche Konfusion. Drei Rentner mit gleich hohen Renten werden unter Umstanden diese
Beträge aus drei unterschiedlichen Renten-Gründen erhalten:
Ein Rentner bezieht sein Alterseinkommen als Grundsicherung
inklusive Zuschlägen, der zweite Rentner erhält, da er 35 Jahre
Beiträge gezahlt hat, eine um 10 Prozent erhöhte Grundsicherung, der Dritte verdankt den gleichen Rentenbetrag, den die
anderen auch beziehen, seiner Beitragszahlung. Der Dritte ist
der Dumme in diesem Rentenspiel.

Niemand weiß mehr, wer aus welcher Kasse und mit welcher
Begründung eine Rente bezieht.

Das Verwirrspiel geht weiter. Für die Lebensleistungsrente
soll der Abschluss einer Riester-Rente Voraussetzung sein. Bei
der Grundsicherung wird die Riester-Rente dagegen systematisch gerecht angerechnet. Sie mindert demnach die Grundsi-

cherung: »Einmal positiv und einmal negativ«. Die Reformen gleichen einem Vehikel, dessen Vorderrad vorwärts und dessen Hinterrad rückwärts fährt.

Der beschlossene Ausbau der Betriebsrente beseitigt die Gefahr der steigenden Altersarmut auch nicht. Die Kandidaten der zukünftigen Altersarmut sind nämlich vor allem prekär Beschäftigte, die nicht in Betrieben arbeiten, die eine Betriebsrente anbieten können und wollen. Die Reform begünstigt die »etablierten« Arbeitnehmer und vergrößert den Verhandlungsspielraum der Betriebsräte. Das sei den Betriebsräten gegönnt. Das Problem der Rentner-Armut wird jedoch dadurch nicht gemindert. Die Reform ist auf dem Boden einer gewerkschaftlichen Insider-Politik gewachsen und nicht auf dem der Solidarität mit den Schwächsten. Es stärkt die Starken ohne den Schwachen zu helfen.

Da die neuen Leistungen nicht dynamisiert werden müssen, steht der reale Wert dieser Betriebsrenten in den Sternen. Eine halbwegs solide Lebensplanung lässt sich mit diesen »unsicheren Renten« im Unterschied zu den »sicheren dynamischen Renten« der gesetzlichen Rentenversicherung nicht machen.

Eine große Gewinnerin hat diese Reform, sie ist derselbe wie die, welche mit der Riester-Rente ihr großes Geschäft gemacht hat: Die private Versicherungswirtschaft. Sie hat die beste Lobby in ganz Deutschland. Allianz, in Aktionsgemeinschaft mit Bild, lässt grüßen. Die Redaktion folgt den Wünschen der Anzeigenkunden.

Bedingungsloses Grundeinkommen

Am Ende des großen Renten-Kuddelmuddels wird ein rabiater Vereinfacher auftreten, der mit der Sense der Nivellierung dem Durcheinander kurzerhand mit einer staatlichen Einheitsrente ein Ende bereitet. Jeder, ob reich, ob arm, erhält dann den gleichen Schlag aus der Gulaschkanonen: Daraus schöpft das »bedingungslose Grundeinkommen«. Das Alte gilt als verkommen, die neuen Patentrezepte als Rettung des Sozialstaates. Doch was heute Retter scheint, entpuppt sich als Zerstörer.

Nimmt man die Verkleidung ab, erscheint unter dem Kleid der Modernität ein alter Ladenhüter, nämlich die soziale Gießkanne, die Wasser über alle gießen lässt. Neu ist lediglich, dass jetzt alle, ob reich, ob arm, mit der gleichen Menge von Wassertropfen beglückt werden sollen. Bettler und Bosse, Milliardäre und Minijobber, Obdachlose oder Schlossbesitzer, alle werden gleich »beglückt«. Ein solches Grundeinkommen ist die Dampfwalze des Sozialstaats. Sie walzt alles platt.

Was das bedingungslose Grundeinkommen bedeutet, kann man in seinen Grundzügen an einem realexistierenden Modell bei den Eskimos in Kanada studieren. Dort, an den Ufern der West-Ost-Passage, hat die kanadische Regierung Eskimosiedlungen eingerichtet, mit denen sie zwei Ziele gleichzeitig verfolgt: Soziale Integration der Eskimos ins Gesundheits- und Schulsystem. Und: Sicherung der territorialen Ansprüche Kanadas durch Ansiedlung in arktischen Gebieten, die wegen ihrer vermuteten Rohstoffquellen auch für andere Staaten verlockend sind.

Die kanadische Regierung ist das Projekt so viel wert, dass sie es weitgehend subventioniert. Es siedeln dort also Arbeitslose auf Steuerzahlerkosten. Das ist auch eine Form von bedingungslosem Grundeinkommen.

Die Ergebnisse sind dort eindrucksvoll zu besichtigen. Eine tiefe Traurigkeit durchzieht die Dörfchen und verbreitet ein Flair von hoffnungsloser Depression. Die subventionierten Eskimos wissen nicht, was sie mit sich und der Welt anfangen sollen. Sie fliehen in Ersatzbefriedigungen für die verlorene Lebensaufgabe. Dabei ist der Massenkonsum von Süßigkeiten und Pommes frites noch die harmloseste Abwechslung in der Einöde, welche von der Langeweile ausgelöst wird, die sich einstellt, wenn man nicht gebraucht wird. Arbeit ist also doch offensichtlich mehr als nur Einkommensbeschaffung.

Ehrenamtliche und freizeitliche Tätigkeiten können die Arbeit ergänzen, aber nicht ersetzen. Es wird nämlich übersehen, dass im Lohn nicht nur ein Geldwert steckt, sondern auch Achtung und Anerkennung. Im Lohn ist auch »Honorar« enthalten, das immer auch Ehrung ist. Das bedingungslose Grundeinkommen verletzt zudem auch das Gerechtigkeitsgefühl vieler Menschen, besonders das der Menschen, welche die unbequemen Arbeiten auch für andere, die nichts tun, verrichten.

Da das bedingungslose Grundeinkommen nach der Idee einiger seiner führenden Verfechter kostenneutral sein soll, also nicht mehr kosten soll, als die wegfallenden sozialstaatlichen Leistungen betragen, kann das bedingungslose Grundeinkommen nur von denen finanziert werden, die bisher Sozialleistungen bezogen haben, die dann wegfallen.

Die besser gestellten Mitbürger, die zukünftig auch ein Grundeinkommen beziehen sollen, können an dessen Finanzierung durch eingesparte Sozialleistungen deshalb gar nicht beteiligt werden, da sie nie Sozialleistungen bezogen haben. Es bezahlen also die bisherigen Sozialleistungsempfänger mit den Sozialleistungen, die entfallen, die Grundeinkommen der Reichen, die diese Grundeinkommen bedingungslos zusätzlich zu ihren bisherigen höheren Einkommen erhalten. So etwas nenne ich eine klassische Umverteilung von unten nach oben oder anders ausgedrückt: eine Solidarität für Geisterfahrer.

Die Monetarisierung des Sozialstaats

Das bedingungslose Grundeinkommen ist ein weiterer Beitrag zur totalen Monetarisierung des Sozialstaates, der sich fortan offenbar auf Geldleistungen fixieren soll. Der traditionelle Sozialstaat ist auch Berater und Helfer. Er verfolgt mit seinen Sachleistungen auch einen Steuerungseffekt für sachgerechte Hilfeleistung und überlässt diese nicht ausschließlich den Preisen, die sich im Wechselspiel zwischen Angebot und Nachfrage ergeben. Ein Wegfall der Sachleistungen durch die Krankenversicherung würde die Kranken zwingen, ihre Gesundheitsleistungen selbst »einzukaufen«. Der Pharmaindustrie steht dann z. B. keine gebündelte Marktmacht der Versichertengemeinschaft gegenüber. Jeder ist dann selbst Schmied seines Glückes. Der einzelne Kranke kann jedoch nicht auf das Medikament so lange warten, bis der erträgliche Marktpreis sich eingependelt hat. Er ist »jetzt« krank. Der Anbieter dagegen hat mehr Zeit. Er wird den Preis diktieren.

Die Rentenversicherung bietet neben Renten auch Rehabilitation an. Die Arbeitslosenversicherung sichert nicht nur Arbeitslosengeld, sondern vermittelt Arbeitsplätze und organisiert Umschulung und Weiterbildung. Sollen diese Aufgaben die Finanzämter übernehmen?

Nicht alles, was gut gemeint ist, ist auch gut getan. Das bedingungslose Grundeinkommen gehört zu den guten Vorsätzen, die bekanntlich den Weg zur Hölle pflastern.

Es geht auch um die Ehre von Menschen: Die Straßenarbeiter, die, während ich dies schreibe, vor meiner Haustür Kanalrohre in die Straße verlegen, schimpfen über ihre schwere Arbeit, die sie bei Sturm, Regen und Sonne leisten. Aber ich bin sicher, dass sie auch stolz sind, mit ihrem Lohn sich und ihre Familien zu ernähren. Ein bedingungsloses Grundeinkommen ist eine Beleidigung der »Malocher«.

Reformieren, nicht neu erfinden

Sozialstaat muss immer reformiert werden. Aber nicht ständig neu erfunden! Mit dem Sozialstaat sind Lebensplanungen

Die Pflegeversicherung

verbunden, die man nicht einfach annullieren kann. Deshalb ist der Spielraum der Umgestaltung begrenzt. Den Sozialstaat kann man nicht umbauen wie man Straßen umbaut, indem man in der Umbauphase Umleitungen für den Verkehr schafft. Solche Umleitungen gibt es in Sachen Soziale Sicherheit nicht. Reformen geschehen bei »laufendem Sozialstaat.« Soziale Sicherheit verträgt keine Auszeiten für Experimente.

Der Sozialpolitiker verspricht nicht das Blaue vom Himmel, gibt sich aber auch nicht den vorgefundenen Tatsachen zufrieden. Sein Platz ist zwischen Revolution und Reaktion: Dort sind die evolutionären Reformen angesiedelt.

2. Die Pflegeversicherung

Mit der Einführung der Pflegeversicherung ist neben den Risiken der Krankheit, des Alters und der Invalidität, des Unfalls und der Arbeitslosigkeit das Risiko der Pflegebedürftigkeit sozialversicherungsrechtlich abgesichert worden. Die Pflegeversicherung ist die fünfte Säule des Sozialstaates.

Die Sozialversicherung bietet eine fundamentale solidarische Absicherung, die der privaten Ergänzung offen steht. Die Sozialversicherung kann durch Privatversicherung nicht ersetzt, aber sinnvoll ergänzt werden. Das entspricht dem Prinzip der Subsidiarität.

Die Pflegeversicherung betrat bei ihrer Einführung Neuland. Beim ersten Schritt mussten wir uns auf ungesichertem Gelände bewegen. Wir konnten auf keine Erfahrung mit Pflegeversicherungen zurückgreifen. Das ist der Nachteil von Neugründungen. Deshalb konzentrierte sich die Pflegeversicherung zunächst auf körperliche Gebrechen, weil der Bezug darauf das am sichersten einzuschätzende Potential angab.

Neue Aufgaben

1. Das Feld der Pflegebedürftigkeit wird größer. Die Menschen leben länger. Es nehmen die mentalen Einschränkungen zu.

2. Die grobe Alternative »Allein oder Heim« wird durch ein differenziertes Angebot von lebensnahen Pflegeangeboten aufgelöst. Neue Wohnformen ermöglichen eine weit ins Alter vorgeschobene relative Selbstständigkeit.

   Die nachbarschaftliche Hilfe ist eine kulturelle Aufgabe, die gesamtgesellschaftlich bewältigt werden muss. Dafür sind neue Formen solidarischer Selbsthilfe zu erkunden. Die »Musik der sozialen Dienste« wird vor Ort gespielt.

3. Der »Faktor Mensch« wird wichtiger.

   Die technologische Dienstleistungsgesellschaft steht vor der Gefahr, durch Maschinen den Mensch als Dienstleister zu eliminieren. Krankenhäuser und Pflegeheime sind jedoch keine automatisierungsfähigen Fabriken. Der Roboter kann Dienstleister entlasten. Ersetzen kann er sie nicht!

4. Gesundheit und Pflege werden teurer.

   Mit Wohlstandssteigerung und dem diagnostischen und therapeutischen Fortschritt steigen die Ansprüche ans Gesundheitssystem. Das ist eine globale Gesetzmäßigkeit: Je höher das Sozialprodukt, umso höher die Ausgaben für Gesundheit.

   Auch in dem privaten Ausgabenetat werden neue Schwerpunkte gesetzt werden müssen. Die Alternative heißt: mehr Konsum und technische Dienstleistungen oder mehr personelle Dienste und menschliche Zuwendung.

5. Es ist nicht alles mit Geld zu machen.

   Der »homo oeconomicus« ist jedenfalls kein tauglicher Pfadfinder für eine humane, gesellschaftliche Entwicklung. Der Mensch ist kein Kosten-Nutzen-Faktor.

Die Pflegeversicherung

Wie es losging

Beredet wurde das Projekt »Absicherung der Pflege« lange. Die Pflegeabsicherung war jedenfalls Gegenstand von unzähligen Fachtagungen und lieferte Stoff für mannigfaltige wissenschaftliche Gutachten, politische Denkschriften und entschlossene Resolutionen der Sozialverbände.

Man kann eben ein Vorhaben auf verschiedene Weise »erledigen«. Die bequemste ist Nichtstun, das entspricht der Erledigung durch Zeitverlauf. Die aufwendigste, aber wirksamste ist Reden, Reden, Reden, ohne Konsequenzen.

Reden ohne Konsequenz ist »Quatschen«.

Die Diskussion muss zu einem bestimmten Zeitpunkt beendet werden, sonst verläuft sie im Sande. Dabei kann man nicht warten, bis der letzte Anhänger seinen Verbesserungsvorschlag im Absatz 5, Satz 4, Zeile 3 untergebracht hat.

In Sachen Pflegeversicherungsdiskussion waren im Laufe langer Zeit so viele Bäume gewachsen, dass man den Wald nicht mehr sah.

Auf den Hauptnenner gebracht, gab es drei Richtungen zur Lösung der Probleme:

1. Staatsversorgung
2. Sozialversicherung
3. Privatversicherung

Ich war für die mittlere Lösung: Sozialversicherung – mit, wie ich glaube, guten Gründen.

Erstens: Der Staat macht nicht alles besser. Wenn Sozialleistungen von der Steuereinnahme des Staates abhängen, werden sie zur Dispositionsmasse der jährlichen Haushaltsberatungen. Dort, wo der Staat bis dahin für die Pflegebedürftigen eintrat, erwies er sich nicht als Ausbund von Kreativität. Die Sozialhilfe regelte ihre Zuwendungen weitgehend nach der Kasse der Kommune und dem guten Willen des Sozialdezernenten.

Zweitens: Ich bin Anhänger und Verteidiger der Sozialversicherung. Sie ist unser bestes Stück im Sozialstaat. Sozialversicherung ist solidarische Selbsthilfe. Die Versicherten sind keine Bittsteller, die auf die gütige Zuwendung einer »Obrigkeit« angewiesen sind. Ihre Ansprüche basieren auf Beiträgen als Vorleistung für Sozialleistungen.

Drittens: Die Privatversicherung halte ich für ungeeignet, Basisbedürfnisse des Sozialstaates zu befriedigen. Es beginnt schon mit dem risikoabhängigen Beitrag. Die schweren Risiken werden mit höheren Beiträgen belastet oder gar nicht angenommen. Die Gesunden schneiden immer besser ab.

Im Unterschied zur Privatversicherung, die erst Kapital bilden muss, bevor sie Leistungen gewährt, funktioniert das Umlagesystem der Sozialversicherung vom Tage seiner Einführung.

»Eingebundene« oder »isolierte« Eigenständigkeit

Eine weitere Entscheidungsfrage war, ob die Pflege einer »eigenständigen« Sozialversicherung zugeordnet werden sollte, oder ob sie der bestehenden Sozialversicherung an- oder eingegliedert werden sollte.

Ich war dafür, die Pflege in den Schutz des bestehenden Sozialversicherungssystems zu nehmen. Sie einfach in eine bestehende Sozialversicherung einzugliedern war mir allerdings auch zu riskant. Man stelle sich vor, wie der Pflegebedarf im Etat einer Krankenversicherung sichergestellt werden kann, wenn um deren Kuchen sich mächtige Nachfrager wie Ärzte, Zahnärzte, Arzneimittelhersteller, Krankenhäuser und Kurbetriebe streiten. Den Letzten beißen die Hunde, der Letzte wäre der »Neuankömmling Pflege« gewesen.

Die pragmatische Lösung war die Angliederung an die bestehende Krankenversicherung, allerdings mit eigenem Etat und Selbstverwaltung.

Kopfsprung

Die Zeit der langen Reden und der endlosen Parade von Vorschlägen war vorbei. Auf dem Ersatzkassen-Tag am 26. September 1990 habe ich den Kopfsprung gewagt, ohne zu wissen, wie viel Wasser im Becken ist und einen Vorschlag zur Einführung der Pflegeversicherung der Öffentlichkeit vorgestellt. Die Resonanz war mäßig. Niemand nahm ihn ganz ernst. Unser Koalitionspartner FDP hatte ein müdes Lächeln im Gesicht. Graf Lambsdorff erklärte das Projekt für »Traumtänzerei«. Die SPD sah keinen Grund, einen Regierungsvorschlag zu unterstützen. Der Beifall der Gewerkschaften war »pflichtgemäß« und sofort mit Verbesserungsvorschlägen bewaffnet.

Die müde Zustimmung und halbherzige Ablehnung waren unser Glück. Wir mobilisierten die Sozialverbände und die Kommunen. Sie blieben unsere stärksten Unterstützer im Hindernislauf bis zum Ziel – Ankunft im Jahr 1994.

Die Sozialverbände traten für die Pflegeversicherung aus Betroffenheit ein, die Kommunen waren an der Entlastung ihrer Sozialhilfekosten interessiert. Zwei unterschiedliche Motive, aber ein Ziel.

Jetzt begann die Sache in die »Phase der ernsthaften Absichten« zu treten. Jetzt wurden auch die Gegner wach. Die Bundesvereinigung der deutschen Arbeitgeberverbände, der Bundesverband der Deutschen Industrie, der Zentralverband des Deutschen Handwerks, der Deutsche Industrie- und Handelstag ballerten aus allen Rohren.

Die FDP beschloss auf ihrem Bundesparteitag am 8. Oktober 1991 die Einführung einer Pflicht-Privatversicherung. Immerhin war das die Anerkennung eines Bedarfs. Es war der Beginn eines längeren Rückzugsgefechtes, welches die FDP lieferte, mit zum Teil grotesken Alternativen, wie beispielsweise die Pflegeversicherung mit einer Kopfpauschale von monatlich 36 Euro zu finanzieren.

Die Privatversicherung reagierte konfus. Sie war dagegen, aber auch dafür, wenn sie dabei ein Geschäft machen konnte. Die FDP und die Privatversicherungen konnten oder wollten ihre Modelle nie mit Finanzierungsrechnungen belegen, so wenig, wie die Arbeitgeberverbände ihre Alternativen in Konzepte mit Ein- und Ausgaben quantifizieren konnten. Die Stärke des Bundesarbeitsministeriums in den Auseinandersetzungen war die Seriosität unserer Mathematiker. Wir waren in der Lage, jeden Vorschlag mit seinen Finanzierungsgrößen zu berechnen. Damit erledigten sich fast alle Gegenvorschläge. Sie rechneten sich nicht. Und Ideologie war schon immer ein schlechter Ersatz für Mathematik.

Hans-Dietrich Genscher blieb in der Diskussion mein stärkster Unterstützer, zwar nicht öffentlich, aber einflussstark. Hermann Otto Solms war in den Verhandlungen mein verlässlichster Koalitionspartner.

Die feste Bastion für die Pflegeversicherung war die CSU. Horst Seehofer war der Fels in der Brandung. Er wackelte nie, auch als die Gegner zum Sturm bliesen. Edmund Stoiber stand ihm zur Seite. Die CDU-Sozialausschüsse taten ihr Bestes. Die Kommunalverbände blieben standhaft bei ihrer Unterstützung. Die Gewerkschaften wackelten sozialdemokratisch bedingt.

Kompensation

Vor dem Ziel hatte die Pflegeversicherung eine hohe Hürde zu überwinden. Die Regierungskoalition beschloss der Pflegever-

Die Pflegeversicherung

sicherung nur zuzustimmen, wenn die Beitragsbelastung der Arbeitgeber an anderer Stelle ausgeglichen werde.

Die einfachste Form der Kompensation bestand im Wegfall eines Feiertages. Das war leichter gesagt als getan. Es musste ein bezahlter Feiertag sein, der in allen Bundesländern gefeiert wird.

Die weltlichen Feiertage 1. Mai und Tag der Deutschen Einheit galten als unantastbar. Der 1. Mai ist der international gefeierte Tag der Arbeit. Der 3. Oktober ist der Tag der Deutschen Einheit. Beide waren aus unterschiedlichen Gründen tabu.

Ich schlug den zweiten Pfingstfeiertag vor. Die katholischen Bischöfe standen Kopf. Hilfesuchtend wandte ich mich auch an den obersten Glaubenswächter in Rom, Kardinal Joseph Ratzinger.

Welche liturgische Funktion hat der zweite Pfingstfeiertag? Keine! Ist der zweite Pfingstfeiertag für die Arbeitnehmer im Vatikan ein bezahlter Feiertag? Nein!

Ich bat den Kardinal am Telefon, dieses seinen bischöflichen Amtskollegen in Deutschland mitzuteilen. Ich hörte am Telefon ein schwaches Lachen. »Das müssen Sie schon selber machen!« Ratzinger hatte mich durchschaut, dass ich gar keine Auskunft, sondern Hilfe erwartet hatte. Als dann noch der Schaustellerverband Sturm lief, weil er um seine Volksfestgeschäfte am zweiten Pfingstfeiertag fürchtete, war ich mit meinem Vorschlag aufgelaufen. Der Buß- und Bettag war mein Ersatzvorschlag. Durch die Protesttür, durch welche die katholischen Bischöfe den Saal verlassen hatten, traten jetzt die evangelischen ein. Ich versuchte sie zu trösten, mit der lutherischen Einsicht: Das ganze Leben ist Buße, dann kann es nicht nur ein Tag im Jahr sein, an dem gebüßt und gebetet wird.

Der Buß- und Bettag wurde als bezahlter Feiertag gestrichen.

Die FDP kam auf die Idee, die Lohnfortzahlung im Krankheitsfall zu kürzen. Nicht zu Unrecht vermutete die FDP, dass

Kampf um den Sozialstaat

ich an dieser Kröte schwer zu schlucken haben würde. Das verband sie mit der Hoffnung, ich würde aufgeben. Das war eine Fehleinschätzung.

Für mich war der Vorschlag, die Lohnfortzahlungsregelung einzuschränken, eine schwere Hürde im Verfolgungsrennen »Pflegeversicherung«. Denn ich weiß, für die Lohnfortzahlung hat meine Gewerkschaft, die IG Metall, den längsten Arbeitskampf in ihrer Geschichte geführt.

Aus dem kollektiven Gedächtnis der Arbeiterbewegung sind solche elementaren Diskriminierungen nicht einfach auszulöschen. Lohnfortzahlung ist ein Symbolthema. Ausgerechnet ich sollte den Tabu-Bruch begehen. Die Arbeitgeberverbände jubelten und die Gewerkschaften nannten mich Arbeiterverräter, zudem brachte es mir einen weiteren Ausschlussantrag aus der IG Metall ein, den ich allerdings wie die vorhergehenden überlebte.

Ich bestand jedoch darauf, die Einschränkung der Lohnfortzahlung nur für die gesetzlichen Regelungen vorzunehmen. Einen Eingriff in die Tarifautonomie lehnte ich aus verfassungsrechtlichen Gründen ab und wurde dabei von dem von der FDP geführten Justizministerium unterstützt, was in der FDP intern viel böses Blut verursachte.

Es kam, wie es kommen musste: Die Arbeitgeber erreichten ihr Ziel. Die gesetzlich verankerte Lohnfortzahlung wurde gestrichen. Für tariflich vereinbarte blieb Spielraum. Und jetzt kam es, wie ich vermutet hatte: Die »Helden« der Arbeitgeberverbände, die von der Einschränkung der Lohnfortzahlung die Überlebensfähigkeit des Sozialstaates abhängig gemacht und von mir mehr Mut gefordert hatten, kündigten keinen Tarifvertrag, dessen Beseitigung sie vom Gesetzgeber gefordert hatten. Dort, wo die gesetzliche Streichung wirkte, wo also die Lohnfortzahlung eingeschränkt wurde, stimmten sie blitzschnell neuen Tarifverträgen zu, als die Gewerkschaften das forderten.

Die Pflegeversicherung

So ist das: Maulhelden sind immer stark, wenn es gilt, dass andere die Kohlen aus dem Feuer holen sollen. Sie sind feige, wenn sie selbst machen sollen, was sie von anderen verlangen.

Seit der Zeit weiß ich, dass nicht jeder, der von anderen Mut fordert, die Mutprobe besteht, wenn er sie selbst leisten soll. Jeder fordert, den Gürtel enger zu schnallen, und fummelt dabei ununterbrochen am Gürtel des Nachbarn.

Die Pflegeversicherung musste noch viel hinhaltenden Widerstand ertragen. Die SPD besaß im Bundesrat die Mehrheit, also musste sie ins Boot genommen werden. Ich »erpresste« sie, indem ich sie bei der Ehre packte. Was da wichtiger sei, Parteitaktik oder Hilfe für die, welche der Hilfe bedürfen?

Das Projekt musste mehrere Vermittlungsverfahren zwischen Bundesrats- und Bundestagsmehrheit überstehen. Ob das Vermittlungsverfahren erledigt sei, wurde zuletzt zu einer Geschäftsordnungsfrage. Es lag schließlich an einer einzigen Stimme. Ich war nahe am Herzinfarkt. Doch der Vertreter Baden-Württembergs stimmte entgegen der Weisung seiner Landesregierung für die Weiterbehandlung des Gesetzes. Der Vorsitzende des Vermittlungsausschusses Heribert Blens (CDU) behielt in dieser heiklen Situation, als das Vorhaben der Einführung der Pflegeversicherung am seidenen Faden hing, nicht nur die Nerven, sondern auch die Meisterschaft, mit allen Tricks der Geschäftsordnung den Pflegeversicherungsversuch am Leben zu halten.

Am 10. März 1994 spätabends war die Pflegeversicherung nach mehreren Sitzungsunterbrechungen im Vermittlungsausschuss unter Dach und Fach. In den vier Jahren des Kampfes war ich acht Jahre älter geworden. Am Abend des 10. März 1994 jedoch um sechzehn Jahre jünger.

Die Unterlegenen trösteten sich mit Untergangsprophezeiungen Das Todesglöcklein wurde schon am Geburtstag geläutet.

Die FDP kündigte an, die Pflegeversicherung würde schon am Ende des Jahres zahlungsunfähig sein.

So siegesfroh wie ich war, so besorgt blieb ich, ob denn alles klappen würde, vor allem, ob das Geld aus den Beitragseinnahmen für die zugesagten Leistungen reichte. Schließlich hatten wir Neuland betreten, unsere Rechnung basierte auf Annahmen.

2019 wird die Pflegeversicherung 25 Jahre. Sie ist nie fertig. Ideallösungen gibt es nur auf dem Reißbrett der Ideologen.

3. Bewährungsprobe Wiedervereinigung

Eine Bewährungsprobe besonderer Art bestand der Sozialstaat im Prozess der Wiedervereinigung. Zwei Sozialsysteme unterschiedlicher Bauart, die sich nicht erst im Aufbau, sondern bereits im Fundament und im Rohbau nicht glichen, mussten zusammengeführt werden, und das »über Nacht«. Es gab dafür keine Vorbereitungsphase und auch keine Erprobungsmodelle. Die Vereinigung ähnelte dem Umladen zwischen zwei Güterzügen, die sich in voller Fahrt befinden und dazu noch in entgegengesetzter Richtung fahren. Aber Arbeitslosen-, Kranken-, Unfall- und Rentenvericherung mussten sofort funktionieren.

Die Rentner als Gewinner

Vier Millionen Renten waren innerhalb von vier Wochen umgestellt, ausgerechnet und ausgezahlt. Wann gab's das schon mal? Unter normalen Umständen wären dazu ungefähr eine vierjährige Erprobungsphase, drei Modellversuche, zwei Beauftragte, eine Enquete-Kommission vonnöten.

Die Rentner in der ehemaligen DDR waren die ersten Gewinner der sozialstaatlichen Wiedervereinigung. Dafür sprach

Bewährungsprobe Wiedervereinigung

auch eine historische »Logik«. Denn sie gehörten einer Generation an, die zweimal in ihrem Leben Opfer eines kollektiven Betrugs geworden waren: Zuerst von Adolf Hitler und dann von Ulbricht und Honecker.

Die erste Rentenerhöhung in der Sozialunion Deutschland am 1. Juli 1995 betrug 26 Prozent. Wir begannen die Aufholjagd mit halbjährigen Rentenerhöhungen.

Dass aus der westdeutschen Rentenkasse die Rentenanpassung Ost bezahlt wurde, ist eine Behauptung, die auch dann nicht zur Wahrheit wird, wenn sie von angesehenen Experten und in Leitartikeln vorgetragen wird. Man kann an diesem Exempel den Papageien-Effekt studieren. Einer stellt eine These auf und zehn Papageien plappern sie nach.

Im System der umlagefinanzierten Rentenversicherung gibt es keine »Sparkasse«, in der Geld zurückgelegt wird, um zukünftig Renten zu finanzieren. Immer finanzieren die aktuellen Beitragszahlerinnen und Beitragszahler die aktuellen Renten.

So war das auch bei der Wiedervereinigung. Und selbst von den »DDR-Rentenbeitragszahlern«, die 40 Jahre lang vor der Wiedervereinigung Beiträge in die westdeutsche Rentenkasse eingezahlt hatten, wäre der Beitrag und die Rente 1990 gleich hoch gewesen, weil die Beiträge vor 1990 für die Rentner vor 1990 ausgegeben worden wären. Es kamen 1990 neue Rentner, aber auch neue Beitragszahler aus dem Osten ins gesamtdeutsche Rentensystem.

Dass die Beitragseinnahmen durch Arbeitslosigkeit vermindert werden, ist keine ostdeutsche Exklusivität und passiert auch im Westen. Für diesen Beitragsausfall springt die Arbeitslosenversicherung ein, deren Einnahmen in dieser Zeit durch hohe Bundeszuschüsse den Anforderungen Ost gewachsen waren.

Die ostdeutsche Rentenkasse ist im westdeutschen Bundeshaushalt für den Anschub Ost mit 5 Mrd. Deutsche Mark ausgestattet worden. Die Behauptung, die Beitragszahler hätten die sozialpolitische Wiedervereinigung exklusiv finanziert, ist also falsch.

Und es zeigt sich, dass Sachkenntnis offenbar unsicher macht. So erklärt sich die große Sicherheit vieler Kommentatoren.

Aufbauwunder Arbeitslosenversicherung

Das gleiche Wunder eines aus dem Boden gestampften Aufbaus vollbrachte die Arbeitslosenversicherung. Sie musste eine eruptive, unvorhergesehene Massenarbeitslosigkeit bewältigen mit einem Personal, das auf diese Aufgaben gar nicht vorbereitet war. Die Bundesanstalt für Arbeit arbeitete von heute auf morgen in den neuen Ländern mit Tausenden von neuen Mitarbeitern, von denen die Mehrzahl das Arbeitsförderungsgesetz vorher noch nie gelesen hatte. Es wurde dennoch pünktlich Arbeitslosengeld ausgezahlt. Und es wurden auch über Nacht Arbeitsbeschaffungsmaßnahmen organisiert. Denn wie von einem Erdbeben erschüttert war die Industriestruktur der DDR zusammengebrochen und mit ihr die Wirtschaft im ganzen Ostblock, mit der die DDR verbunden war. Der Zusammenbruch wäre auch ohne Wiedervereinigung eingetreten. Die Planwirtschaft war am Ende, nicht nur in der DDR, sondern der ganzen osteuropäischen Wirtschaft.

Aufgaben und Ziele für sinnvolle Arbeit gab es in der DDR genug. Die Infrastruktur war verrottet und Industrieanlagen veraltet, der Umweltschutz pendelte um Null. Industriegelände mussten saniert und hergerichtet und Infrastruktur repariert werden, um überhaupt mit dem Neuaufbau beginnen zu können. Überall gab es große Nachfrage und wenig Angebot. Der Markt war noch gar nicht am Laufen, um auf diese Bedürfnisse zu reagieren. Die Menschen aber wollten in ihrer Heimat bleiben und nicht den Arbeitsplätzen im Westen nachreisen. Mit leeren Versprechungen waren sie nicht zu halten.

Wir standen z. B. vor der Wahl: Arbeit für 20-Jährige und für 60-Jährige Rente, oder für 20-Jährige Arbeitslosengeld und für 60-Jährige Arbeit. So einfach war die Alternative. Die wurde nicht beantwortet von den feinsinnigen marktwirtschaftlichen Theoretikern, sondern von sozialpolitischen Praktikern. Wir entschieden uns für die Arbeit der Jungen, die ein Erwerbsleben vor sich und nicht für die Arbeit der Alten, die ihr Erwerbsleben weitgehend hinter sich hatten. So blieb die Jugendarbeitslosigkeit in Grenzen, während sie im übrigen Europa kräftig anstieg

Krankenversicherung, Unfallversicherung, Kriegsopferversorgung

In der Krankenversicherung musste ein staatlich kontrolliertes Gesundheitssystem in eine freiheitlich-solidarische Krankenversicherung mit freier Arztwahl und Selbstverwaltung innerhalb eines halben Jahres überführt werden. Teilweise war das Gesundheitssystem der DDR, etwa in der poliklinischen Versorgung, sogar besser, teilweise auch skandalös schlechter. Die Dialyse-Versorgung war beispielsweise katastrophal.

Die Unfallversicherung stand ohne viel Zeitverlust den Arbeitnehmern Ost zur Verfügung. Die westdeutsche Berufsgenossenschaft baute fast geräuschlos, schnell und effektiv die Unfallversicherung aus. Wenn die staatlichen Finanzämter nur halb so schnell gewesen wären wie die Sozialversicherungen, wäre die Wiedervereinigung noch besser geglückt.

Die Kriegsopferversorgung war in der DDR so gut wie unbekannt. Die ehemaligen Wehrmachtsangehörigen waren für diesen Staat allesamt potentielle Kriegsverbrecher – außer den Nazigenerälen, für welche die DDR Wiederverwendung gefunden hatte, weil der Sozialismus offenbar sogar faschistische Sünden heilt.

Das Sozialstaatswunder

Ich frage mich heute, wie das Sozialstaatswunder möglich war. Ich glaube, es hat sich in der Entwicklung unseres Sozialstaates so viel Erfahrung in der gemeinsamen Bewältigung von Not und Zusammenbrüchen bei Arbeitnehmern und Arbeitgebern angesammelt, dass Solidarität in den »Knochen« der Sozialversicherung steckt.

Ich bin deshalb davon überzeugt, dass das partnerschaftliche Engagement von Gewerkschaften und Arbeitgebern und die über Generationen gewachsene Solidarität, zu der auch die Sozialversicherungen und Tarifautonomie ihr Personal erziehen, der Grund des Erfolgs der sozialstaatlichen Wiedervereinigung war. Es gab so viel Idealismus, wie ich es vor- und nachher niemals mehr erlebt habe.

Die Selbstverwaltung hat sich dabei als ein unbürokratisches Ensemble der Zusammenarbeit erwiesen. Gewerkschaften und Arbeitgeber sprangen über alle Schatten und bildeten eine vorher nie da gewesene Kooperationsgemeinschaft. Tausende von Mitarbeitern zogen freiwillig in die neuen Länder und halfen unkonventionell beim Aufbau Ost. Eine Vergnügungsreise war das nicht. Manche wohnten in Containern, andere pendelten permanent zwischen Ost und West. Auf der anderen Seite stürzten sich Tausende von DDR-Bürgerinnen und –Bürgern ohne Zögern und Vorbehalt in ihre neuen Aufgaben, von denen sie vorher keine Ahnung hatten, und sie meisterten die Herausforderungen.

Im Nachhinein wächst mein Respekt vor der Leistung der Bürgerinnen und Bürger der DDR. Im Trubel der Ereignisse habe ich das Ausmaß der Veränderung, die ihnen abverlangt wurde, gar nicht ausreichend erkannt. Sie mussten sich und die Gesellschaft, in der sie lebten, gleichsam neu erfinden.

Mein 1. Mai 1990 in Suhl

Unterdrücker und Unterdrückte saßen in einem Boot. Zeit zur Abrechnung bestand gar nicht, und wo Konsequenzen gezogen werden mussten, konnten sie nach menschlichem Ermessen gar nicht absolut gerecht sein. Manchem Mitläufer geschah Unrecht und mancher Systemerhalter kam gut davon. Ich erinnere mich noch mit nostalgischer Wehmut an die 1.-Mai-Kundgebung 1990 in Suhl.

Ich hatte am Vormittag auf der zentralen Kundgebung der Deutschen Angestellten-Gewerkschaft in Hamm gesprochen und war dort wie üblich ausgepfiffen worden. Auch wenn erwartet und gewohnt, bin ich zwar hart im Nehmen, aber so abgestumpft wiederum nicht, dass ich über offen zutage tretenden Hass ungerührt hinweggehe oder sogar wie ein Masochist Vergnügen daran entwickeln könnte.

Wie geplant war ich nach einem Hubschrauberflug um 15.00 Uhr in Suhl in einer großen Halle, die bis auf den letzten Platz gefüllt war, angekommen. Veranstalter waren IG Metall und CDU, ein Liebespaar, das ich bis dahin noch auf keiner meiner zahlreichen Mai-Kundgebungen erlebt hatte.

Einer inneren Eingebung folgend, schlug ich vor, statt einer Kundgebung eine Diskussion zu veranstalten. »Kundgebungen habt Ihr doch in über vier Jahrzehnten genug erlebt.« Die versammelten Mai-Demonstranten waren überrascht, aber hörbar erfreut: Beifall.

Einer nach dem anderen trat ans Rednerpult und lud seine Ängste und Sorgen ab. Nur ab und zu ging ich dazwischen. Es war wie eine öffentliche Sprechstunde, die nicht nur eine Diagnose bot, sondern auch Therapie durch »Freie Meinungsäußerung« war, die offensichtlich hier am 1. Mai Premiere hatte.

Dann trat ein kleines Männlein, so groß wie ich, aber abgehärmt und abgemagert, ans Rednerpult. Sein Ledermantel war abgewetzt. Seine übrige Kleidung ärmlich. Er war das Gegenbild eines von Arroganz strotzenden Funktionärs. Er begann leise: »Ich bin einer von zwei Millionen SED-Mitgliedern (Buh-Rufe). Ich habe keinem Menschen etwas zuleide getan. Habt ihr für mich Platz und Stimme im wiedervereinten Deutschland?« Weiter kam er nicht. Es entlud sich eine offene Feindschaft.

Jetzt ging ich dazwischen, nicht behutsam, sanft wie vorher, sondern laut und grob. »Lasst den Mann reden. Ihr seid offenbar geübt, Meinungen zu unterdrücken. Lasst ihn endlich frei reden!« Kein weiteres Wort. Kein Beifall. Der Mann ging wortlos vom Pult, gab mir die Hand und im Vorbeigehen sagte er leise: »Danke«.

An jenem Nachmittag des 1. Mai 1996 um 15.30 Uhr in Suhl, Thüringen, ist mir klar geworden: Mit der Vergangenheitsbewältigung ist es in jeder Gesellschaft schwerer, als manche Politologen in ihren Oberseminaren behaupten.

Es mischt sich die Verlockung, alte Rechnungen zu begleichen, mit dem Verlangen nach Gerechtigkeit. Es kann in diesem Konflikt keine vollkommene Lösung geben.

Als der Lehrling zum Direktor wurde

In Erinnerung bleibt mir beispielhaft das Erlebnis der Einführung eines Direktors einer großen Allgemeinen Ortskrankenkasse (AOK) in den neuen Ländern. Es war eine festliche Veranstaltung – wie gewohnt Beethoven zu Beginn, Beethoven am Ende. Dazwischen Rede des Ministerpräsidenten, des Bundesarbeitsministers – beide mit guten Wünschen und Gratulation für den neuen AOK-Boss.

Dann erhielt dieser die Ernennungsurkunde und seine verehrte Frau Gemahlin, »die doch alles mittragen muss«, den üblichen Blumenstrauß. Der Direktor hielt seine erste programmatische Direktorenrede. So weit, so gewohnt.

Der »Wessi«, welcher den Herrn Direktor auf sein neues Amt vier Wochen lang vorbereitet, ihm das Sozialgesetzbuch erklärt, die Selbstverwaltung erläutert hatte etc., saß in der vierten Reihe der Festversammlung und fuhr nach dem anschließenden üblichen Empfang mit Sekt und Häppchen in seinem Auto, samt Köfferchen, in dem seine sieben Sachen verstaut waren, wieder heim, nach Baden-Württemberg. Sein »Lehrling« war jetzt Direktor und er wieder AOK-Angestellter in den unteren Rängen seiner Versicherung. Vielleicht verteilte er dort wieder die damals noch üblichen Krankenscheine am Schalter für Versicherte zwischen K und S.

Ich bin sicher, der »kleine« AOK-Angestellte fuhr nicht frustriert oder gar neidisch nach Hause. Ich stelle ihn mir vor, wie er auf der Autobahn in seinem Auto ein Liedchen pfeift. Vergnügt, dass er zu Hause seiner Frau und seinen Kindern viel zu erzählen hatte von dem, was er erlebt hatte und stolz, sehr stolz darauf, an einem großen historischen Projekt mitgewirkt zu haben. Er war glücklich ohne Neid. Und der neue Direktor war nicht weniger mit sich zufrieden, denn er hatte in kurzer Zeit gelernt, wozu sonst eine halbe Laufbahn nötig war. Beide, Lehrling wie Lehrer, waren über alle Schatten von Prestige und Bequemlichkeit gesprungen.

Solidaritätsschub

Die Wiedervereinigung hat dem Sozialstaat Deutschland einen Schub an wechselseitiger Empathie und Solidarität gebracht und die Erfahrung vieler Menschen, dass für andere etwas zu »leisten« mehr Glück bringt, als nur an den eigenen Vorteil zu denken. Wir haben diesen Aufbruch wieder in der Alltagsroutine versickern lassen.

Das Projekt Wiedervereinigung des Sozialstaates Deutschland konnte nicht auf der Schiene der Routine abgewickelt werden. Mit großem Mut mussten Beamte Entscheidungen aus dem Handgelenk treffen, wofür es keine Vorbilder, Dienstanweisungen, gesetzliche Regelungen etc. gab. Es musste schnell gehen, die Risiken für Fehlentscheidungen waren groß. Viele bewegten sich im Blindflug über unbekanntem Gelände und fanden dennoch die Landebahn.

Natürlich passierten Fehler. Nur Nichtstun wäre fehlerfrei gewesen, aber es wäre gleichzeitig der größte denkbare Fehler gewesen, nämlich ein sozialpolitischer Gau.

Rudolf Dressler, der von mir geschätzte sozialpolitische Sprecher der SPD, überfiel mich eines Tages mit Entrüstung: »6.000 Witwenrenten sind nicht exakt berechnet.« Ich versprach ihm Korrektur und gab ihm den Rat zu einer Großen Anfrage an die Bundesregierung, um diesen »Skandal« im Bundestag zu diskutieren. Auf die Debatte hätte ich mich gefreut. Mit »Buchhaltern« war in jener Zeit kein Sozialstaat zu machen. Ich hätte die Mitarbeiter der Rentenversicherung über den grünen Klee gelobt, dass sie mit so viel Einsatz so wenig Fehler gemacht hatten.

Ausdrücklich will ich allerdings Dressler und die sozialdemokratischen Sozialpolitiker meines großen Respekts versichern; sie vergaßen in den Stunden der Entscheidungen ihre oppositionelle Hausaufgabe, immer dagegen zu sein, und wirkten mit Sachkenntnis und Engagement bei vielen kritischen Entscheidungen mit.

Freilich, es gab auch ordnungsgemäß Ängstliche. Der Bundesrechnungshof bombardierte unsere »Überleitungsstelle« mit täglichen Rügen und Mahnungen wegen Vorgängen, die nicht auf die üblich bürokratische Tour abgewickelt worden waren. Der leitende Beamte geriet an den Rand der Verzweiflung. Er musste sich ständig zwischen zwei Pflichten entscheiden: dem ordnungsgemäß Üblichen und dem außergewöhnlich Solidarischen. »Was soll ich tun?«, rief er in seiner Ratlosigkeit.

Ich nahm ihm die Last ab mit dem waghalsigen Rat, die Briefe des Bundesrechnungshofs nicht mehr zu öffnen. So viel Beamter war er doch noch, dass er diese Entlastung als »Weisung« schriftlich haben wollte.

Die alte Frau und Herr Honecker

Ungewöhnlich war vieles, und sich zurechtzufinden im Unbekannten fiel manchem in Ost und West schwer. Es geschah alles unter großem Zeitdruck, jedenfalls schneller als im Alltagstrott, aus dem uns die Wiedervereinigung geworfen hatte.

Rührend bleibt mir ein Besuch in einem ostdeutschen Pflegeheim in Erinnerung. Alles war auf meinen Empfang im DDR-Stil vorbereitet. Alle festlich gekleidet, viele würdige Reden, sogar ein Ständchen des Gesangvereins wurde geboten. Ich schüttelte viele Hände und sah manches ängstliche Auge, bis ich auf eine ältere Dame traf, die mich erwartungsvoll anstrahlte und freudig ausrief: »Erich, dass ich Dich noch erleben kann!« Sie hatte mich mit Honecker verwechselt. Und als sie mich schließlich umarmte, war der Leiter des Hauses, ein alter SED-Funktionär, der Ohnmacht nahe. Ich konnte ihn nur mit Mühe davon abhalten, die alte Frau »aufzuklären«, dass ich nicht Honecker sei. Die Korrektur hielt ich für völlig unangebracht. Die Dame hatte am Ende ihres Lebens die große Freude, den wichtigsten Mann der DDR kennenzulernen. Wenn sie erfahren hätte, wer ich wirklich war, wäre vielleicht nur Enttäuschung zurückgeblieben.

Freilich gab es auch Ereignisse, in denen nicht alle freundlich waren. »Hau ab, hau ab, hau ab!«, riefen rhythmisch fanatisierte Demonstranten bei meiner ersten Kundgebung abends in Jena. Ich antwortete: »Warum abhauen? Ich bin doch gerade erst gekommen«, und hatte die Lacher auf meiner Seite.

Bis zum Ende konnte ich mich allerdings nicht mit den Begleitungsgewohnheiten der Volkspolizei anfreunden. Schon an der Grenze empfingen sie mich, begrüßten mich korrekt und sausten mit Blaulicht vor mir her, wozu es gar keinen Grund gab. Schließlich war ich kein Notfall. Sie rasten nicht nur auf der Autobahn, sondern mit Sirenengeheul auch durch kleine Dörfer und was das Schlimmste war, immer halbwegs auf der linken Straßenseite, so dass der Gegenverkehr oft in Richtung Straßengraben abgedrängt wurde. Selbst als ich stehenblieb und mich weigerte, weiter hinter ihnen herzufahren, wenn sie nicht das Blaulicht und das Sirenengeheul abstellten, konnten sie nur für eine vorübergehende Zeit nicht von ihren alten Gewohnheiten lassen. Gelernt ist gelernt. Und in der sozialistischen DDR war es offenbar mit der Gleichheit vorbei, wenn Obrigkeit im Spiel war.

Wiedervereinigungseuphorie

Der Mut zum Unkonventionellen war keine westdeutsche Spezialität. Die in der Ausführung von Planvorgaben geübten Ostdeutschen entwickelten einen kreativen Elan, der mir oft die Sprache verschlug. Bürgermeister entschieden, die vorher als Metzger, Schuster, Schlosser etc. gearbeitet und keine politische Erfahrung gesammelt haben konnten. Andere wechselten von ihren planwirtschaftlichen Gepflogenheiten in die Gewohnheiten der ihnen fremden Marktwirtschaft, ohne jede Vorbereitung: Anerkennung, wem Anerkennung gebührt. Selbst alte SED-Kader waren mit von der Partie, wenn es darum ging, den Betrieb, in dem sie ein Leben lang das Kommando hatten, am Laufen zu halten.

Die Wiedervereinigung habe ich als Fest des guten Willens erlebt. Ich hatte Rheinhausen-Erfahrung nach der Stilllegung der Krupp-Betriebe. Meine damalige sozialpolitische Hilfsbereitschaft wurde mit faulen Eiern und alten Tomaten beantwortet. So etwas ist mir in Bitterfeld nie passiert, obwohl die Lage dort aussichtsloser erschien.

Improvisation war gefragt: Mein Freund Rainer Eppelmann, den ich aus DDR-Widerstandszeiten kannte, wurde der neue Verteidigungsminister der DDR-Regierung de Maiziere. Er überschrieb vor laufender Kamera und unter Assistenz alter DDR-Generäle der Rentenversicherung NVA-Kasernen, wozu weder er noch ich berechtigt waren. Wir nannten das »Verwaltungsstandrecht«. Hätten wir auf den Bescheid der amtlichen Liegenschaftsverwaltungen gewartet, wäre die Rentenversicherung wahrscheinlich in Betrieb genommen worden, wenn die erste Rentengeneration schon auf dem Friedhof lag.

Als 3 Milliarden Deutsche Mark verschwunden waren

Die Schrecksekunde des Einigungsprozesses kam für mich nach der am 1. Juli 1990 erfolgten Einführung der Sozialunion, also nachdem die gesamtdeutsche Sozialpolitik ihren vorläufigen Betrieb aufgenommen hatte. Es fehlten für die zweite Auszahlung der Renten, nämlich der August-Renten, plötzlich 3 Mrd. DM. Diese Mitteilung erhielt ich am letzten Donnerstag des Monatsendes Juli 1990 um 12 Uhr mittags auf einem finnischen Bauernhof in Nordkarelien, wo ich mich mit meiner Frau für ein paar Tage vergraben hatte. Montag war Rentenzahltag. Die Schreckensnachricht übermittelte mir der »wachhabende Staatssekretär« Horst Seehofer versehen mit der Frage: »Was tun?« Bürokratisch waren wir »aus dem Schussfeld«, denn die 3 Mrd. waren ordnungsgemäß von West nach Ost überwiesen worden. Also war die Suche nach den verschwundenen Milliarden eine Angelegenheit Ost.

Ich habe allerdings nur eines gewusst: Was immer auch geschieht und wer immer auch schuld und zuständig ist: Am nächsten Montag müssen die Renten Ost ausgezahlt werden.

Man stelle sich die Überraschung vor, wenn die Rentner schon bei der zweiten Auszahlung – die erste im Juli war erfolg-

Kampf um den Sozialstaat

reich abgewickelt – vor verschlossenen Schaltern der Postämter gestanden hätten. »Ihr Rentengeld ist nicht angekommen«, das wäre das Wiedervereinigungserlebnis für Millionen Ostrentner gewesen.

Wahrscheinlich hätte dann in Ost-Berlin und in Bonn jeweils eine Presse–Konferenz stattgefunden. Auf der einen Seite hätte Regine Hildebrandt, die DDR-Arbeitsministerin (die ich auch heute noch schätze), die Schuld nach Bonn geschoben, auf der anderen hätte Blüm in Bonn seine Hände in Unschuld gewaschen. Beides hätte jedoch den Schock der Ost-Rentner nicht vermindert. Von Presseerklärungen kann kein Rentner leben.

Ich ließ mich der Eile halber von einem Bundeswehrjet von dem nächst entfernten Flugplatz Joensuu nach Bonn abholen und bat Horst Seehofer, für den Abend die Rentenexperten des Arbeitsministeriums zusammenzutrommeln und mit der Spurensuche nach den verlorenen 3 Mrd. sofort zu beginnen. Zudem solle er für den anderen Morgen, 8 Uhr eine Konferenz mit Regine Hildebrandt und den Finanzministern Ost und West organisieren. Tatsache sei: Am Montag werden die fälligen Renten ausgezahlt.

Abends in Bonn wusste niemand von den Fachleuten eine Erklärung oder Rat. Erwartungsvoll waren wir am anderen Morgen um 7.30 Uhr im Bundesarbeitsministerium versammelt. Kurz vor 8 Uhr trat der Vertreter von Regine Hildebrandt mit der Mitteilung in den Beratungsraum, die Frau Ministerin sei terminlich verhindert. Der Ost-Finanzminister sagte kurzerhand ohne Begründung ab und schickte noch nicht einmal einen Vertreter. Theo Waigel, unser Finanzminister, war durch einen hohen Ministerialbeamten vertreten.

Kirstlein, so hieß der Bote aus dem Osten, sehe ich heute noch vor meinem geistigen Auge mit einer kleinen Aktentasche unter dem Arm in das Beratungszimmer eintreten. Er machte einen

Bewährungsprobe Wiedervereinigung

erstaunlich gelassenen Eindruck. Ein freundlicher Mann, wie ich fand, sehr katastrophenresistent, und relativ unbesorgt. Er wusste keine Erklärung für das Verschwinden der 3 Milliarden.

Auf meine Frage, wie denn die Juli-Rentenauszahlung finanziert worden sei, erklärte er unbekümmert, aus der Anschubfinanzierung für die Arbeitslosenversicherung. Mir schwante, dass in der zentralen Verwaltungswirtschaft die Konten nicht immer säuberlich getrennt geblieben waren. Warum auch? Es kommt und geht das Geld doch aus dem- und in denselben Topf, bevor es verteilt wird.

Ich wusste keinen Ausweg als: Nochmal 3 Mrd. DM sofort nachreichen – es war Freitag, also drei Tage vor dem Zahltag – und dann wollten wir weitersehen. Es galt, Zeit zu gewinnen.

Der Beamte aus dem Finanzministerium telefonierte mit seinem Chef. Der konnte und wollte jedoch nicht einfach 3 Milliarden aus der Hosentasche des Bundes nachreichen. Waigel hielt den Vorschlag für abenteuerlich. Was ich gut verstand.

Nach langem Hin und Her kam der Finanzminister auf die Idee, die 3 Milliarden zwar jetzt zu schicken, sie aber bis Ende August wiederaufzuspüren und zurückzuzahlen. Andernfalls würde der Etat des Arbeitsministers um 3 Mrd. DM gekürzt. Damit hatte er mich beim Wort genommen, denn ich hatte behauptet, die 3 Milliarden hätten sich ja nicht in Luft aufgelöst, sondern seien wahrscheinlich nur irgendwohin fälschlich verschoben worden. Zu Recht traute niemand der DDR-Regierung zu, dass die 3 Milliarden einfach unterschlagen worden wären.

Wie sollten wir, das Bundesarbeitsministerium West, die 3 Milliarden im Osten finden? Ich bin kein Detektiv, und das Bonner Arbeitsministerium war auch nicht zuständig für die DDR. Schweren Herzens stimmte ich zu: Wir trugen also das Risiko. Im Falle des Scheiterns hätte das beispielsweise eine Kürzung des Arbeitslosengeldes um drei Punkte bedeutet. Na, denn Prost!

Hauptmann von Köpenick und seine Nachahmer

Die Schwierigkeit für uns war, dass wir für die Spurensuche in der nach wie vor autonomen DDR keine Legitimation hatten. Wie wir diese Hürde umgingen, beschreibe ich mit Rücksicht auf die Tricks der Beteiligten und die etwaigen verspäteten Folgen nicht.

Als Tipp verweise ich auf den Trick des Schusters Voigt, der als Hauptmann von Köpenick die Untertanengewohnheiten von staatlichen Bediensteten für seine Zwecke nutzte. Im Unterschied zum Hauptmann von Köpenick beschafften wir uns freilich nicht Uniformen des Militärs, vor denen alle strammstehen, sondern den Stempel einer Behörde, der gewohnheitsgemäß mit »Der Präsident« gekennzeichnet war, was die vergleichbare Wirkung wie Uniformen bei obrigkeitsorientierten Behörden auslöst. Präsidenten genossen offenbar auch in der DDR einen großen Respekt, so dass keinem die Frage nach der Funktion des Präsidenten und seiner Zuständigkeit in den Sinn gekommen ist. Mit diesem »Präsidenten-Hilfsmittel« besuchten wir DDR-Finanzämter. Die 3 Milliarden wurden aufgespürt. Sie waren falsch gebucht oder die Beitragseinnahmen nicht rechtzeitig auf den Sozialversicherungskonten eingegangen. So blieb den Arbeitslosen eine schmerzliche Kürzung und mir ein Herzanfall erspart.

Spielverderber

Weniger erfreut muss ich über einige, es waren wenige, Spielverderber berichten, die es bei jedem ordentlichen Spiel leider auch gibt, selbst wenn dies noch so stört.

Der Pharmaindustrie sei zu ihrer Schande ihr kleinliches Geldzählen im Prozess der Wiedervereinigung nicht vergessen und nicht verziehen. Die westdeutsche Pharmaindustrie verlangte im »Beitrittsgebiet« die gleichen Arzneimittelpreise

Bewährungsprobe Wiedervereinigung

wie im Westen, obwohl sie in der ganzen Welt ihre Preise der finanziellen Lage der dortigen Kunden anpasst. Schließlich war das Lohnniveau Ost noch weit unter dem des Westens. Nur für eine Übergangszeit sollten die westdeutschen Arzneimittelhersteller ein »Solidaritätszeichen« geben und einen Preisabschlag gewähren. Sie weigerten sich. Wir schrieben dann eben den Preisabschlag in den Einigungsvertrag. Doch am Abend vor den Abschlussverhandlungen war der Passus auf wundersame Weise aus der Vorlage verschwunden.

Das Bundesarbeitsministerium konnte dies so spät nicht mehr korrigieren. Die Vorbereitungen auf die Verhandlungen auf unserer Seite waren abgeschlossen. Und in den Schlussverhandlungen mit der DDR am nächsten Morgen wollten wir keinen westdeutschen Störeffekt leisten. Also rief ich spätabends den Ministerpräsidenten der DDR de Maiziere in Berlin mit der Bitte an, sein Verhandlungsführer Krause möge die Text-Lücke morgen am Schlusstag schließen. De Maiziere konnte jedoch seinen Beauftragten Krause nicht mehr erreichen. Er war mit Kohl auf dem Kurfürstendamm. De Maiziere versprach aber, ihn bis am nächsten Morgen zu instruieren.

Ob das geschehen war, wussten wir bei Beginn der Verhandlungen leider noch nicht. Der Verhandlungsbeauftragte des Bundesarbeitsministeriums, Staatssekretär Bernhard Jagoda, rief mich um 10 Uhr verzweifelt mit der schlechten Nachricht an, bis jetzt habe Krause zu den Arzneimittelpreisen noch kein Wort gesagt.

Ich riet, Nerven zu behalten, bevor wir einen Skandal verursachten. Gegen 12 Uhr kam die Siegesmeldung. Krause hatte lapidar erklärt: »Wir schließen uns in Sachen Arzneimittelpreise der Meinung des Bundesarbeitsministers an.« Keiner wagte zu widersprechen, und Bernhard Jagoda wiederholte die Formulierung, die 24 Stunden vorher verschwunden war.

255

Die Pharmaindustrie schäumte. Ich ging den Spuren der Intrige, die zum Verschwinden einer wichtigen Formulierung geführt hatte, nicht nach. Ich hatte Besseres zu tun. Doch die Pharmaindustrie revanchierte sich. So wichtige »Herren« geben nicht gerne »klein bei«, und schon gar nicht, wenn's ums Geld geht. Ausgerechnet auch noch vor diesen kleinen Sozialpolitikern in die Knie gehen, das verstößt offenbar gegen ihren Komment.

Die Arzneimittelhersteller traten in den Lieferstreik Ost. Nur noch Notversorgung wurde sichergestellt. Jetzt geriet ich ins Schwitzen. Schließlich ging es um Lebensrettung und nicht ums Rechthaben. Selbst wenn dies auf meiner Seite stand, hilft das nicht den Kranken, die auf Hilfe angewiesen sind.

Die öffentliche Meinung war auf meiner Seite. Die Pharmaindustrie signalisierte schließlich »Einlenken« und bat um ein Gespräch. Bereitwillig und erleichterter als ich zugab, willigte ich ein.

Ich überraschte jedoch als ehemaliger Tarifpolitiker die Gegenseite des Verhandlungstisches mit der Begrüßung, dass Streik eine Sache zwischen Tarifpartnern sei und nicht zwischen Verbänden und dem Staat. Unter Streikbedingungen könne ich deshalb nicht verhandeln. Deshalb beginne die Verhandlung erst, wenn der Lieferstopp abgesagt sei. So lange würde ich mich in mein Büro zurückziehen.

Die Herren überschlugen sich im Bekenntnis des guten Willens, und mit bereitwilligen Absichtserklärungen, die ich ebenso freundlich begrüßte, allerdings fügte ich hinzu, dass die Verhandlung nicht mit vagen mündlichen Zusagen beginnen könne, sondern nur mit handfesten schriftlich fixierten Beschlüssen. Der guten Ordnung halber und der Sicherheit, worauf ich in diesem Falle bestehen müsse, mögen die Herren ihren Beschluss der Öffentlichkeit mitteilen, dafür stehe der Fernschreiber der Abteilung der Öffentlichkeitsarbeit des Bundesarbeitsministeriums und die Deutsche Presseagentur zur Verfügung.

Ich unterbrach die Sitzung und kehrte nach anderthalb Stunden zurück. So lange hatten die Herren immerhin benötigt, um ihre mündlich erklärte gute Absicht schwarz auf weiß zu Papier zu bringen und über dpa der Öffentlichkeit kundzutun.

Wir einigten uns darauf, dass die Arzneimittelhersteller pauschal einen dem Preisabschlag entsprechenden Betrag zur Verfügung der Krankenversicherung überweisen.

Ende gut – alles gut

Ich bin sicher, dass mich diese Episode die Zuständigkeit für Gesundheit kostete. Die Arzneimittelhersteller hatten mehrere Rechnungen mit mir offen. Gegen ihren Widerstand hatte ich 1987 Festbeträge für Arzneimittel durchgesetzt, mit deren Hilfe die Krankenversicherung bei gleichwertigen Arzneimitteln (Wirkstoff gleich) nicht die teuersten bezahlen muss. Das ist eine marktwirtschaftliche Lösung der feinsten Art, denn der Kunde ist König und die Krankenversicherung muss nicht jeden Preis schlucken, der von den Arzneimittelherstellern verlangt wird. Die Preise purzelten. Die Herren schworen offenbar Rache. Aber die Preise sanken. Die Regel der Festbeträge ist inzwischen leider bis zur Unkenntlichkeit weichgespült. Bei der Neuordnung des Kabinetts nach der Bundestagswahl 1990 »war ich dran«.

Die Zuständigkeit für Krankenversicherung war ich – zur Überraschung vieler, wahrscheinlich auch meines Chefs – bereit, widerstandslos aufzugeben, allerdings nur mit der Bitte, mir die Zuständigkeit für Pflege zu übertragen. Was ebenso bereitwillig akzeptiert wurde, ohne dass allerdings mit den Folgen gerechnet wurde. Vier Jahre später war die Pflegeversicherung durchgesetzt. So hat alles im Leben zwei Seiten.

Ich habe mir aber die Freude an meinem Beruf zu keiner Zeit und von niemandem nehmen lassen. In meiner Amtszeit gab es jedoch »kein Ding«, das so erfreulich war, wie das »Jahrhundertereignis Wiedervereinigung«. Dabei mit Tausenden anderen Bürgerinnen und Bürgern in Ost und West »aktiv mitgemacht zu haben«, ist mein unverdientes Glück und mein stärkstes politisches Erlebnis.

4. Ein Brief an die Junge Union

Liebe Parteifreunde von der Jungen Union!

Diesen Brief schreibt ein alter Großvater, der sich um seine politische Nachkommenschaft sorgt.

So zuverlässig wie an Silvester um Mitternacht die Glocken läuten, erklingt auf jedem Deutschlandtag der Jungen Union das Totenglöcklein der Rentenversicherung. Zur Totenliturgie gehört, nachdem die Litanei von den Grenzen der Belastbarkeit und der Ausbeutung der Jungen durch die Alten gebetet ist, der Ruf nach einer grundlegend neuen Rentenpolitik – so weit, so gewohnt!

Könnte es sein, dass der »Ruf nach dem Neuen« nur eine gewisse Bequemlichkeit verdeckt, welche sich weigert, die Mühen auf sich zu nehmen, das Alte und Bestehende zu studieren? Aus Ratlosigkeit (wegen mangelnder Sachkenntnis) entsteht die Sehnsucht nach dem gänzlich Neuen. Das erspart das Beweismaterial, zur Verteidigung das Bestehende zu sichten, und erlaubt, sich der Neugier auf das Nie-Dagewesene hinzugeben. Es ist die gleiche Neugier, mit der kleine Kinder ihrem Teddybär Arme und Beine ausreißen, um zu sehen, was drinnen ist. So entkommen Kinder der Langeweile. Hauptsache neu muss es sein, um interessant zu sein.

Rente ist kein Spielzeug

Die gute alte Rentenversicherung ist jedoch kein Spielzeug, sie gehört zum Ernstfall einer Lebensplanung, die nur zuverlässig ist, wenn sie nicht ständig geändert wird.

Ich rate deshalb meinen Parteifreunden von der Jungen Union, sich mit den Elementargesetzen jedweden humanen Generationsverhältnisses vertraut zu machen, bevor sie sich auf die Suche nach einem revolutionären neuen Rentenkonzept machen, das alle Probleme lösen soll.

Prinzipien, die auf unaufhebbaren Konstanten des menschlichen Zusammenlebens basieren, können jedenfalls der Politik eine festere Basis haltbarer Regeln bieten als die Launen des Zeitgeists, die Jahr für Jahr neue Rentenkonzepte gebären, ohne allerdings angeben zu können, wie sie funktionieren.

Immer bezahlen die Jungen die Alten

Es kann in Berlin regieren, wer will, und selbst dann, wenn die Welt zum zweiten Mal erfunden würde:

Immer »bezahlen« die Jungen für die Alten. Das war schon im Neandertal so und wird selbst dann noch so sein, wenn wir demnächst den Mars besiedeln. Daran beißt keine Maus einen Faden ab und selbst die Kräftigen der Kräftigen von der Jungen Union schaffen es nicht, diese Wahrheit auszuhebeln.

Dieses unumstößliche Generationengesetz birgt für alle eine verträgliche Regelung, weil die Jungen einmal alt werden und die Alten einmal jung waren. Es gilt also das Prinzip der Gegenseitigkeit im Zeitverlauf. Es wird keine Generation über den Tisch gezogen, weil jede einmal die andere wird oder war. Die Goldene Regel »Was Du nicht willst, dass man Dir tu, das füg auch keinem anderen zu« gilt auch für die Rentenversicherung. »Wie Du mir, so ich Dir« ist der kategorische Imperativ der generationsübergreifenden Solidarität.

Die Gegenseitigkeit, welche die Goldene Regel zur Richtschnur macht, gilt auch im Zeitrahmen der Generationsfolge Großeltern – Eltern – Kind.

Johann Peter Hebel hat dies mit einer kleinen Geschichte in seinem »Schatzkästlein des rheinischen Hausfreundes« auf den Punkt gebracht:

»*Ein Fürst traf auf einem Spazierritt einen fleißigen und frohen Landmann an dem Ackergeschäft an und ließ sich mit ihm in ein Gespräch ein. Der große Fürst fragte den Tagelöhner, wie er mit seinem Lohn zurechtkomme. Er erfuhr, dass der Acker nicht sein Eigentum sei und er mit einem täglichen Lohn von 15 Kronen auskäme. Der Fürst verwunderte sich darüber. Doch der brave Mann im Zivilrock erwiderte: ›Es wäre mir übel gefehlt, wenn ich so viel brauchte. Mir muss ein Drittel davon genügen, mit einem Drittel zahle ich meine Schulden ab und den übrigen Drittteil lege ich auf Kapitalien an.‹ Das war dem guten Fürst ein neues Rätsel. Aber der fröhliche Landmann fuhr fort und sagte: ›Ich teile meinen Verdienst mit meinen Eltern, die nicht mehr arbeiten können und mit meinen Kindern, die es erst lernen müssen; jenen vergelte ich die Liebe, die sie mir in meiner Kindheit erwiesen haben, und von diesen erwarte ich, dass sie mich einst in meinem müden Alter auch nicht verlassen werden.‹*«

Das ist das ganze Geheimnis des Generationenvertrages, hinter welches die Neoliberalen nie kommen, weil ihnen die Rechenkunst der Solidarität unbekannt ist. Die erwachsenen Kinder zahlen für ihre Eltern und ihre Kinder. Den einen gewähren sie Vorschuss, den anderen zahlen sie die Schulden ab.

Bisweilen sind Lebensweisheiten mehr in kleinen, alten Geschichten versteckt, als sie in großen neuen soziologischen

Erhebungen enthalten sind: »Was willst Du mit dem Holz machen, das Du schnitzt?«, fragten die Eltern den Knaben, während der Großvater in der Ecke sein Süppchen aus dem Holznapf schlürfte. »Ich schnitze Euch den Holzlöffel, mit dem Ihr, wenn Ihr alt seid, Eure Suppe auslöffelt.« Mutter und Vater blieb ob solcher Zukunftsaussichten vor Schreck ihr Löffel im Halse stecken.

Die Jungen sollten in ihrem Kalkül behalten, dass sie die Suppe ihrer Rentenvorschläge, die sie heute kochen, morgen selber auslöffeln müssen.

Dazu passt die Parole: »Jede Generation sorgt für sich selber.« Sie wurde von den Jung-Liberalen verkündet und von flotten Jung-Unionisten nachgeplappert. Der Satz gehört für mich zu Blödeleien, die einen Nobelpreis verdienten, wenn es für solche Dummheiten eine Auszeichnung gäbe. Ich habe nämlich noch kein Baby gesehen, das sich selber stillt und wickelt. Von der Wiege bis zur Bahre sind wir auf einander angewiesen.

Die jungen Eskimos schoben ihre »unnützen« Alten aufs Eis im Bewusstsein, dass ihnen einst das Gleiche geschehen würde. So viel herzlosen Heroismus besitzt die Junge Union Gott sei Dank nicht – oder?

Es gibt nur eines unter den Zehn Geboten der Bibel, das mit einer irdischen Verheißung versehen ist. Es ist das vierte Gebot, » … auf dass es Dir wohlergehe und Du lange lebst auf Erden.«

Eigenverantwortung und Mitverantwortung

Eigenverantwortung und Mitverantwortung entsprechen unserer Vorstellung von der menschlichen Person. Sie verwirklichen sich in einer Symbiose von Individualität und Sozialität. Der Mensch ist für sich und für andere zuständig. Über das Du gelangt er zum Ich und umgekehrt. Der freiheitliche Sozialstaat verbindet Eigenverantwortung und Solidarität.

Unser Rentensystem ist auf geniale Weise Ausdruck von Eigenverantwortung und Solidarität. Sie knüpft nämlich die Höhe der nachträglichen Renten an die Höhe und Dauer der vorgeleisteten Beiträge. So geraten Leistung und Gegenleistung ins Verhältnis proportionaler Äquivalenz.

Es gibt keinen Sparstrumpf in der Rentenversicherung

Bezahlt wird die Rente stets aus dem aktuellen Sozialprodukt. Es gibt realwirtschaftlich keinen Sparstrumpf, aus dem das Geld von gestern für die Rentenzahlung heute entnommen werden könnte. Es wird immer nur der Kuchen gegessen, der jetzt gebacken wird.

Im Alten Testament konnte man noch in sieben fetten Jahren das Korn für die sieben mageren speichern. Realwirtschaftlich ist diese Art der Vorsorge unter den Bedingungen einer dynamischen, vernetzten Weltwirtschaft leider passé und wird nur noch in den Imaginationen der Finanzjongleure und ihrer medialen Bauchredner simuliert.

Es gehört zu den Lebenslügen der Privatversicherung, sich als unabhängig von der Wirtschaftsentwicklung zu gerieren, indem sie ihre gestern eingesammelten Beträge heute in Kapital verwandelt, um morgen von deren Zinsen die Rente zu bezahlen. Es nutzt das schönste Kapitaldeckungsverfahren nichts, wenn das eingesetzte Kapital morgen keine Nutzung findet. Die Ansprüche an die Zukunft lösen zwar Pflichten aus, sind aber noch nicht ihre Verwirklichung. Die schönste Immobilie ist z. B. nichts wert, wenn sie keine Mieter findet.

Die Chilenen haben jüngst erfahren, wie wenig verlässlich kapitalgedeckte Ansprüche sind. Ihr von den Chicago Boys inspiriertes System ist zusammengebrochen. Andere haben spätestens bei Lehman Brothers ihr Lehrgeld gezahlt. Die Privatversicherung propagiert lautstark die Maxime »Selbstvorsorge«

Ein Brief an die Junge Union

und gibt diese als ihren Vorzug an, der sie von der Sozialversicherung unterscheide. Dabei ist ein kleiner Etikettenschwindel im Spiel. Auch die Privatversicherung kocht mit dem Wasser des jeweils aktuellen Sozialprodukts. Lediglich das Spielfeld des Kapitals ist größer als die nationale Lohnsumme, von der die Rente abhängt. Die »Stärke« der Globalität von Privatversicherungen ist gleichzeitig ihre verletzbare Achillesferse, nämlich die Abhängigkeit von den Launen des globalen Kapitalmarktes.

Demografie: Die Beiträge steigen

Das auf der Gegenseitigkeit der Generationen basierende solidarische Grundgesetz, welches das Generationenverhalten prägt, bestimmt auch die Folgen der demografischen Entwicklung. Wenn weniger Junge geboren werden, müssen die »weniger geborenen Jungen« die Beiträge ihrer »nicht geborenen« Altersgenossen mitbezahlen oder die Renten der Alten fallen niedriger aus. Es ist allerdings auch eine Kombination aus Anhebung der Beiträge und Absenkung des Rentenniveaus möglich, deren Balance verhindert, dass eine Seite auf Kosten der anderen bevorteilt oder benachteiligt wird. Das war bereits Sinn der 1989 eingeführten »Nettorente«, bei der das Rentenniveau sinkt, wenn die Belastung der Jungen steigt. Keine Reform kann die Demografie wegreformieren. Später, 1997, folgte eine demografische Komponente in der Rentenberechnung, die an die Veränderungen der Lebenserwartung anknüpfte. Die Regierung Schröder setzte diese Formel außer Kraft, um sie später unter neuem Namen wieder einzuführen. Das gehörte zum rot-grünen Renten-Zickzack, der sich als Reform ausgab.

Beitragssteigerung

Dass die Beiträge steigen, gehört zur Wahrheit der Rentenpolitik, die man nicht verheimlichen darf.

Bis zu welcher Grenze die Beitragssteigerung erträglich ist, ist eine Frage, die sich aus dem proportionalen Verhältnis zwischen individuellem Einkommen und Volkseinkommen ergibt.

Wenn die individuellen Einkommen wachsen, steigt auch die Belastungsfähigkeit der Einkommensbezieher durch Beiträge. Meine Kinder zahlen z. B. erheblich höhere Beiträge als ihre Großeltern gezahlt haben. Trotzdem bleibt für die Enkel mehr verfügbares Einkommen übrig, als das damalige Nettoeinkommen von Oma und Opa betrug, weil das Gesamteinkommen der Enkel wesentlich höher geworden ist. (Bei 10 Prozent von 100 Euro bleiben z. B. 90 Euro übrig. Bei 20 Prozent von 200 Euro dagegen 160 Euro.) Also: Trotz Beitragssteigerung hat sich das verfügbare Einkommen erhöht.

Bevölkerungsentwicklung

Kinder werden nicht aus demografischen Gründen geboren. Jedenfalls nicht die Kinder, die meine Frau und ich in die Welt gesetzt haben. Kinder bereichern unser Leben, weil sie den Horizont unseres Daseins über die Grenzen des eigenen Lebens hinausheben. Kinder eröffnen eine Dimension von Transzendenz, die nicht »über uns«, sondern »vor uns« liegt, weil wir hoffen, dass »ein Stück von uns« in unseren Kindern weiterlebt.

Demografie ist als große globale Herausforderung im Übrigen nicht der »Bevölkerungsrückgang«, sondern das »Bevölkerungswachstum«.

Geburtenrückgang und die steigende Lebenserwartung sind kein unlösbares Rentenproblem. Denn die Zukunft der Rente hängt in erster Linie von der Ergiebigkeit der Arbeit ab, die man Produktivität nennt.

Während z. B. bei Opel in den Frühzeiten des Autobaus 60 Arbeitstage notwendig waren, um ein Auto herzustellen, sind es heute nur noch 15 Arbeitsstunden. Das Arbeitsergebnis ei-

Ein Brief an die Junge Union

nes Arbeiters ist also heute rund 30-mal höher als das seines Urgroßvaters. Weniger Arbeiter erzeugen mehr und weniger Beitragszahler können mehr Rentner finanzieren.

Ein Bauer konnte vor hundert Jahren drei Nichtlandwirte ernähren. Heute ernährt er ungefähr neunzig.

Es kommt also für die Zukunft der Rentenversicherung nicht so sehr auf die »Kopfzahl« der Geburten an, sondern mehr darauf, wie produktiv die Arbeit derjenigen ist, die geboren werden und wie lange diese erwerbstätig sind.

Zukunft der Arbeit

Das »Schicksal« der Arbeit entscheidet über die Zukunft der Alterssicherung mehr als alle Geburtenzahlen und Kapitalbewegungen.

Ist Arbeit für alle da?

Und: Welche Arbeit?

Das sind die Fundamentalfragen der Alterssicherung.

Die Entwicklung der Arbeit – ihrer Form und Intensität – wird die Welt mehr verändern als alle Rentenvorschläge einschließlich die der Jungen Union und ihrer Verbündeten.

Ich lade meine jungen Parteifreunde zu einer gedanklichen Expedition ins Zukunftsland der Arbeit ein. Wir werden Neuland erkunden, ohne die Beziehung zur Herkunft der Solidarität aufzugeben. Es wird vieles anders werden und anderes gleich bleiben müssen. Humane Entwicklung ist wie jede Evolution eine Symbiose von Erhalten und Verändern.

Die Arbeit ändert ihr Gesicht. Die »vita activa« jedoch wird das Selbstverständnis der Humanität weiterhin mitbestimmen, solange der Mensch Mensch bleibt und deshalb nicht gänzlich von Computern ersetzt werden kann. Die Selbstverteidigung des Menschen vor dem Andrang der Sachen bedarf der Anstrengung, also der Arbeit, mit der wir uns selbst verwirkli-

265

chen. An den Widerständen, die er überwinden muss, wächst der Mensch: »Per aspera ad astra«. In der Arbeit erfährt sich der Mensch in seiner essenziellen Janusköpfigkeit als Allein- und Mitwirkender. Wir sind nicht fertig wie die Tiere. Wir müssen unsere Welt, in der wir überleben, herstellen. Gegenüber unserer existenziellen Angewiesenheit auf Arbeit wird die Dominanz des Kapitals verblassen. Innovation wird wichtiger als Investition. Der Angelpunkt der modernen Gesellschaft wird nicht das Geld und das Kapital sein, um die sich alles dreht. Das Spielfeld der menschlichen Evolution ist die Arbeit. Aber es bleibt dabei: Die Jungen bezahlen für die Alten!

7. Kapitel

Leitfiguren statt Leitkulturen

1. Nell – mein heiliger Provokateur

Man ist das, was man ist, nie nur aus eigener Kraft. Ich bin ich im Leben auf viele Menschen getroffen, deren Leben gelungen war, und von deren guten Beispiel ich versucht habe, mir ein paar Scheiben abzuschneiden. Oswald von Nell-Breuning war einer von ihnen.

Ich bin befangen. Den »Gegenstand« dieses Nachrufs habe ich privat und streng vertraulich längst heiliggesprochen

16 Jahre war ich alt, als Nell-Breuning mir zum ersten Male begegnete. Es war samstags auf einer Wochenendschulung der Frankfurter Katholischen Sozialschule. Er hat uns ungebildeten Rohlingen, den Lehrlingen, das »ABC des Sozialstaates«, die Grundlagen des »Kollektiven Arbeitsrechtes, nämlich Tarifvertragsrecht und Betriebsverfassung« und manches Andere beigebracht. Für mich, einen wissbegierigen Flegel, war das alles ein Buch mit sieben Siegeln.

Der Pater hat mich damals mehr beeindruckt durch das, wie er es sagte, als durch das, was er sagte. Vieles verstand ich gar nicht. Aber ich begriff: Es geht um die Rechte der Arbeitnehmer.

»Nell«, so nannten wir ihn der Kürze halber, war die personifizierte Selbstvergessenheit. Er trat hinter dem zurück, was er zu sagen hatte. Oft referierte er mit geschlossenen Augen und mit monotoner Stimme. Er war mit Leib und Seele bei der Sache. Dabei wusste er, was er wert war. Er kokettierte sogar bisweilen damit. Noch im Alter spottete er, könne er mit seiner Arbeit drei Ordensbrüder ernähren. Ob das, was er mache, unbedingt von einem Priester erledigt werden müsse, fragte er sich selber. »Nein« war seine eindeutige Antwort, doch selbstbewusst fügte er dann hinzu, dass die Kirche jedoch mit diesem priesterlichen Dienst zeige, dass sie bei den Menschen und ihren Sorgen sei.

Gottvertrauen

»Nells« Soziallehre war also auch eine Predigt ohne Worte, nämlich das Zeugnis, dass die Kirche »bei den Arbeitern ist«. »Mein ganzes Leben habe ich versucht, das Unrecht wettzumachen, das die Kirche den Arbeitern im 19. Jahrhundert angetan hatte«, gab er als Resümee seines Lebens in seiner Dankesrede auf der Feier zu seinem 100. Geburtstag an. Und bescheiden fügte er hinzu »Und wenn die katholische Arbeiterbewegung mir dafür Dank sagen will, dann bitte ich um ein Gebet für eine gnädige Sterbestunde ... der ich mit großer Neugierde entgegensehe«

Das ist der Oswald von Nell-Breuning S.J.: Ehrlich bis zu den letzten Dingen. Er weiß es nicht, wie es sein wird nach dem Tod, und keine Phrase kommt über seine Lippen, die das Jenseits beschreibt. Es wird ganz anders. Aber es wird »sein«, das Jenseits. Das glaubt er. Deshalb ist er neugierig. Und so mischt sich Ungewissheit mit Hoffnung und Gottvertrauen. Vielleicht ist das eine besondere Form des Glaubens.

Bei meinem letzten Besuch, – acht Tage vor seinem Tod – begrüßte er mich sarkastisch wie immer mit dem fast resigniertem Hinweis: »So, jetzt können Sie miterleben, wie ein großer Geist zerfallen ist.«

Er hielt etwas von sich. Selbst in der Resignation hielt er sich, ganz nebenbei bemerkt, für einen »großen Geist«, zwar ironisch, aber mit einem Hauch Selbstbewunderung.

Mir fiel nichts Passendes auf seine ungewöhnliche Begrüßung ein und verlegen stammelte ich: »Aber Herr Pater. Wir kennen uns doch schon 36 Jahre«. »37«, korrigierte er mich herrisch mit schnarrender Stimme. Von wegen, zerfallener Geist, hellwach und keinen Fehler durchgehen lassen, das war nach wie vor sein Metier.

Ich dachte, vielleicht gibt es keine Gelegenheit mehr, mir an seiner Klugheit noch ein paar Scheiben abzuschneiden und ein paar Weisheiten mit nach Hause zu nehmen. Schülerhaft eifrig fragte ich ihn ab. »Was war die beste Enzyklika?« Wie aus der Pistole geschossen: »Quadragesimo anno«. Klar, jeder weiß, dass er sie entworfen hatte. Sie enthielt die prägende Formulierung des Subsidiaritätsprinzips, das heute in seiner die Gesellschaft gliedernden Funktion auf der ganzen Welt diskutiert und beachtet wird.

Mussolini, dem italienischen Faschisten, gefiel die Enzyklika nicht. Er drangsalierte daraufhin die italienische katholische Jugend. Der Vatikan ruderte zurück. »Was haben Sie sich gedacht, als sich der Vatikan von der Enzyklika klammheimlich distanzierte, um gutes Wetter bei Mussolini zu machen?« frage ich hinterhältig. Nell ohne Scheu: »Das ist die über Jahrhunderte geübte Überlebensdiplomatie des Vatikans!« Nell ist der Wahrheit verpflichtet und scheut weder Tod noch Teufel, und wenn es sein muss, auch nicht seine Kirche.

Ich setzte die Fragestunde fort mit der naiven Frage: »Was war die schlechteste Enzyklika?« Ohne Zögern: »Mater et Magistra«! Ich bin geschockt. Sie gilt als die modernste und stammte von dem guten Papst Johannes XXIII. Nach ein paar Sekunden des betroffenen Schweigens fügte Nell begütigend hinzu: »Aber sie hat unendlich viel Gutes bewirkt.« Auflösen konnte Nell diesen Widerspruch zwischen »schlecht« und »gut« leicht, denn Gut und Böse qualifizieren hier jeweils Aussagen, die auf verschiedenen Ebenen stehen. Sein Einwand war also systematischer Art. Der Papst habe zeitlose Prinzipien mit tagesaktuellen

Empfehlungen vermischt und so die theoretische Stringenz der Enzyklika beschädigt: »Theoretisch schwach, praktisch stark. Pastoral war sie außergewöhnlich segensreich.«

Ich kenne keinen Menschen, niemals mehr ist mir ein vergleichbarer Typ begegnet, der so unabhängig und intellektuell unbestechlich wie Oswald von Nell-Breuning ist. Deshalb habe ich ihn und Onkel Adolf zu meinen speziellen Heiligen erklärt.

Messe-Lesen oder Sterben

Fromm war der Oswald von Nell-Breuning, jedoch extrem pathosscheu. »Messelesen – wenn ich das nicht mehr kann, sage ich: »Herrgott: Ab. Ab«, und er machte dazu eine Handbewegung als wolle er eine Brotkrume vom Tisch wischen. Das sagt er mir an jenem verregneten Freitagabend in seiner kargen »Werkstatt«, seinem Arbeits- und Schlafzimmer. Es ist so sparsam eingerichtet wie er selber karg war. –

Das war also mein letzter Besuch, ohne dass ich es wusste. Ich ahnte es. Sein »Herrgott« erfüllte ihm den Wunsch, ohne »Messelesen« nicht mehr weiterleben zu müssen. Und er selbst hat sich daran gehalten, das zu machen, was er sich vorgenommen hatte. Acht Tage später fiel er nachts aus dem Bett. »Messe« soll er gerufen haben, als die Mitbrüder ihn morgens unterkühlt vor dem Bett auf dem Boden fanden. Sie legten ihn wieder ins Bett und deckten ihn zu. »Heute nicht«, sollen sie ihm gesagt haben. »Dann eben nicht«, sagte er, und »Ab«, »Ab« wird er gedacht haben. Mittags war er tot.

Ja, konsequent war er immer, »mein« Nell.

Der Wissenschaftler

Man könnte viel von ihm erzählen. »Grundzüge der Börsenmoral«, 1928 erschienen, war seine Dissertation überschrieben. Sie war sein Eintrittsbillet in eine bedeutende wissenschaftliche

Laufbahn. Dieses Buch ist neunundachtzig Jahre später, nämlich im Jahr 2017 noch immer brandaktuell.

Weitsichtig ahnt der junge Ordensmann Nell-Breuning bereits damals die Folgen einer Börse ohne Moral voraus. Seine Doktorarbeit ist weder ein Erbauungsbuch noch ein Pamphlet, sondern ein mit dem Seziermesser eines philosophischen Chirurgen geschriebenes wissenschaftliches Meisterwerk.

Von allen geachtet, von manchen gefürchtet

Zu den »Wundern«, die von einem Heiligen erwartet werden, gehört, dass Nell in allen »Lagern«, ob rechts oder links, ob Arbeitgeber oder Gewerkschafter anerkannt und gefürchtet war.

Von den einen zwar gehört aber auch gefürchtet, von den anderen gehört und bewundert. Von beiden aber geschätzt, denn er war unbestechlich und redete niemand nach dem Mund. Auf sein Urteil achteten Arbeitgeber und Gewerkschaften. Denn er war eine Autorität und ein großer Kämpfer. In Sachen Mitbestimmung war er ein Vorreiter, der allerdings selbst in seinem Orden nicht nur Anhänger hatte. Umso mehr bei uns, der christlich-sozialen Arbeiterbewegung.

Nell-Breunings Spezialität war, hinter den tagesaktuellen Ausfällen der Polemik sowohl die weltanschaulichen Prämissen wie die wirtschaftlichen Interessen zum Vorschein zu bringen. Oft benutzte er bei seinen Entzauberungskünsten die Lauge seines sprichwörtlichen Sarkasmus, die er vornehmlich gerne über Phrasen und Parolen goss.

CDU/CSU und SPD, Wissenschaft und Wirtschaft, Universitäten und Ministerien suchten seinen Rat. Er grub immer einen Spatenstich tiefer als die oberflächliche Agitation.

Die Mitbestimmung

Die Mitbestimmung beispielsweise ist bei Nell-Breuning weniger ein Machtproblem, sondern eher der Hebel einer Gesellschaftstransformation, welche die Arbeit aus der Nachrangigkeit (hinter dem Kapital) befreien soll. Es geht um die Würde der Arbeit, die jeden Sachwert übertrifft. Mit dem geltenden Arbeitsvertrag wird der Arbeitnehmer nach dem geltenden Gesellschaftsrecht nämlich nicht Mitglied des Unternehmens. Er bleibt rechtlich ein Außenstehender, der mit Hilfe dieses Arbeitsvertrages in Dienst gestellt wird. Der Arbeitsvertrag ist im Kern ein Tauschvertrag, Leistung für Gegenleistung, Arbeit gegen Lohn. Damit steht die Arbeit prinzipiell auf einer Stufe mit den »Zulieferanten für Ersatzteile«. Die Mitbestimmung dagegen soll die Arbeit zu einem konstituierenden Faktor des Unternehmens erheben.

Damit folgt Nell einer Linie, die sich schon in der Enzyklika »Quadragesimo anno« anbahnte, nämlich der Fortentwicklung des Arbeitsvertrages zu einem Gesellschaftsvertrag.

Arbeit vor Kapital

Die Rangordnung, in welcher dem Kapital eine instrumentale Funktion zugewiesen wird, die Arbeit aber mit der personalen Würde verbunden bleibt, erhielt freilich ihre deutlichste Klarstellung in »Laborem exercens« von Johannes Paul II. Das war auch der Grund, warum diese Enzyklika von Nell-Breuning »bejubelt« wurde, – soweit Nell überhaupt zum Jubel fähig war.

Konsequent hat Nell-Breuning auch das arbeitszentrierte Umlagesystem der Rentenversicherung immer entschieden verteidigt, auch weil er es für das stabilste Alterssicherungssystem hielt. Auch hier gilt: Arbeit vor Kapital.

Umlagesystem oder Kapitaldeckungssystem – dabei geht es auch um eine Entscheidung, eine Angel, um welche sich die Wirtschaftsordnung dreht.

Nell-Breunings Kritik an der Rentengesetzgebung, wie sie 1957 verabschiedet wurde, bezog sich auf die fehlende familienpolitische Implementierung und damit eine unzureichende Berücksichtigung der demografischen Komponente der Alterssicherung. Der Generationenvertrag umfasst drei Generationen: die Jungen, die Erwerbstätigen und die Alten. Mit Hilfe einer Familienkasse wollte »Nell« das Zwei-Generationenverhältnis in einen Drei-Generationenzusammenhang bringen. Die Familienkasse sollte das spiegelbildliche Pendant zur Alterskasse Rente sein. Den Vorschlag habe ich 1997 in der CDU im Sinne von Nell-Breuning wiederholt, allerdings so erfolglos wie er.

Mit Einführung der Kindererziehungszeiten ins Rentenrecht wurde 1987 einem Teil der Nellschen Einwände Rechnung getragen. Seine demografische Kritik wurde mit einer Reform der Nettolohnrente und mit der Einführung eines Demografie-Faktors 1990 bzw. 1997 berücksichtigt. Keinesfalls hätte Nell eine Riester-Rente befürwortet. Kapitaldeckung hat für Nell ergänzende, aber nicht ersetzende Funktion des Umlagesystems, wie es bei der Riester-Rente geschieht, womit jedoch das Umlagesystem der Rente ramponiert wurde.

Eigentum in Arbeitnehmerhand

Gesellschaftskritik, die sich gegen den Vorrang des Kapitals gewendet hat, kommt bei Nell auch ins Spiel mit dem Projekt »Eigentum in Arbeitnehmerhand«. Die sollte die verteilungspolitische Schlagseite der Lohnpolitik ausbalancieren. Denn solange das Einkommen der Arbeitnehmer auf den konsumptiven Teil des volkswirtschaftlichen Ergebnisses fixiert bleibt, sind sie immer, was auch geschieht, zweiter Sieger, weil die realen Einkommensverhältnisse durch Preise und Investitionen mitbestimmt werden.

Volkswirtschaftlich kann das Sozialprodukt vernünftigerweise nicht gänzlich »verfuttert« werden. Es bedarf der Vorsorge durch Investitionen. Bleiben die aus, sind die Arbeitsnehmer ebenso geschädigt wie die Arbeitgeber. Mit welcher Logik aber soll die investive Ertragsbeteiligung nur der Kapitalseite zugutekommen, zumal der Ertrag eine Gemeinschaftsleistung von Arbeit und Kapital ist? Der Faktor Arbeit besteht freilich nicht nur durch den klassischen Arbeitnehmer.

Das Projekt der Eigentumsbeteiligung der Arbeitnehmer war ein Lieblingsprojekt von Nell. Es blieb unvollendet. Christliche Sozialbewegung, wo bist Du?

Wir haben uns das Erstgeburtsrecht »Eigentum in Arbeitnehmerhand« für ein Linsengericht von ein bisschen Sparförderung abhandeln lassen.

Das Körnchen Wahrheit

Unvergessen bleibt mir Nells Dankesrede zu seinem 100. Geburtstag. Ich kann sie, wenn es sein muss, aus dem Kopf nacherzählen (und manchmal rede ich sie mir auch im Kopf still nach). »Heute Morgen«, so sagte er, »hat mich Radio Vatikan angerufen und gefragt, was ich der nachfolgenden Theologengeneration raten wolle. Mein Gott, ich verstehe schon die Gegenwart nicht mehr, was soll ich denn zur Zukunft sagen. (Pause) Aber vielleicht gibt es Sachen, die in der Vergangenheit und in der Gegenwart und in der Zukunft richtig sind.« Und jetzt erwartet jeder der Festgäste die Proklamation zeitloser Wahrheiten.

»Nell« jedoch fuhr ganz einfach fort: »Versuche immer, in den Argumenten Deines Gegners das Körnchen Wahrheit aufzufinden, das jede wirkmächtige Häresie enthält.«

Welche schlichte Lebensregel, die aber eine große Wahrheit enthält. Es gibt nicht das absolut Nichts. Selbst der Teufel ist nur ein gefallener Engel. Er ist der große Diabolos, der die Wahrheiten durcheinanderwirbelt und auf den Kopf stellt. Die pure Unwahrheit ist selbst der Teufel nicht.

Das Körnchen Wahrheit suchen:

»Aus drei Gründen«, fügt Nell seiner Empfehlung hinzu:

»1. Du verstehst Dich besser.

2. Du verstehst den Gegner besser.«

Pause – und …

(Jetzt erwartet jeder den finalen Höhepunkt.)

3. »Der Gegner denkt auch noch, Du seist fair.«

(Lachen und Heiterkeit.)

So war er, der Nell. Er fürchtete große Worte, weil er dahinter hohle Phrasen vermutete. Und deshalb schob er seinen tiefsinnigen Bemerkungen einen Kalauer hinterher, damit sich seine Ratschläge nicht in der seichten Suppe von Sentimentalitäten auflösen.

»Nell« hatte die katholische Arbeiterbewegung schon in den 70er Jahren für tot erklärt. Aber die Todesanzeige sollte eher eine Provokation als eine Lebenshilfe sein. Denn ein »heiliger Provokateur« war Nell zeit seines Lebens. »Nell«, das Mitglied der Societas Jesu, blieb auch darin in der Nachfolge Jesu.

2. Onkel Adolf – Bitte für uns!

Mein Spezialheiliger heißt Adolf. (Ausgerechnet Adolf!) Von Kindesbeinen bis an sein seliges Ende war Adolf glühender Kommunist, überzeugter Verächter von Pfaffen, Kapitalisten und Faschisten. Hätte ich ihn zu Lebzeiten »Heiliger Adolf« genannt, so hätte er dies für eine weitere Frechheit gehalten, die er von mir gewohnt war. Nebenbei war mein Onkel Adolf Ehemann meiner frommen Tante Anni, der Schwester meiner ebenso frommen Mutter Gretel.

Die ewige Feindschaft

Ein Leben lang habe ich mich mit Adolf gezankt. Keine Familienfeier, ob Hochzeit, Kindtaufe oder Beerdigung war vor unserem bisweilen lautstarken Streit – zwischendurch, am Anfang oder Ende – sicher. Hauptsache wir hatten uns wieder einmal gegenseitig die »Meinung gegeigt«.

»Blütezeiten« unseres gespannten verwandtschaftlichen Verhältnisses waren Wahlkampfzeiten. Dann standen er und ich Schulter an Schulter vor dem Opel Hauptportal und verteilten Flugblätter – Adolf für die KPD (später DKP) – ich für die CDU. Natürlich rempelten wir uns nebenbei schon einmal im Vorbeigehen von der Seite »unversehens« an, wenn es galt, die Konkurrenz vom besseren Platz im Verteilungskampf zu schubsen.

Adolf war durch nichts, weder von verbalen Einwendungen noch von nonverbalen Rippenstößen, von seinem Glauben abzubringen. Seine Parteifrömmigkeit übertraf die Seelenglut und Glaubenstreue vieler großer Heiliger, zu denen wir heute noch beten.

Mutprobe DDR

Adolf bezichtigte mich als Feigling, weil mir der Mut fehle mit ihm zusammen, mir die Errungenschaften des Sozialismus in der DDR anzusehen.

»Feigheit vor dem Feind«, das ging gegen meinen bei den Pfadfindern geprägten Ehrbegriff. Schließlich gehört zur traditionellen Initiation des Pfadfinders die Mutprobe, ohne die Du nie ein echter »boy scout« werden kannst. Also ließ ich mich widerwillig auf eine »Mutprobe« in der DDR ein.

Adolf fuhr mit mir in seinem Auto eines schönen sonntags nachts um 3 Uhr los in Richtung Ost. In Herleshausen vor der DDR-Staatsgrenze stand bereits eine lange Autoschlange. »Beginnt jetzt die Sowjetisch Besetzte Zone (SBZ)?« fragte ich heuchlerisch. Adolf ließ sich nicht provozieren.

Onkel Adolf – Bitte für uns!

Adolf fuhr hoch erhobenen Hauptes auf der linken Seite der Autobahn an den Wartenden vorbei. Die Schranke öffnete sich, als Adolf dem wachhabenden Offizier seine Papiere zeigte, prompt und geräuschlos. Es gibt eben in der klassenlosen Gesellschaft auch auf der Straße Gleiche und Gleichere. Mit dieser Erkenntnis verband ich meine erste Stichelei.

Die Vopos grüßten, als sei ich ein General und Adolf mein Adjutant. Meine hämischen Bemerkungen über die offenbar »privilegienfreie SBZ« überhörte Adolf geflissentlich. Er war sich seines bevorstehenden Triumphes sicher.

Auf der Wartburg in Eisenach angekommen, wurden wir mit allen Ehren und nicht zu übertreffender Freundlichkeit von einem Empfangskomitee begrüßt. Mir versuchte ein Funktionär gleich eine Auszeichnung in das Anzugrevers zu stecken. Ich verweigerte entgegen allen Geboten der Gastfreundschaft muffig die Plakette mit der Begründung, ich wolle zuerst die Errungenschaften besichtigen, für deren Bewunderung er mich auszeichnen wolle.

Adolf machte gute Miene zum bösen Spiel, aber ich wusste, dass seine innere Erregung wegen meiner Respektlosigkeiten bereits Kochtemperatur angenommen hatte. Der Gastgeber ließ sich den Affront auch nicht anmerken. Im Gegenteil, er überschüttete mich mit doppelter Herzlichkeit. Alle Hände, die im Umkreis zu finden waren, musste ich schütteln, und der Oberste des Begrüßungskomitees verpasste mir sogar einen sozialistischen Bruderkuss, den ich trotz leichter Abwendung nicht vermeiden konnte, weil ich zu spät begriff, was er vorhatte. (Ich muss gestehen, küssen können sie, die Kommunisten!)

Nach mir endlos erscheinendem Begrüßungszeremoniell begann der Aufklärungsteil des Besuchsprogramms, in dem ich mit Berichten von den Produktionserfolgen der sozialistischen Planwirtschaft überschüttet wurde. Selbst ein leibhaftiger »Held der Arbeit« wurde mir vorgeführt, der mir von seinem Produktions-Glück Meldung machte.

Jetzt drehten sich die Verhältnisse zwischen Adolf und mir. Jetzt begann ich zu kochen und Adolf versank in tiefe Zufriedenheit.

Als es mir zu bunt und zu lange wurde, konnte mich Adolfs Stolz auf seine Genossen auch nicht mehr daran hindern, die Kette der Erfolgsmeldungen zu durchbrechen, indem ich ohne Rücksicht auf Protokoll und Ablaufplanung nach dem Gewerkschaftsvertreter verlangte. Die Gastgeber ließen sich auch nicht durch meine grobe Unhöflichkeit von ihrem Freundlichkeitsplan abbringen. Die gesuchte Person wurde sofort vorgeführt.

Ich überfiel ihn ohne Vorwarnung mit der Frage, warum sich die Gewerkschaften in der DDR »Freier Deutscher Gewerkschaftsbund« nennen ließen. Er stammelte irgendeine Funktionsformel, weil er offenbar gar nicht verstand, welche aggressive Ironie in meiner Frage verpackt war.

Ich aber wusste, was ich wollte. Und fuhr dem armen Mann in die Parade: »Frei seid Ihr so wenig wie ich Boxweltmeister bin. Euer Name ist ein Etikettenschwindel.«

Die Gegenseite blieb zu meiner Überraschung ruhig und ließ einen höheren SED-Funktionär in die Bresche springen, der mir den sozialistischen Begriff der wahren Freiheit kompliziert zu erklären versuchte. Adolf zweifelte inzwischen an der Nützlichkeit seines Plans, mich in die DDR mitgenommen zu haben. Ich jedoch verschärfte meinen Ton. Ob sie denn jemals gestreikt hätten?, war meine Frage Nr. zwei. »Nein« war die Antwort mit dem Zusatz, dass dies nicht nötig sei, da man ja im Besitz der Produktionsmittel sei und gegen sich selbst könne man schließlich nicht streiken. Das war's, wo ich hinwollte: »Ihr seid Arbeiterverräter. Eure wichtigste Aufgabe ist die Normerfüllung und Überwachung der Ausbeutung der Arbeiterklasse. Nebenbei durftet Ihr noch ein bisschen Urlaub organisieren, wie die Arbeitsfront der Nazis. Das war's.«

Adolf sah jetzt ein, dass seine Missionsreise gescheitert war.

Meine Gastgeber behielten Facon. Die Vorträge wurden zwar abgebrochen, aber das übliche Beiprogramm mit Liedern und Vorführtänzen programmgemäß durchgeführt. Plan ist Plan!

Das Mittagessen verlief relativ wortlos, aber angebotsreich weiter. Die Tische waren reichlich gedeckt. Der wortlose Teil des Besuches nahm proportional zur Enttäuschung der Gastgeber zu. Offenbar dämmerte es ihnen, dass bei mir nichts zu holen war. Auf meine Frage, ob sie weitere Siege des Sozialismus noch zu verkünden hätten, verfielen sie in gesteigertes, jetzt bitteres resigniertes Schweigen, dem sich Adolf anschloss. Unsere Rückfahrt wurde wegen offensichtlicher Aussichtslosigkeit meiner Bekehrung vorverlegt. Ich verabschiedete mich, wie es die Höflichkeit gebietet, mit herzlichem Dank für die umfassende Aufklärung über die Vorzüge des Sozialismus. Und wünschte ihnen weitere Triumphe wie die, welche auf ihrem Papier standen. Die Gastgeber überhörten die Ironie meiner Abschiedsworte. Im Gegenteil, sie luden mich zu einer Wiederholung des »interessanten Besuchs« ein. Ich nehme an, so stand das im vorbereiteten Text zum Programmpunkt: Verabschiedung. Es macht eben den Charme einer Planwirtschaft aus, dass der Plan durchgezogen wird, selbst wenn er sinnlos ist.

Adolf sprach auf der Rückfahrt kein Wort mit mir. Aber ich war ihm dankbar, dass er mir keine Vorwürfe machte und mich sogar in seinem DKW mit zurücknahm. Unser verwandtschaftliches Verhältnis war offenbar selbst durch diesen Reinfall nicht zu zerstören. Adolf gab nie ganz auf: Die Hoffnung stirbt zuletzt. Er war ein treuer Kommunist.

Adolf las auch noch in der Zeit des KPD-Verbotes sein kommunistisches Untergrundblättchen – woher er es bezog, ist mir bis heute rätselhaft , – und stolz berichtete er mir ungefragt und immer wieder von den unaufhaltsamen Erfolgen der kommunistischen Weltbewegung, die er gerade wieder seiner Parteizeitung entnommen hatte. Dort, in der Zeitung, waren sie nämlich zu finden, die Produktionsrekorde und Wohltaten fürs Volk, sonst nirgendwo.

Die Partei hat immer recht. Adolf glaubte daran wie Kinder an den Weihnachtsmann. Selbst auf Stalin ließ er nichts kommen. Ich wollte es gar nicht hören, was in der Sowjetunion an Siegen der Arbeiterklasse zu feiern war. Aber ich musste es mir anhören, denn ein Feigling (siehe oben) wollte ich schließlich nicht sein. Auch über die Wirtschaftserfolge der DDR wurde ich gegen meinen Willen regelmäßig unterrichtet. Adolf konnte mir allerdings nicht erklären, wieso immer mehr Menschen dem Arbeiterparadies den Rücken kehrten und vom Himmel der sozialistischen Arbeit in die Hölle des Kapitalismus flohen. Wenn er wollte, hörte er schlecht. Und von der Ost-West-Wanderung wollte er nichts wissen, und was er nicht wissen wollte, gab's auch nicht.

Adolf war im Besitz der Wahrheit und ließ diese von niemandem in Frage stellen und außerdem war er Inhaber einer stabilen Wertehierarchie – ganz oben stand die KPD, um Platz zwei stritten sich seine Frau und sein Auto.

Die Triumphfahrt

Seine Schwäche für sein Auto nahm bisweilen skurrile Züge an. (So bockte er im Winter sein Auto auf, damit die Reifen nicht im Stand belastet wurden. Autowäsche verwandelte sich unter seinen Händen in eine zarte Massage.) Diese Liebe zum Auto nutzte ich zu einem hinterhältigen Anschlag. Als ich Arbeitsminister geworden war, fuhr ich mit Dienstwagen und Chauffeur bei Adolf vor. Ich lud ihn zur Probefahrt in den großen BMW ein, wissend, dass er dieser automobilen Versuchung nicht widerstehen könne. Kaum war er in die Staatskarosse eingestiegen, da brausten wir mit verriegelten Türen los.

Jetzt war ich an der Reihe. Triumphierend erklärte ich, dass ich der kommunistischen Betriebsgruppe Opel die Mitteilung mache, dass Adolf Schmidt im Fahrzeug einer kapitalistisch-faschistischen Kriegstreiber-Regierung mitgefahren sei. Adolf wollte noch in laufender Fahrt aussteigen. Ich quälte ihn aber lustvoll weiter, indem ich kreuz und quer durch sein Viertel fuhr und ihn erst »nach getaner Arbeit« freundlich aussteigen ließ. Er schimpfte bis an seine Haustür.

Henkelmänner für die Russenmädchen

Trotz alledem bleibt mein kommunistischer Onkel Adolf einer meiner Heiligen, den ich bis heute tief verehre.

Adolf nahm in der Kriegszeit zwei »Henkelmänner« gefüllt mit Essen mit zu Opel. »Einen« für sich und »Einen« für die »Russemädchen«. Das waren die »Fremdarbeiterinnen«, die bei karger Kost tagsüber bei Opel schuften und nachts in kalten Baracken hausen mussten.

Für die »Russemädchen« zweigte also Adolf Tag für Tag von seinen knappen auf Lebensmittelkarten bezogenen Essensrationen einen Teil ab. Adolf teilte sein Essen mit den hungernden »Russenmädchen«.

Obwohl es verboten war, ging das lange gut, bis sein Abteilungsleiter ihn denunzierte. Adolf wurde daraufhin in der nächsten Nacht aus dem Bett geholt und ins KZ transportiert. Anni, seine Frau, und meine Mutter Gretel und seine Tochter Helga und ich beteten fortan jeden Abend vor dem Marienaltar für die Heimkehr von Onkel Adolf.

Tatsächlich kam Adolf nach Kriegsende zwar abgemagert, aber ungebrochen und treu seinen kommunistischen Überzeu-

7. Kapitel Leitfiguren statt Leitkulturen

gungen zurück. Schon nach ein paar Tagen kehrte er pflichtbe-
wusst wieder an seinen alten Opel-Arbeitsplatz zurück, als sei
er nur vorübergehend verreist gewesen. Er schimpfte weiter wie
gewohnt auf Pfaffen, Kapitalisten und Faschisten.

Der Verräter
Der ihn verraten hatte, wurde im Rahmen der Entnazifizierung
ordnungsgemäß entlassen, war aber Wochen später schon wieder auf einem Chefposten bei VW.
Soweit die Geschichte von »Onkel Adolf«

P.S.
Der ihn verraten hatte, war Mitglied des katholischen Kirchen-
vorstandes Sankt Georg Rüsselsheim, der Pfarrei, in der ich
Messdiener war.

Preisfrage:
Wer von beiden, das fromme Kirchenvorstandsmitglied Karl H.
oder mein kommunistischer Onkel Adolf stand mehr in der
Nachfolge Jesu?

Nachklang

Brief an meine Enkel

Liebe Lilli, Malou, Franka und Felize!
Lieber Linus und Gilbert!

Ihr stellt mir immer viele Fragen, von denen ich viele nur schlecht oder gar nicht beantworten kann.

»Was ist Geld?« fragte Felize mich vor einigen Jahren.
An diesem Knochen nage ich noch immer.
Wieso kann man aus Geld mehr Geld machen, ohne einen Finger zu krümmen? Arbeitet Geld?
Wieso entstehen Milliarden Euro aus nichts?
Beschäftigen Banken Zauberer, gar Alchemisten, die aus Dreck Gold machen?

Mein Großvater konnte mir die Zukunft erklären.
Sie sah ungefähr so aus wie unsere Gegenwart wurde.
Euer Großvater kann es nicht. Wenn Ihr so alt seid wie ich jetzt, wird Eure Gegenwart ganz anders sein als unsere heute. Denn ein einfaches »Weiter so« hält unsere gute alte Mutter Erde nicht aus.

Ich habe in meinem Leben viele Leute kennengelernt. Kluge, Gute und Schlawiner und Verbrecher.
Auch im Nachhinein finde ich das Leben spannend.
Ich habe mir gemerkt: Das Leben hat immer mindestens einen Fall mehr als man sich ausdenken kann. Deshalb muss man auf Überraschungen stets gefasst sein. Man lernt nie aus.

Nachklang

Die Quintessenz meiner Lebensreise fasse ich in sieben Punkten zusammen. Betrachtet sie als das vorläufige Endergebnis meiner Lebensreise.

1. Heiratet niemals einen Menschen des Geldes wegen. Geld ist nicht das Wichtigste im Leben.
   Die Liebe ist unbezahlbar, und sie ist die kostbarste Erfahrung, die Ihr, wenn Ihr sie gewinnt, wie einen Schatz hüten und pflegen müsst.

2. Werdet nicht faul. Den inneren Schweinehund zu überwinden, macht stark und stolz. Faulheit ist langweilig.
   Mit anderen für andere zu arbeiten, ist eine Quelle der Zufriedenheit. Das Glück fällt nicht vom Himmel. Deshalb dürft Ihr nicht aufgeben, wenn Ihr ein Ziel verfehlt habt.
   Das Leben ist nicht eine Serie von Glücksfällen. Es ist auch nicht immer gutes Wetter. Bisweilen werdet ihr durch Sturm und Regen gehen müssen. Ich empfehle Euch Hartnäckigkeit, die Euch befähigt, auch Ziele zu verfolgen, wenn Euch der Wind ins Gesicht weht.
   Theodor Fontane, dieser kluge Mann, der die Mark Brandenburg so gut beschrieben hat, wusste es besser:

   »Gaben, wer hatte sie nicht?
   Talente – Spielzeug für Kinder.
   Erst der Ernst macht den Mann (oder die Frau).
   Erst der Fleiß das Genie.«

3. Seid Euch nie selbst genug. Von der Wiege bis zur Bahre seid Ihr auf andere angewiesen und sie auf Euch. Sich nur selbst genießen zu wollen, macht traurig. Wer sich selbst genügt, ist ein »armes Würstchen«. Eine Gesellschaft, die von Men-

Nachklang

schen bevölkert würde, die nie der Hilfe von anderen be-
dürften, wäre wahrscheinlich ein Haufen von Egoisten und
deshalb ein trauriger Verein.

Es endet böse: Wenn alle Schnäppchenjäger geworden sind
und jeder sein Schnäppchen erjagt hat, gibt es keine Schnäppchen mehr. Denn Schnäppchen definieren sich durch Exklusivität. Es wäre dann so, wie es im Fußballstadion ist. Solange
nur wenige aufstehen, um besser zu sehen, sehen sie besser,
wenn aber alle aufstehen, hätten sie auch sitzen bleiben können.

Eine Wirtschaft, die nur von Vorteilssuchern und Schnäpp-
chenjägern angetrieben wird, ruiniert sich selbst. Ohne Vertrauen und Rücksicht läuft nämlich so gut wie nichts, jedenfalls nicht vorwärts.

4. Kein Ding ist ohne Grenze. Die Erde ist begrenzt und Euer
   Leben auch.

   Die Grenze ist die Bedingung jedweder Existenz. Indem wir
   ein Ding definieren, begrenzen wir es und machen es so verständlich. Die Maxime »Immer mehr und immer höher« ist
   seinerzeit schon beim Turmbau zu Babel gescheitert.

   Das lebensverträgliche Wachstum hat die Natur erfunden. Es besteht aus Erblühen und Vergehen. Neues entsteht, und Altes muss weichen und kehrt in den Lebens-
   rhythmus der ewigen Erneuerung zurück. Im Wald z. B.
   wachsen Bäume, ohne dass der Wald größer wird. Das
   wirtschaftliche Wachstum, das dagegen von der kapitalistischen und sozialistischen Ideologie angetrieben wird, verlangt ein dauerndes Mehr-Produzieren und deshalb auch
   Mehr-Zerstören, damit wieder mehr produziert werden
   kann. Wir steigen höher, um tiefer zu fallen. Dabei entwickeln wir uns nicht höher, sondern drehen uns nur im

Nachklang

Kreise. Nicht jede Bewegung geht vorwärts, und nicht jede Arbeit ist sinnvoll.

Wir zahlen Prämien für Zerstörung von Autos und stellen Waren her, die schneller verschleißen, als sie haltbar sein könnten, damit mehr Autos und Waren hergestellt und verbraucht werden können. Wir produzieren mehr, um mehr zu zerstören. Sind wir verrückt geworden?

Wir können den Irrsinn weiter perfektionieren. Eine Kolonne reißt die Straße auf, die andere teert sie. Beides organisieren wir im Kreisverkehr. So verwirklichen wir den Traum vom »perpetuum mobile«, das die Menschheit seit eh und je erfinden wollte.

5. Der Tausendjährige Krieg zwischen Natur und der Menschheit muss beendet werden.

Es ist wahr: Die Natur ist nicht immer freundlich zu uns Menschen, sie schlägt uns bisweilen schwere Wunden: Erdbeben, Tsunamis, Vulkanausbrüche, Blitz und Donner sind Vernichtungswaffen der Natur. Wir haben zurückgeschlagen und die Unterwerfung der Natur zu unserem Kriegsziel erklärt. Jetzt rächt sich die Natur mit Klimakatastrophen.

Erst schützten sich die Menschen mit Stadtmauern und Dämmen vor der wilden Natur. Dann schützen wir die Natur durch Zäune und Gitter (hinter denen wir sie in Naturparks verpacken) vor uns wilden Menschen.

In dem Schlagabtausch zwischen Mensch und Natur wird es am Ende nur Verlierer geben.

Wäre es deshalb nicht besser, dass wir friedlich zusammenleben: Mensch und Natur?

Ihr müsst einen Friedenspakt zwischen Mensch und Natur schließen, den es so noch nie gab.

Nachklang

Die Menschheit bedarf eines evolutionären Sprunges. Ein neues Miteinander unter Menschen und mit der Natur ist vonnöten.

6. Ihr seid die Generation, welche die Wende schaffen muss, die wir gar nicht kommen sahen.

Wahrscheinlich gibt es in dem großen Abenteuer, das Ihr bestehen müsst, Rückschläge, Sackgassen und sogar Irrwege. Lasst Euch nicht entmutigen. »Wer siebenmal fällt, muss siebenmal aufstehen«, steht schon in der Bibel.

Euer Großvater ist auf Eurer Seite. Ich bin alt und auch früher schon gestolpert und hingefallen. Ich weiß, wie's geht.

Die Geldzähler und Vorteilssucher werden Euch bei Eurer Abenteuerreise in die Zukunft nicht helfen. Sie leben von der Hand in den Mund. Selbst dann noch, wenn sie gar nichts mehr auf der Hand haben werden. Die Spekulanten spielen Blindekuh.

Vergesst sie! Ihr seid die Pfadfinder zu neuen Wegen.

7. Vieles in der Welt verändert sich. So war es immer. Jetzt aber reichen Trippelschritte nicht, jetzt wird ein Sprung nach vorne verlangt.

Meine Kindheit war anders als Eure, und mein Alter verläuft anders als Eures sein wird. In der Veränderung liegt der Reiz des Neuen. Trotzdem gibt es alte Sachen, die uralt und trotzdem erhaltenswert sind und die verteidigt werden müssen.

Vergesst das Wichtigste nicht:

Jeder Mensch will lieben und geliebt werden.

Jeder Mensch hat ein Recht auf Achtung.

Kein Mensch darf verhungern, verdursten, keiner will gefoltert werden.

Nachklang

Lasst Euch durch keine klugen Reden auf die Missachtung dieser Menschenrechte ein. Es gibt keine Gründe, sie abzuschaffen oder zu relativieren. Also auch keinen Grund, kunstvoll darüber zu räsonieren. Dazu ist alles gesagt, was dazu zu sagen ist: Menschenrechte gelten unbedingt.

Immer, solange Menschen existieren, schützt der Starke den Schwachen. Sonst hätten wir als Menschheit gar nicht überlebt und wären gleich zu Beginn erfroren und verhungert. Es gibt niemand, der immer und überall stark ist. Wir sind aufeinander angewiesen. Ohne Liebe sterben wir aus, und das gilt nicht nur biologisch.

Euer Großvater